Gerald Schwabe

Lieblings-Wanderungen

Kleinwalsertal

Riezlern • Hirschegg • Mittelberg • Baad

40 traumhafte Touren

ALPENVERLAG SCHWABE
Immenstadt

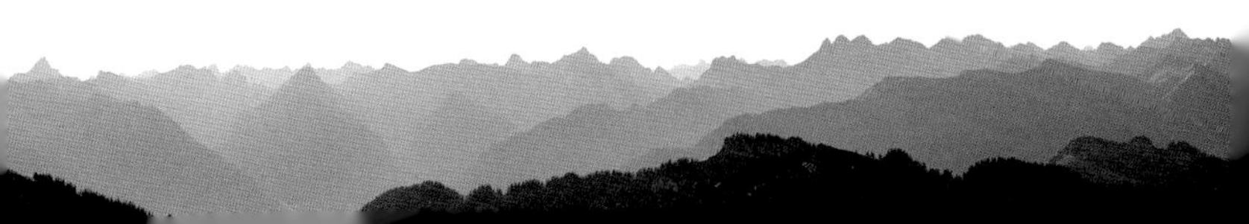

Bildbände von Gerald Schwabe

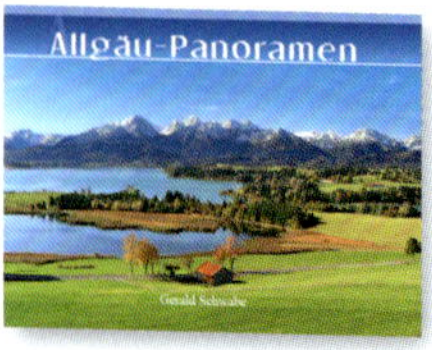

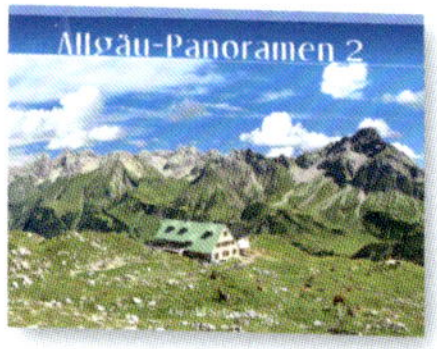

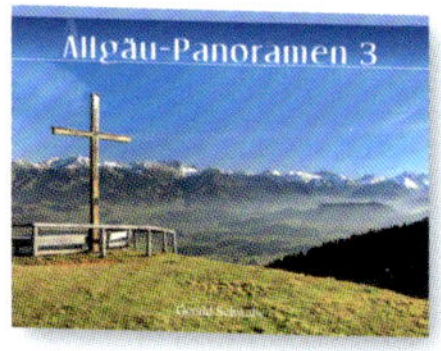

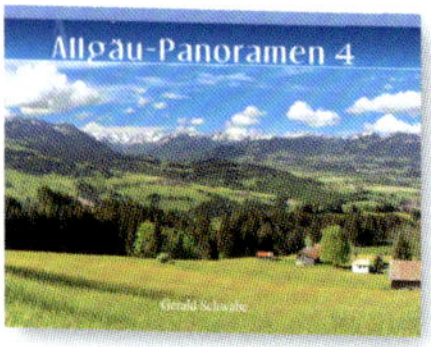

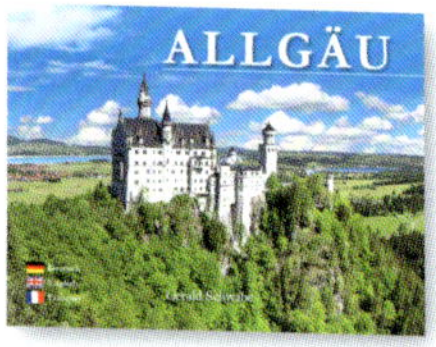

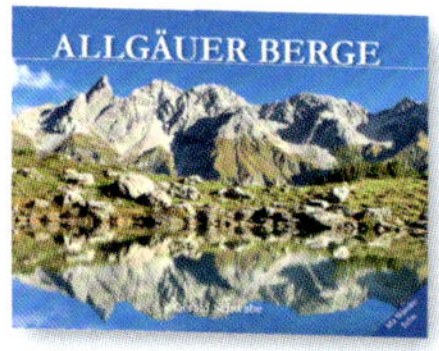

»Kleine« Bildbände:
Format 20 x 15,5 cm
80 Seiten

»Große« Bildbände:
Format 23,5 x 20 cm
120 bzw. 84 Seiten

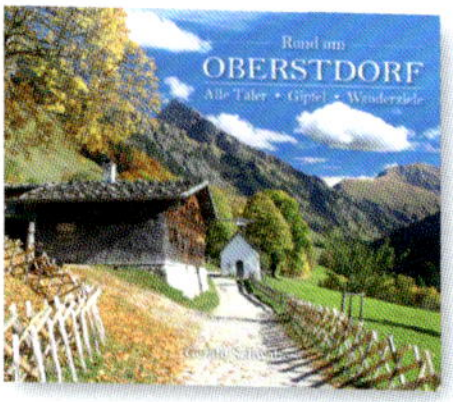

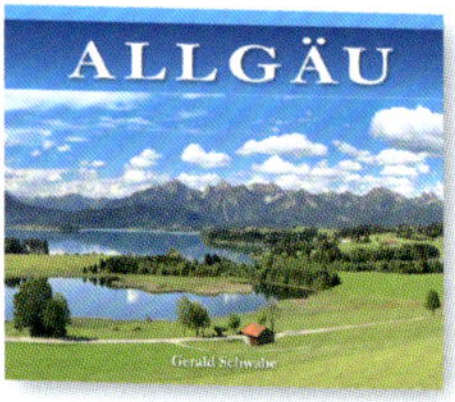

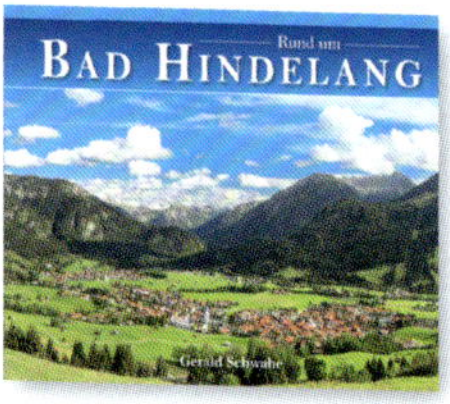

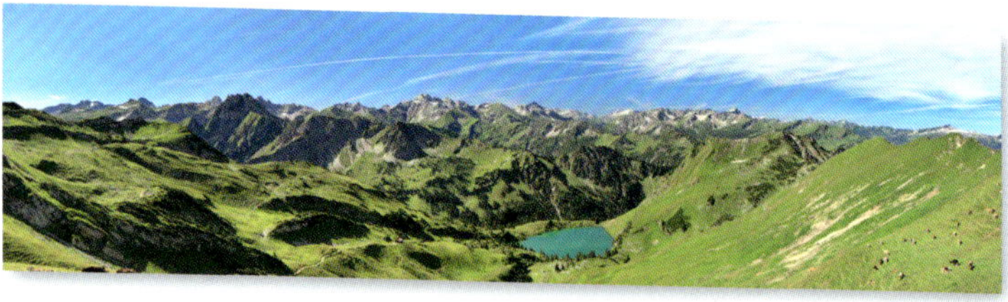

Großformatige Panorama-Aufnahmen auf Leinwand:
www.allgaeu-panoramen.de

VORWORT

Gerade einmal 15 Kilometer lang und sieben Kilometer breit ist das Kleinwalsertal – und doch ist das Tal eines der beliebtesten Touristenziele in Österreich und lockt Bergurlauber und Wanderer in Scharen an.
Wobei es vielleicht gerade diese Überschaubarkeit bzw. Kleinräumigkeit ist, die das Tal bei Besuchern so beliebt macht. Die Wege sind kurz und die Busverbindungen optimal, sodass man während seines Urlaubs das Auto getrost ungenutzt vor dem Hotel stehen lassen kann. Und die Bergwelt hält für jeden Geschmack eine Fülle an Wandermöglichkeiten parat. Vier kleinere Orte verteilen sich im weiten, von der Breitach durchflossenen Tal und sind die Heimat von knapp 5000 Menschen, deren Vorfahren im späten Mittelalter aus dem Schweizer Kanton Wallis hier eingewandert sind. Das Tal gehört zum österreichischen Vorarlberg, bildet geografisch und touristisch aber eher eine Einheit mit dem Allgäu, da die hohen Gipfel ringsherum eine vernünftige Verkehrserschließung nach Österreich unmöglich machen und das Tal mit dem Auto nur über das Allgäu zu erreichen ist. Schroffe Berge wie Widderstein (mit 2533 m der höchste im weiten Rund), Kanzelwand oder der markante Hohe Ifen locken Gipfelstürmer, wunderbare Höhenwege verlaufen aussichtsreich entlang der steilen Berghänge und führen bis hinüber in die Nachbartäler der Stillach und auf den Hochtannbergpass. Mit dem Gottesackerplateau, einem der größten Karstgebiete Europas, und der beeindruckenden Breitachklamm warten geologische Superlative auf Besucher. Und wer es etwas gemütlicher mag, der findet leichte Wege in den schönen Nebentälern, die vom Haupttal aus in die Bergwelt hineinführen, wo sich alte Walserhöfe, schmucke Almhütten und herrliche Natur entdecken lassen.
Mehrere Seilbahnen erleichtern den Aufstieg, bringen Wanderer entspannt in die oberen Stockwerke und erschließen ausgedehnte Wandergebiete. Für Abwechslung ist also gesorgt im Kleinwalsertal.

Ich wünsche ich Ihnen viele schöne Wanderungen und bleibende Erinnerungen an einen Aufenthalt im Kleinwalsertal.

Gerald Schwabe

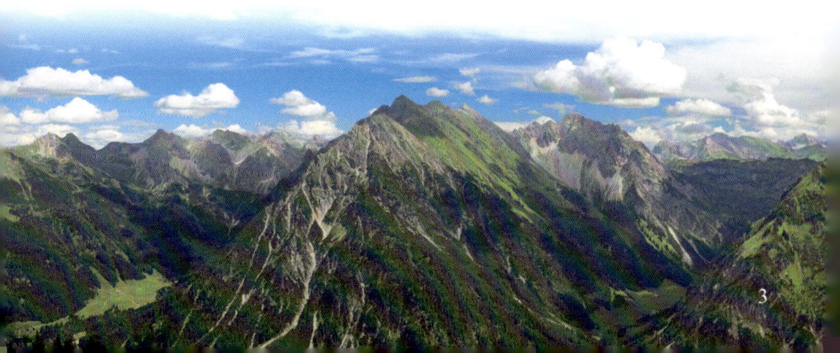

INHALT

Die Wanderungen

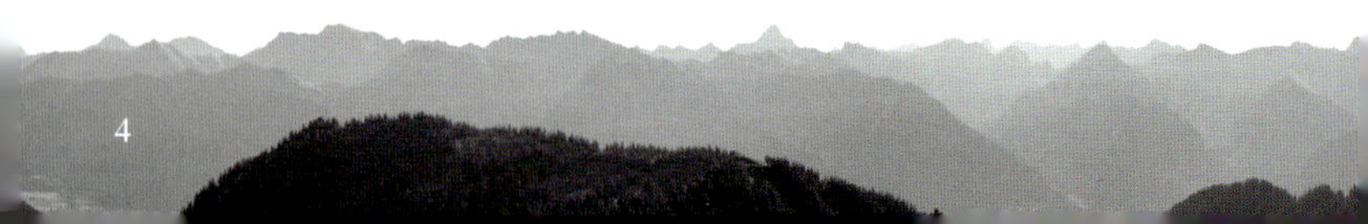

Hüttentouren

GPS-Tracks
zum Download:
www.alpenverlag-schwabe.de
→ Wanderführer *(Seitenende)*

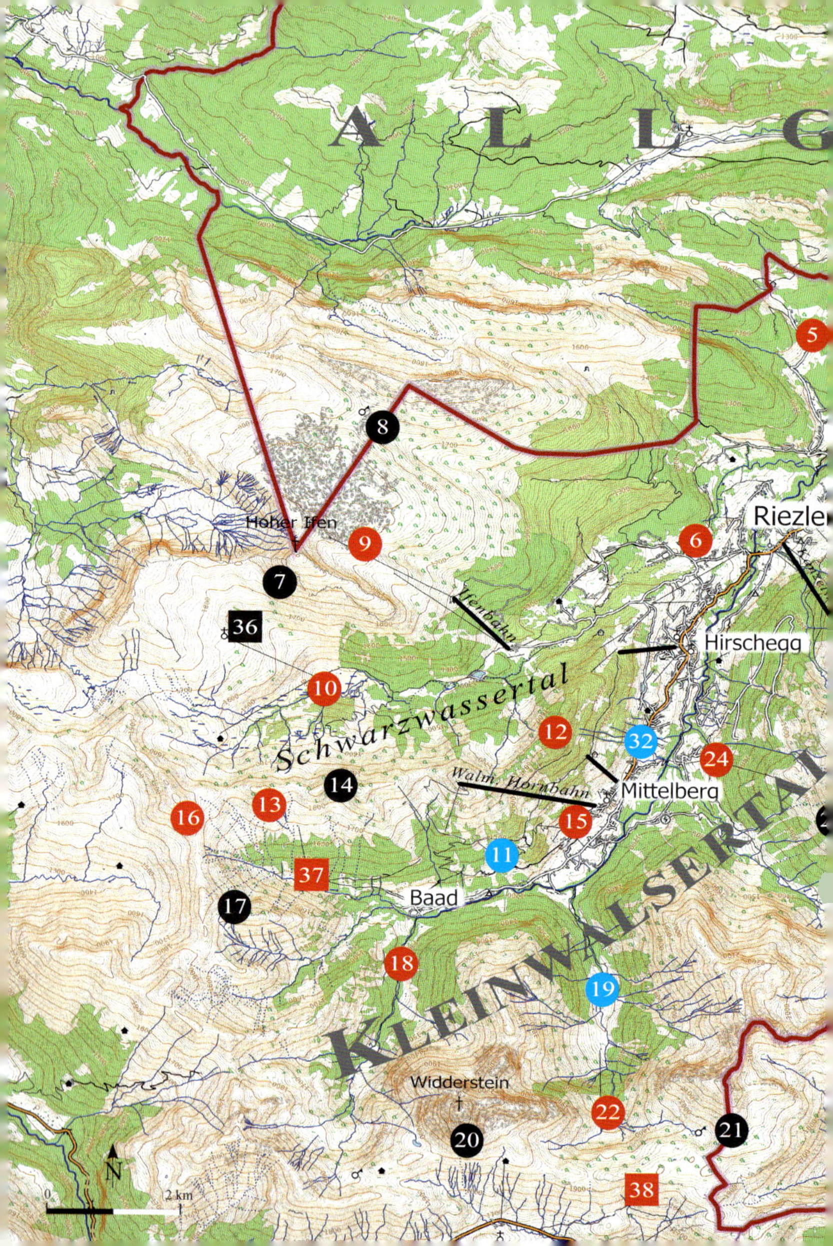

A L L G
Hoher Ifen
Riezle
Ifenbahn
Hirschegg
Schwarzwassertal
Walm. Hornbahn
Mittelberg
Baad
KLEINWALSERTAL
Widderstein
5
6
7
8
9
10
11
12
13
14
15
16
17
18
19
20
21
22
24
32
36
37
38
0
2 km
N

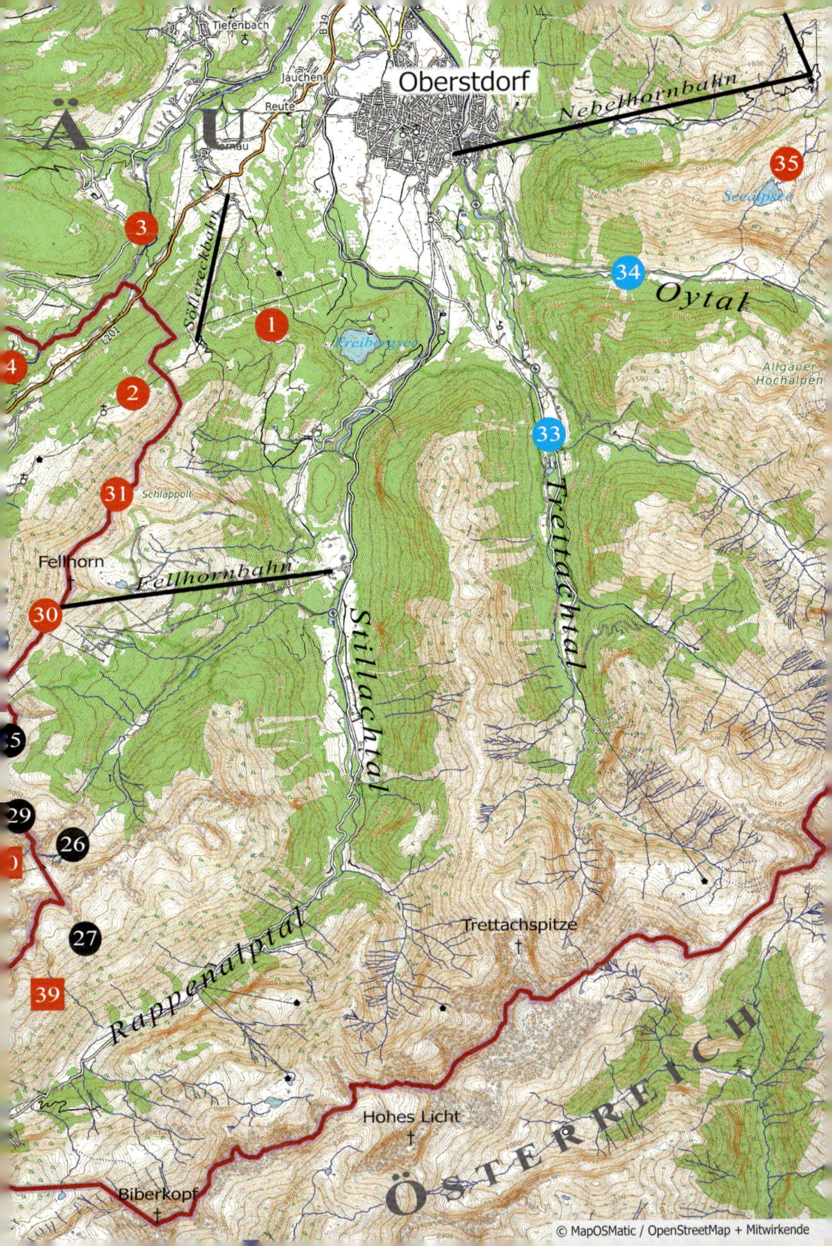

Tiefenbach
B19
Jauchen
Reute
Oberstdorf
Nebelhornbahn
Ä
U
3
Söllereckbahn
1
Freibergsee
4
L201
2
35
Seealpsee
34
Oytal
Allgäuer Hochalpen
33
31
Schlappolt
Fellhorn
Fellhornbahn
30
Stillachtal
Trettachtal
5
29
26
27
39
Rappenalptal
Trettachspitze
Hohes Licht
Biberkopf
ÖSTERREICH
© MapOSMatic / OpenStreetMap + Mitwirkende

PRAKTISCHE HINWEISE & INFOS

Das Kleinwalsertal

Wer ganz im Südwesten Bayerns dem tief in die Alpen hineinreichenden Illertal folgt, gelangt nach Oberstdorf, der südlichsten Gemeinde Deutschlands. Von hier führen nur noch kleinere, autofreie Täler weiter in die Berge hinein – sowie das Kleinwalsertal.

Ca. 15 km lang und bis zu 7 km breit, ist es sehr viel offener und siedlungsfreundlicher als seine direkten Nachbarn Stillach- und Trettachtal. Zudem nimmt es verwaltungsmäßig eine Sonderstellung ein: Es gehört zum österreichischen Vorarlberg, bildet geografisch und touristisch aber eher eine Einheit mit dem Allgäu. Da die hohen Gipfel ringsherum eine vernünftige Verkehrserschließung nach Österreich unmöglich machen, ist die Zufahrt mit dem Auto nur über das Allgäu möglich. Schon 1891 wurde das – aus österreichischer Sicht – etwas abgelegene und wirtschaftlich benachteiligte Tal daher deutsches Zollanschlussgebiet, offizielle Währung war jahrelang die D-Mark. Vier kleinere Orte verteilen sich in dem Tal, das für ungefähr 5000 Menschen die dauerhafte Heimat ist. Zu ihnen gesellt sich Jahr für Jahr ein Vielfaches an Urlaubsgästen: Das Kleinwalsertal lebt heutzutage fast ausschließlich vom Fremdenverkehr und ist eine der beliebtesten Urlaubsregionen Österreichs mit jährlich über 1,5 Millionen Übernachtungen.

Die teilweise recht tief eingeschnittene Breitach durchfließt das Tal in seiner ganzen Länge und vereint sich – nachdem sie am Talausgang die berühmte Breitachklamm durchflossen hat – bei Oberstdorf mit der Trettach und Stillach zur Iller. Aus dem weiten, sonnigen Haupttal führen rund ein halbes Dutzend Nebentäler in die Berge hinein,

Panorama von der Walser Hammerspitze

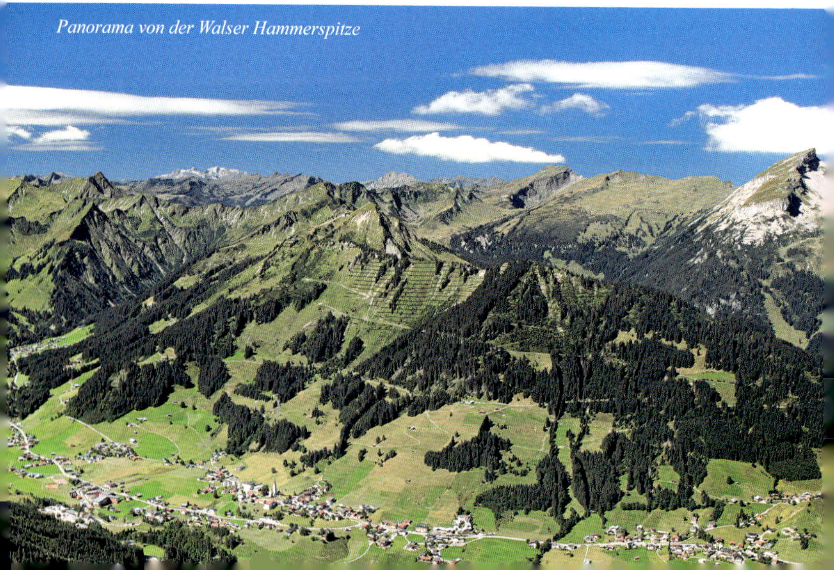

von denen das Schwarzwassertal das größte ist; allesamt sind sie sehr viel »wilder« als das Haupttal und Ausgangspunkt schöner Bergwanderungen. Höchster Gipfel ist der Widderstein, 2533 m, der mit seiner wuchtigen Gestalt das Tal im Süden begrenzt und dominiert. Der markanteste Gipfel ist aber sicherlich der Hohe Ifen, dessen schräge Felsplatte sich westlich von Hirschegg in den Himmel reckt. Direkt daneben erstreckt sich mit dem Gottesackerplateau eines der größten und interessantesten Karstgebiete Europas. Für Abwechslung ist also gesorgt in diesem recht kleinen Gebiet, das Sommergästen schier unbegrenzte Wandermöglichkeiten bietet: imposante Berggipfel aus schroffem Dolomitgestein, fordernde Klettersteige, aussichtsreiche Kammwege über die schmalen Grasberg-Grate, leichte Spazierwege in die vielen schönen Seitentäler, alte Walserhöfe, einladende Almhütten, herrliche Natur und gemütliche Wiesenwege im Tal.

Vier Orte reihen sich entlang der Hauptstraße aneinander, vom größten Ort Riezlern am nördlichen Talausgang über Mittelberg und Hirschegg bis zum kleinen Baad im Talschluss. Wobei sich die bäuerlichen Ursprünge und der sehr ländliche Charakter des Tales nicht verleugnen lassen: Es handelt sich – mit Ausnahme von Riezlern – kaum um geschlossene Ortschaften, sondern um mehr oder weniger dichte Ansammlungen von einzeln stehenden alten Bauernhäusern und Gehöften, Hotels und neueren Wohnhäusern, dazwischen eingestreut immer wieder kleinere Wiesen. Durch die unzähligen Einzelgehöfte, die überall den intensiv als Grünland, Weide und Wiese genutzten Talboden spicken, wirkt die Landschaft in einem breiten Streifen entlang der Hauptstraße etwas zersiedelt. Riezlern, Hirschegg und Mittelberg sind inzwischen weitgehend zusammengewachsen – mit den drei auffallenden Kirchturmspitzen als zentrale Orientierungspunkte.

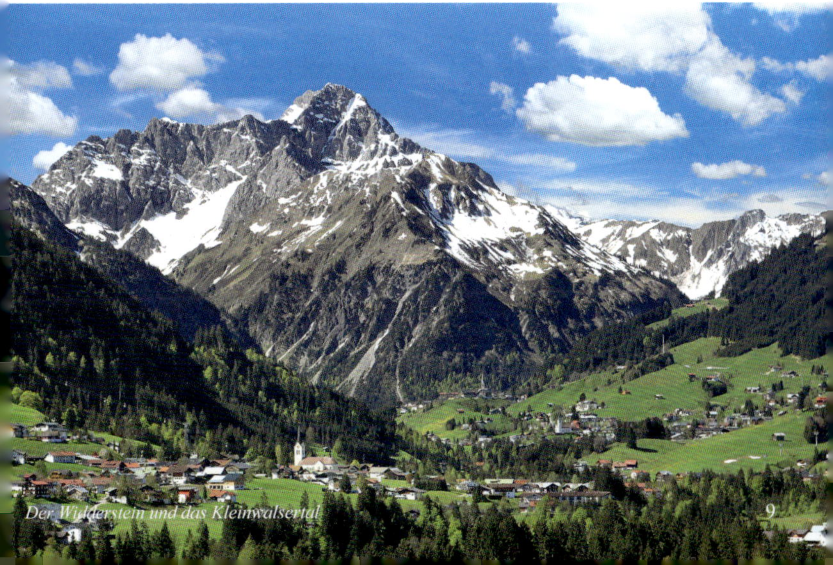

Der Widderstein und das Kleinwalsertal

Die Orte im Kleinwalsertal

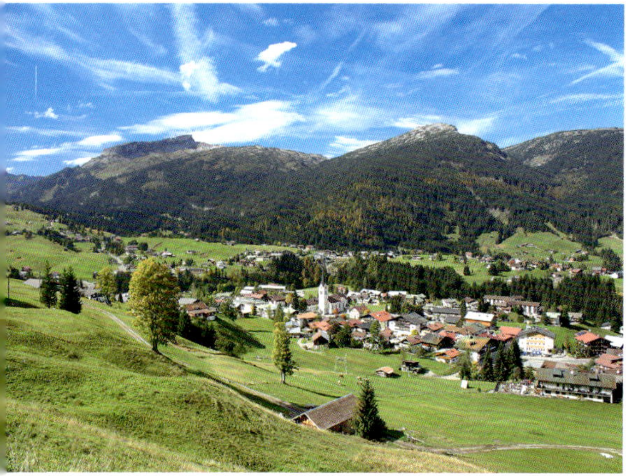

Riezlern (1.089 m)

Riezlern ist der erste Ort, den man – von Oberstdorf kommend – im Kleinwalsertal erreicht. Es ist die größte Siedlung im Tal und auch die einzige, die mit ihrer belebten Hauptstraße dem Charakter einer geschlossenen Ortschaft am nächsten kommt. Hoch über der tief eingeschnittenen Breitach und überragt vom lang gezogenen Fellhorn- bzw. Kanzelwandgrat breitet sich Riezlern auf der östlichen Talseite aus. Zentraler Punkt ist die Pfarrkirche Maria Opferung; nicht weit davon entfernt befinden sich das Casino Kleinwalsertal, ein Freibad und die Seilbahn zur Kanzelwand.

Hirschegg (1.122 m)

Weiter auf der Walserstraße taleinwärts gelangt man zum lang gestreckten Ort Hirschegg. Es scheint hier kaum ein ebenes Stück Straße zu geben, und die vielen steilen Hänge sind von zahlreichen Skiliften durchzogen. Direkt im Ort wartet der kleine Heuberglift auf Wanderer, die es eher gemütlich angehen lassen wollen, während im westlich gelegenen Schwarzwassertal die Ifenbahn alpine Regionen rund um den Hohen Ifen und das Gottesackerplateau erschließt. Direkt am Dorfplatz steht das 'Walserhaus', ein Veranstaltungszentrum mit Skiausstellung und Bergschau.

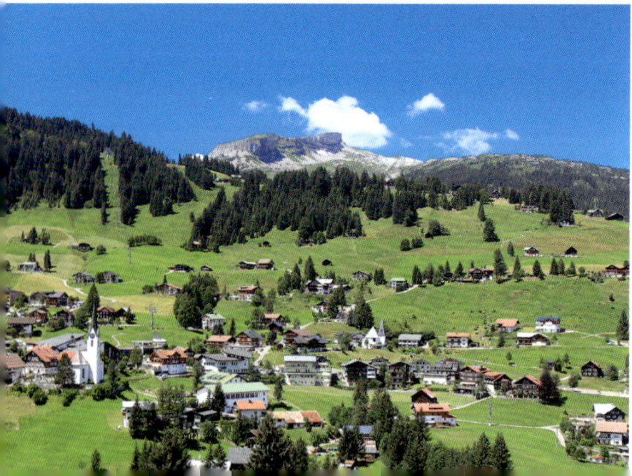

Mittelberg (1.215 m)

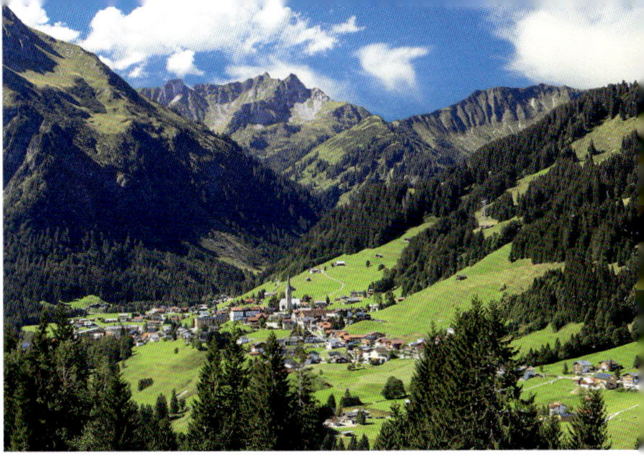

Das schön gelegene Mittelberg ist zwar nicht der größte Ort, aber doch der Namensgeber der Gemeinde. Die Jahreszahl 1302 an der Südwestwand der Kirche in Mittelberg erinnert an die Erstbesiedlung des Breitachtales durch Bauern aus dem schweizerischen Kanton Wallis, die sich in den Hochtälern Vorarlbergs niederließen und das bisher unbesiedelte Gebirgstal in Besitz nahmen. Mittelberg erstreckt sich als lang gezogenes Straßendorf auf einem sonnigen Hang unterhalb des Walmendinger Horns. Neben der Seilbahn hinauf auf dessen Gipfel sowie dem etwas kleineren Zafernalift lockt die unmittelbare Umgebung Mittelbergs in Gestalt von Gemstel- und Wildental. Bemerkenswert sind auch die zahlreichen alten, schön herausgeputzten Walserhöfe.

Baad (1.244 m)

Ganz am Ende des Tales, vor der imposanten Kulisse der hohen, grasbewachsenen Flyschberge gelegen, bilden gut zwei Dutzend Bauernhäuser den kleinen Ort Baad, die höchstgelegene Siedlung des Kleinwalsertals und sicherlich auch die stillste. Ab hier geht es nur zu Fuß weiter, in eines der vielen umliegenden Täler (Bärgunttal, Derratal und Durabachtal) oder hinauf auf die Güntlespitze, den Widderstein oder das Walmendinger Horn. Die einstige Schwefelquelle, die dem Ort den Namen gab, besteht heute nicht mehr.

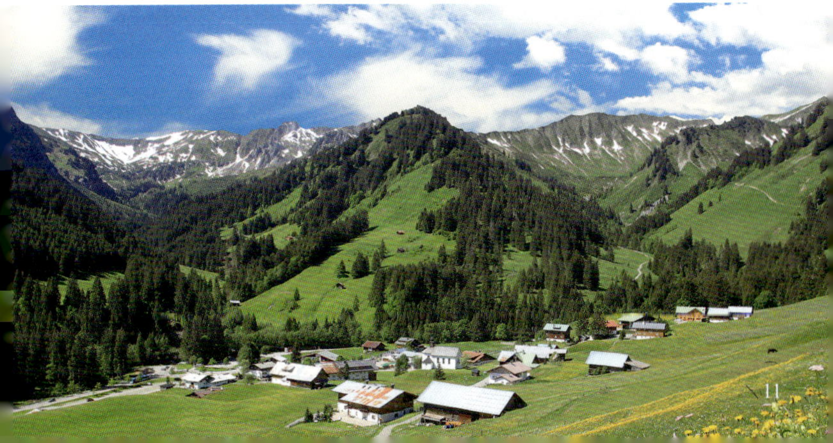

Die Berge des Kleinwalsertals

Dass Allgäu und Kleinwalsertal so beliebt bei Bergwanderern und Naturliebhabern sind, mag sicherlich auch an den ungemein abwechslungsreichen Berggipfeln liegen, die in der Region zu finden sind. Wer durch diese Berge wandert, wird vielleicht überrascht sein, wie spannend Zusammenhänge zwischen Geologie und Landschaft sein können. Denn es gibt wenige Gegenden in den Alpen, in denen auf so kleinem Raum so viele unterschiedliche Gesteinsformationen für das Erscheinungsbild der Berge verantwortlich sind. Die Gesteine der heutigen Gipfel wurden unter den unterschiedlichsten Bedingungen gebildet, an weit auseinanderliegenden Orten und zu völlig verschiedenen Zeiten, und erst die Alpenbildung hat alles soweit zusammengeschoben, dass wir heute vieles dicht neben- und übereinander vorfinden.

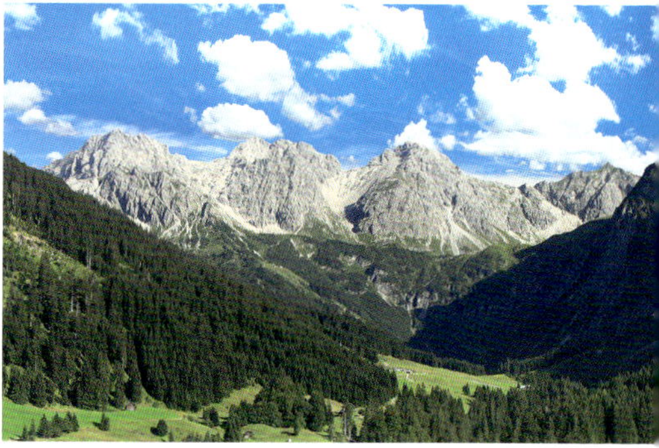

HAUPTDOLOMIT: Das Rückgrat der Allgäuer Alpen besteht aus Dolomitgestein, das einigen Wanderern aus den Dolomiten bekannt sein wird und eindrucksvolle Felsgipfel hervorbringt, die in den Allgäuer Alpen oft die 2500-Meter-Marke knacken. Das schroffe, hellgraue und kahle Gestein ist allerdings recht brüchig, eher kletterfeindlich und steinschlaganfällig, was sich auch an den oft gewaltigen Schutthalden zeigt, die die Bergflanken säumen. Markante Vertreter im Kleinwalsertal sind z.B. der Widderstein, die Oberstdorfer Hammerspitze und die Schafalpenköpfe *(Bild oben)*.

ALLGÄUSCHICHTEN: Der Name deutet schon an, dass dieses Gestein im Allgäu flächenmäßig eine große Rolle spielt. Es bildet heute weitflächig die Unterlage der Dolomitschichten, oft mit einer scharfen Grenze zwischen steilen Wiesen und grauem Fels. Aus dem Gestein gehen sehr fruchtbare Böden hervor, die oft bis weit in die Gipfelregion almwirtschaftlich genutzt werden. Einige der Gipfel ragen bis über 2300 Meter empor und sind doch bis zur Spitze komplett mit Gras bedeckt. Schöne Beispiele sind das Rauheck oder der Fürschießer *(Bild links; rechts dahinter der felsige Große Krottenkopf)*.

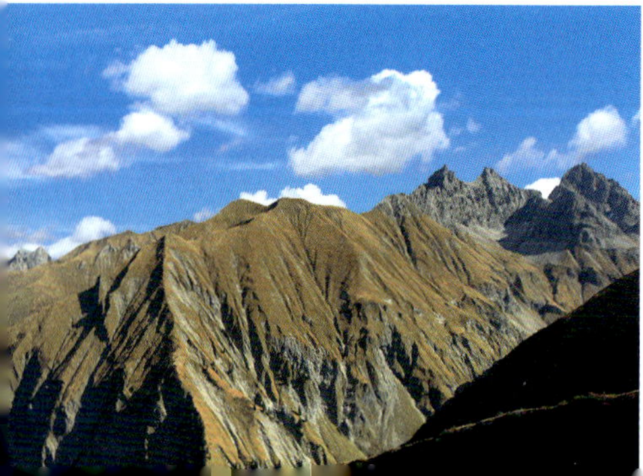

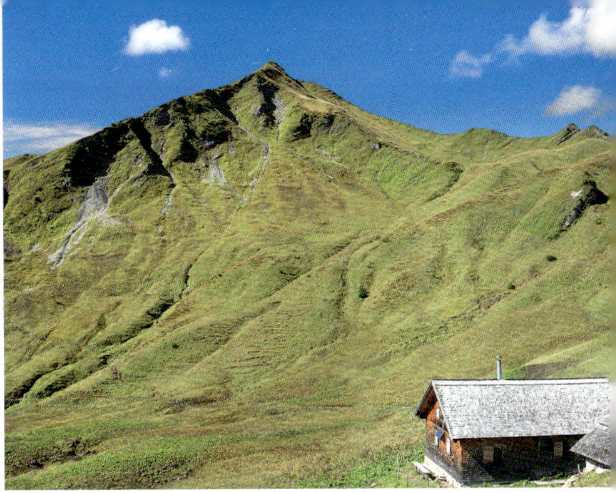

FLYSCH: Diese Gesteine bilden sowohl im Kleinwalsertal als auch im südlichen Oberallgäu eine Vielzahl von schönen Gipfeln. Der Begriff »Flysch« kommt aus dem Schweizerischen und bedeutet »fließen«. Das Gestein ist recht erosionsanfällig, die Gipfel weisen oft sanfte, runde Formen auf und sind bis in ihre Kammlagen von über 2000 Metern von dichtem Gras überzogen. Viele Flyschberge bilden aber auch scharfe Grate aus, und die steilen Hänge sind von unzähligen Erosionsrinnen durchzogen. Dank der guten Böden werden diese Berge intensiv almwirtschaftlich genutzt, sodass der ursprüngliche Wald weitflächig Almweiden Platz machen musste. Musterbeispiele sind der Fellhornkamm sowie weite Bereiche des hinteren Kleinwalsertals mit Walmendinger Horn, Grünhorn und Güntlespitze *(siehe oben)*.

SCHRATTENKALK: Ein in der Schweiz weit verbreitetes Gestein, das gerade eben noch so ins Kleinwalsertal und das südliche Oberallgäu hereinreicht. Es handelt sich um ein reines, sehr festes Kalkgestein, das nicht nur die auffällige Felsplatte des Hohen Ifen und die karge Hochfläche des Gottesackerplateaus bildet. Wir verdanken ihm auch die Breitachklamm am Ausgang des Kleinwalsertals, wo die Breitach in mühevoller Kleinarbeit einen schmalen Durchgang durch den harten Fels gefräst hat.

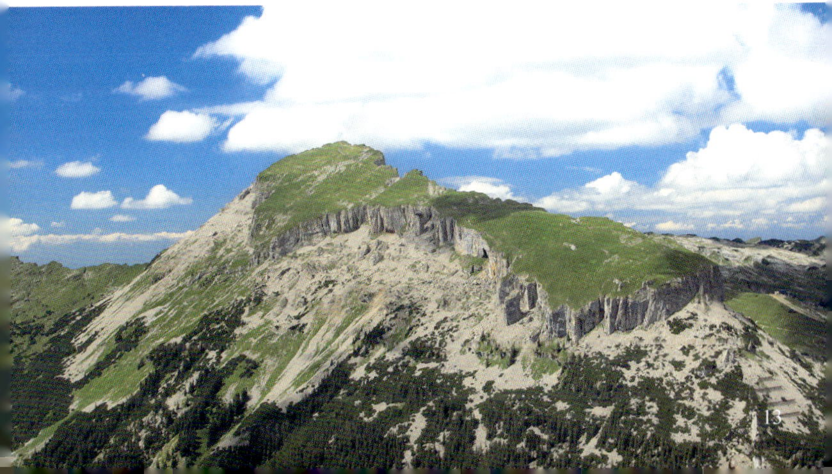

Gipfelrast am Hohen Ifen

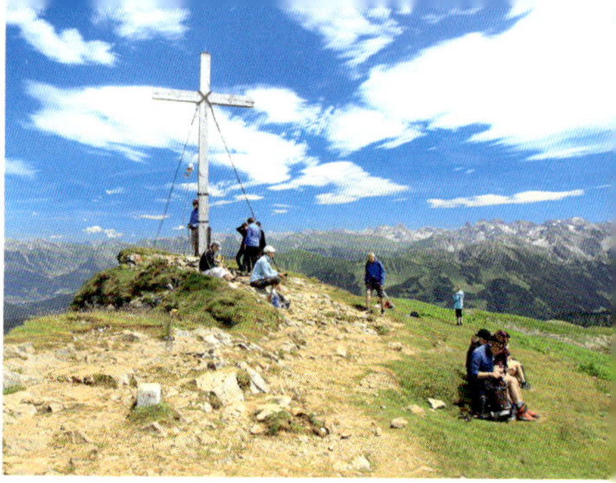

Tourenauswahl

Im Kleinwalsertal findet sich eine unglaubliche Fülle an Touren, so dass für fast jeden Wandergeschmack etwas dabei sein dürfte. In diesem Buch ist eine bunte Auswahl der schönsten Wanderungen zusammengefasst, von leichten Wanderungen durch die vielen hübschen Seitentäler über lohnende Halbtagestouren hinauf in die beeindruckende Bergwelt bis hin zu anspruchsvollen Gipfelbesteigungen. Und dank der guten Seilbahnerschließung finden Wanderer selbst in alpinen Höhen einige angenehm leichte Touren.

Um eine Tour auf den ersten Blick grob einschätzen zu können, sind jeder Wanderung Kurzinfos vorangestellt. Diese geben Auskunft über Ausgangspunkt/Anfahrt (Auto/Bus), Tourencharakter, Höhendifferenz, Einkehrmöglichkeiten unterwegs sowie Gehzeit (Die Gehzeiten beziehen sich auf die reine Gehzeit ohne Rast und Pausen und orientieren sich an den auf den Beschilderungen vor Ort angegebenen Zeiten). Auch auf mögliche Varianten wird hier hingewiesen. Nach der Kurzinfo folgt die ausführliche Wegbeschreibung, jeweils ergänzt durch eine Karte mit Routeneintrag sowie ein Streckenprofil.

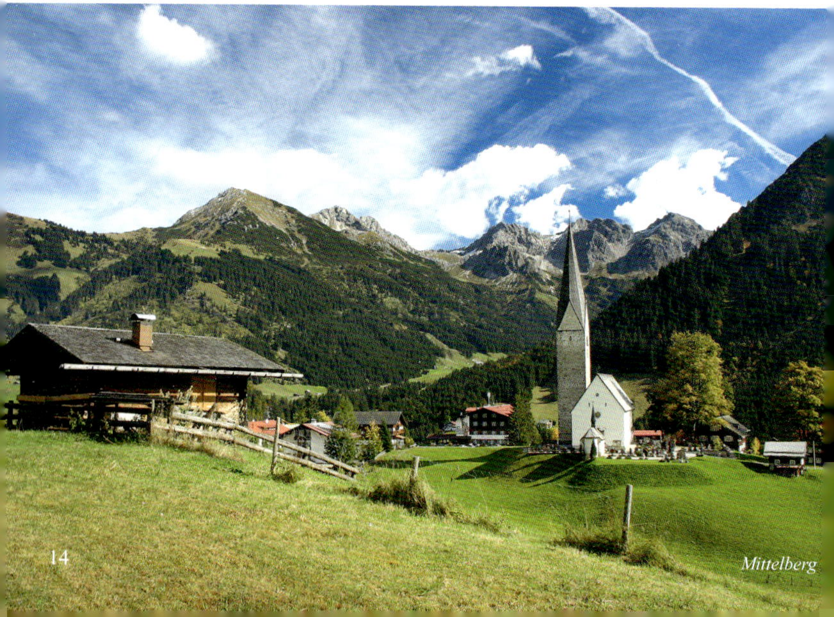

Mittelberg

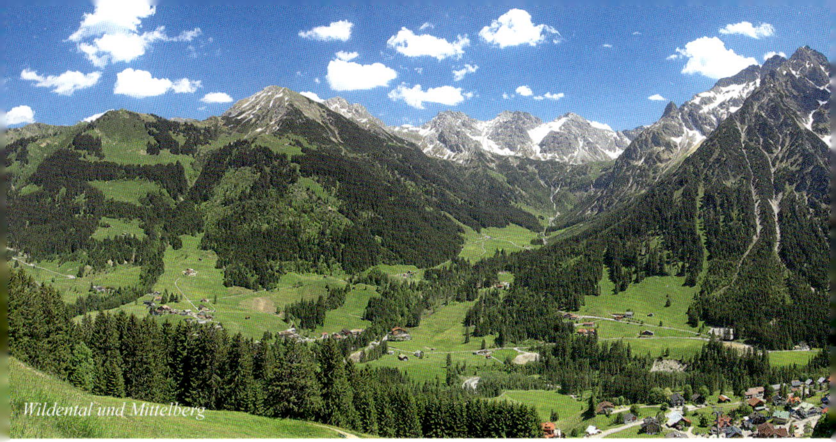

Wildental und Mittelberg

Anforderungen

Die Beurteilung einer Tour hinsichtlich Schwierigkeit und Anforderung ist naturgemäß sehr subjektiv, zu unterschiedlich sind individuelle Vorlieben, Kondition, Bergerfahrung und vor allem die Selbsteinschätzung. Die farbliche Unterteilung der Touren in **leicht**, **mittel** und **schwer** dient deshalb nur als grobe Orientierung. Sind bei Wanderungen heikle Stellen, Kletterpassagen, Seilsicherungen oder besondere Schwierigkeiten zu erwarten, wird dies in den jeweiligen Wegbeschreibungen explizit aufgeführt.

● **Leicht:** Auf diesen Touren sind die Wege breit und weitgehend eben, es sind nur wenige Höhenmeter zu bewältigen und die wenigen Steigungen sind recht gemächlich. Oft haben die Wege Spaziergang-Charakter und sind auch bei Regenwetter gefahrlos zu begehen.

● **Mittel**: Diese Touren sind für durchschnittliche Bergwanderer mit guter Kondition geeignet. Es gibt durchaus längere, steilere Wegpassagen, allerdings ohne technisch besondere Herausforderungen. Die Wege sind oft schmal und verlaufen teils in alpinem Gelände, setzen also ordentliche Wanderschuhe und eine gewisse Trittsicherheit voraus.

● **Schwer**: Bei diesen Touren sind eine sehr gute Kondition sowie absolute Berg- und Trittsicherheit erforderlich. Sowohl wegen der insgesamt zu bewältigenden Höhenmeter als auch wegen der teils sehr steilen An- und Abstiege und ausgesetzter Gratwege nur für geübte Bergwanderer.

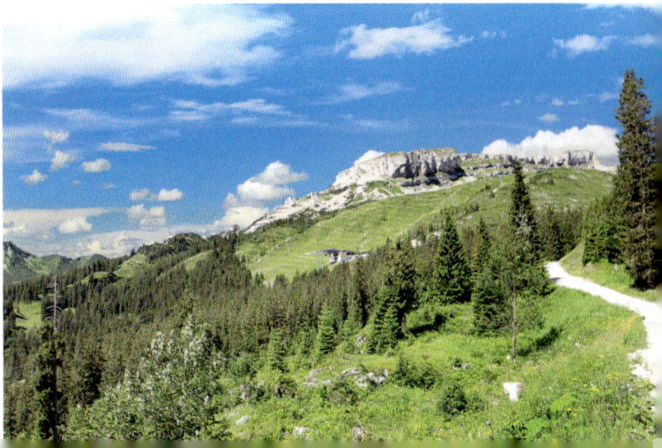

Wanderweg zum Hohen Ifen

Telefonnummern, Internet & Wanderkarten

Touristen-Infos:

⇨ Tourismus Oberstdorf, Prinzregenten-Platz 1, Oberstdorf Haus, 87561 Oberstdorf, Tel. +49 8322 7000, www.oberstdorf.de

⇨ Kleinwalsertal Tourismus, Walserstrasse 264, A-6992 Hirschegg Tel. +43 5517 5114-0, www.kleinwalsertal.com

Notrufnummer 112 (Europaweite Notrufnummer für Festnetz und Mobiltelefon)

Wetterberichte (online)

⇨ www.alpenverein.de (Wetterbericht für den Alpenraum)

⇨ Deutscher Wetterdienst, www.dwd.de

⇨ Zentralanstalt für Meteorologie: www.zamg.ac.at (Berg-/Wetterbericht für Österreich)

Wanderkarten

Zusätzlich zu den Wanderkärtchen, die Bestandteil jeder Tourenbeschreibung sind, ist – für alle, die unterwegs statt Smartphone lieber eine handfeste Karte in Händen halten – folgendes Kartenmaterial empfehlenswert:

⇨ Landesamt für Vermessung und Geoinformation: UK50-47 »Allgäuer Alpen« im Maßstab 1:50.000 (www.ldbv.bayern.de)

⇨ Zumstein-Wanderkarten: Nr. 4 »Oberstdorf« im Maßstab 1:30.000 (www.ava-verlag.de)

Anreise mit dem Auto

Das südliche Oberallgäu und das Kleinwalsertal sind per Pkw gut erreichbar: Auf der A7 aus Richtung Ulm/Memmingen und weiter ab Kempten auf der ausgebauten B19 kommt man weitgehend ungehindert bis Sonthofen im Oberallgäu. Ab dort über Fischen bis Oberstdorf ist allerdings – insbesondere an schönen Wander-Wochenenden – oft etwas Geduld gefragt, denn die Region lockt neben den vielen Übernachtungsgästen auch unzählige Tagesausflügler an, und es geht teilweise nur sehr zäh voran. Parkplätze gibt es im gesamten Tourengebiet ausreichend, allerdings sind fast alle kostenpflichtig (auch am Wochenende) und teilweise sehr teuer. Ein Ausflug in die Berge mit dem ÖPNV schont also neben der Umwelt auch Nerven und Geldbeutel.

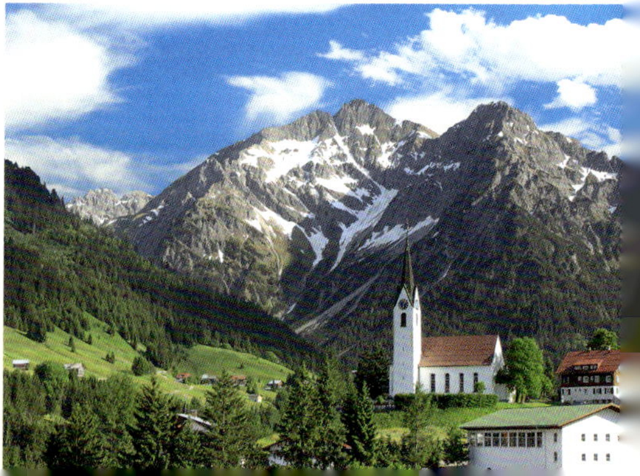

Symbole & Pictogramme

Ausgangspunkt / Anfahrt	Gehzeit	Schwierigkeit:
Tour mit Seilbahn / Lift	Höhenmeter (*bergauf / bergab*)	Leicht
Tourencharakter	Distanz	Mittel
Einkehr	A E Ausgangs- / Endpunkt	Schwer
Ort / Dorf	P H Parkplatz / Bushaltestelle	

Öffentliche Anreise und mobil vor Ort

Dank der überschaubaren Größe des Tales und des vorbildlichen Busnetzes können Urlauber im Kleinwalsertal getrost auf ihr Auto verzichten. Auf der Hauptstrecke Oberstdorf–Riezlern–Hirschegg–Mittelberg–Baad fährt der (im Kleinwalsertal für Übernachtungsgäste kostenlose) Walserbus zwischen etwa 7 Uhr und 21 Uhr im 10- bis 20-Minuten-Takt, auf Stichstraßen, z. B. ins Schwarzwassertal, ca. halbstündlich. Da die meisten Fahrgäste bargeldlos bzw. umsonst mit ihrer Gästekarte fahren, geht auch das Einsteigen sehr zügig. Einmal längs durchs Tal von Riezlern nach Baad dauert gerade mal 25 Minuten; von Riezlern ist Oberstdorf in 20 Minuten zu erreichen (zwischen der Haltestelle »Walserschanz« – der Grenze D/AT – und Oberstdorf muss ein Anschlussticket gelöst werden).

Walserbus-Fahrpläne sind als Faltblatt vor Ort erhältlich, außerdem im Internet zur Ansicht bzw. zum Ausdrucken auf ► www.kleinwalsertal.com.
Die drei zusätzlich in diesem Buch enthaltenen Touren rund um Oberstdorf beginnen alle in unmittelbarer Nähe des Oberstdorfer Busbahnhofs, sind also leicht mit dem direkten Bus aus dem Kleinwalsertal erreichbar. Wer trotzdem noch einen größeren Radius abdecken will, erhält kompakte Busfahrplan-Hefte für das südliche Oberallgäu und angrenzende Gebiete in den Touristenämtern bzw. am Bahnhof. Zudem stehen alle Verbindungen online auf ► www.oberallgaeu.org.

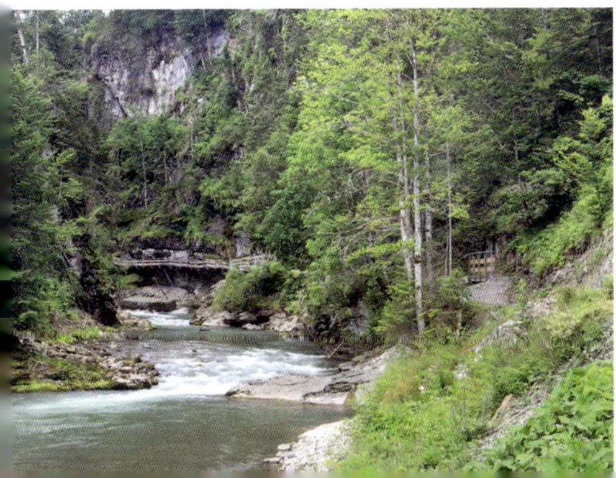

Oberstdorf wird ein- bis zweimal pro Stunde von der Bahn via Immenstadt angefahren mit direktem Anschluss an den Walserbus vom Bahnhofsvorplatz. Die kleinen Orte und Dörfer in der Umgebung Oberstdorfs sind i.d.R. alle 1 bis 2 Stunden per Bus zu erreichen, ins Stillachtal und zur Fellhornbahn fährt ein Bus ab Oberstdorf alle 30 min.

Die Breitach bei Riezlern

Bergbahnen

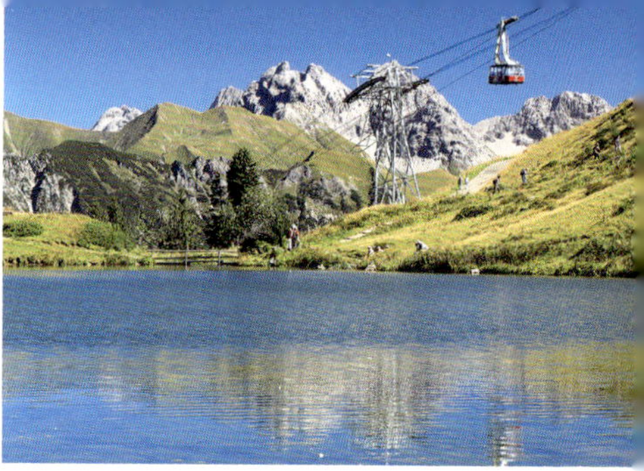

Allein im südlichen Oberallgäu rund um Oberstdorf und im Kleinwalsertal gibt es insgesamt 10 Sommerseilbahnen und Sessellifte, was die Bedeutung des Wandertourismus für die Region unterstreicht. Die Bahnen sind in der Regel ganzjährig in Betrieb, nur in den touristisch ruhigeren Übergangsmonaten zwischen Sommer- und Wintersaison (i.d.R. die Monate November und April) werden Revisionspausen eingelegt. Durch die zunehmend warmen und auch oft schneearmen Winter sind einige Bahnen allerdings – bei schönem Wanderwetter – auch dann an manchen Wochenenden ausnahmsweise in Betrieb (aktuelle Infos stehen auf den jeweiligen Internetseiten). Die täglichen Betriebszeiten liegen in etwa zwischen 8.30 und 16.30 Uhr. Genauere Informationen sowie Telefonnummern und Internetseiten sind in den Kurzinfos angegeben.
Bei vielen Hotels sind bei längeren Aufenthalten manche Seilbahnen inklusive, zudem gibt es diverse Angebote (uneingeschränkte Seilbahnnutzung an mehreren Tagen u.ä.), die Übernachtungsgäste auf ihre Gästekarte aufbuchen lassen können.

Einkehr, Almhütten & Co.

Die Berge im Kleinwalsertal und im südlichen Oberallgäu sind gastronomisch bestens erschlossen, sodass es kaum eine Wanderung ohne Einkehrmöglichkeit gibt. In unmittelbarer Umgebung der Seilbahn-Bergstationen findet man eigentlich immer irgendeine Hütte oder ein Restaurant, und auch sonst stößt man unterwegs immer wieder auf eine Alpenvereinshütte oder eine der zahlreichen privaten, bewirtschafteten Alphütten.
Die bei den Bergstationen gelegenen Hütten/Restaurants haben während der Seilbahn-Betriebszeiten i.d.R. ohne Ruhetage geöffnet. Die Öffnungszeiten der hochgelegenen Alpenvereinshütten sind durch die Höhe bzw. den Winter begrenzt; die Sommersaison ist sehr unterschiedlich und dauert etwa von Anfang Juni bis Anfang Oktober. Bei den meist privaten Alphütten, die im Nebenerwerb Kost anbieten, bestimmt oft der bäuerliche Terminkalender die Saison, die meist nur so lang dauert, wie das Vieh auf der Alm ist, also von ca. Mitte Juni bis zum Viehscheid ca. Mitte September. Mit einem wöchentlichen Ruhetag muss man rechnen. Besonders bei etwas abgelegenen Hütten weist meist ein Schild frühzeitig auf eventuelle Ruhetage hin.

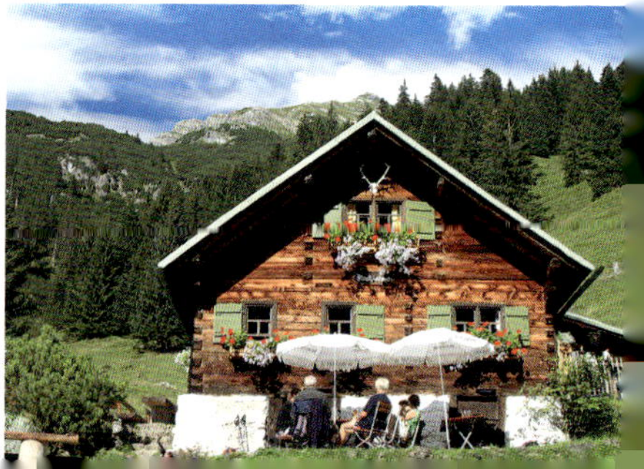

Fluchtalpe im Wildental

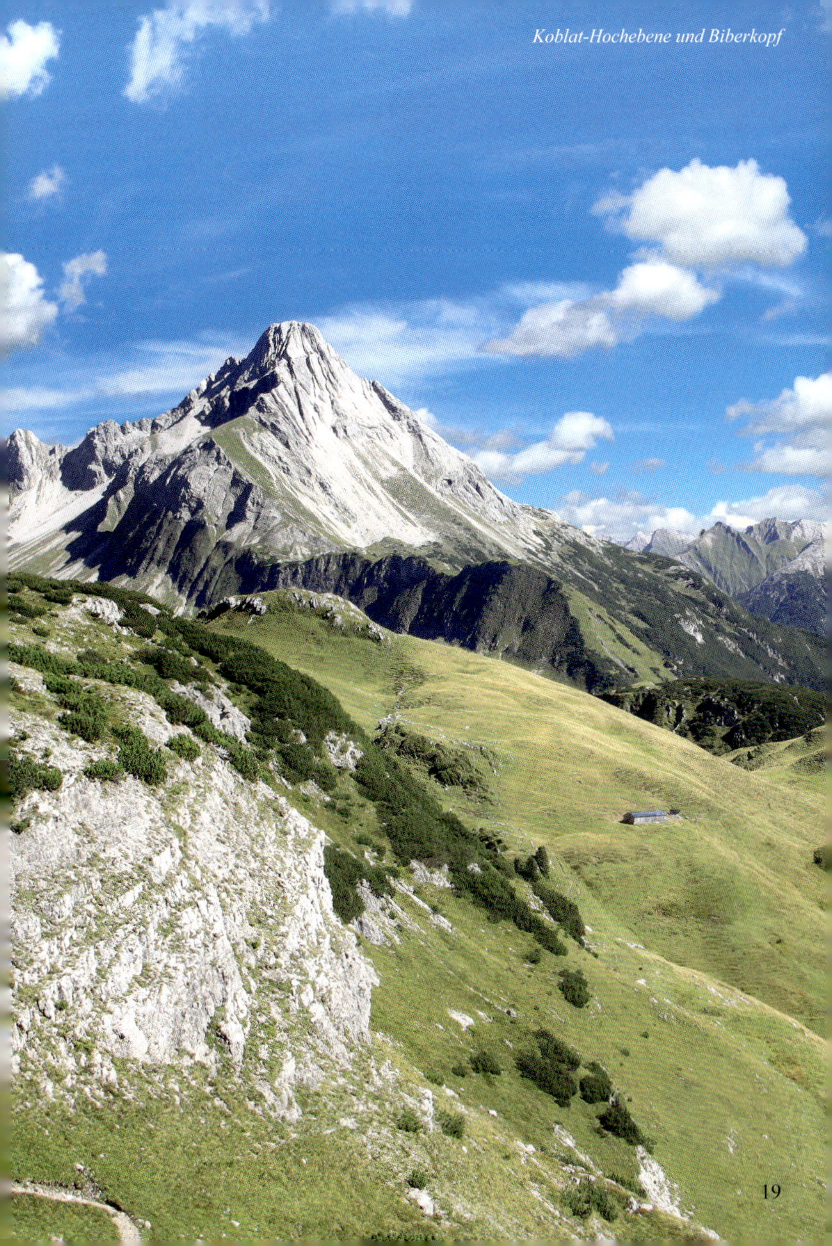

Koblat-Hochebene und Biberkopf

1 Vom Söllereck zum Freibergsee

3.15 Std. | 180 / 525 | 7,4 km

Söllereckbahn. Von Oberstdorf ca. 4 km Richtung Kleinwalsertal (**Navi**: *87561 Oberstdorf, Kornau Wanne 8)*; Walserbus Oberstdorf–Baad im 10- bis 20-Min.-Takt, Haltestelle »Söllereckbahn«.

Söllereckbahn: Kleinkabinenbahn, Betrieb ca. Anfang Mai–Anfang November, 9–17 Uhr, www.ok-bergbahnen.com, Talstation 990 m, Bergstation 1360 m.

Breite, angenehme Wege, überwiegend im Wald, auf einigen Teilstücken geht es recht steil bergab.

Diverse in Seilbahn-Bergstation-Nähe ②; Ghf. Hochleite ③; Kiosk Skiflugschanze ④; Gasthof Freibergsee ⑤; Gaststätte Bergkristall ⑥

Zu einem ruhigen Waldsee im Stillachtal

Eine hübsche Wanderung erwartet uns unterhalb des Söllerecks am Ausgang von Kleinwalser- und Stillachtal: Es geht überwiegend bergab durch Mischwälder und Moore zu einer hübsch gelegenen Almhütte und zum wunderschönen Freibergsee. Ein nett gestalteter Erlebnispfad zum Mitmachen, herrliche Ausblicke ins Stillachtal und eine mögliche Besteigung der Skiflugschanze runden diese abwechslungsreiche Tour ab.

Von der **Söllereckbahn-Talstation** ①, 990 m, schweben wir gemütlich mit der Söllereckbahn bergauf. An der **Bergstation** ②, 1360 m, die am unteren Rand einer großen Wiese liegt, halten wir uns links und steigen ein kurzes, aber knackiges Steilstück hinauf zum Waldrand (ca. 1400 m). Dort beginnt ein Naturerlebnispfad, der uns auf den nächsten drei Kilometern begleitet, an zwölf Stationen zum Mitmachen animiert und Interessantes über die Allgäuer Natur offenbart. Auf breitem Weg geht es noch ein paar Schritte steil bergauf, wo wir eine schöne Aussicht Richtung Oberstdorf genießen können. Dann wandern wir gemütlich mit leichtem Auf und Ab auf einem hübschen

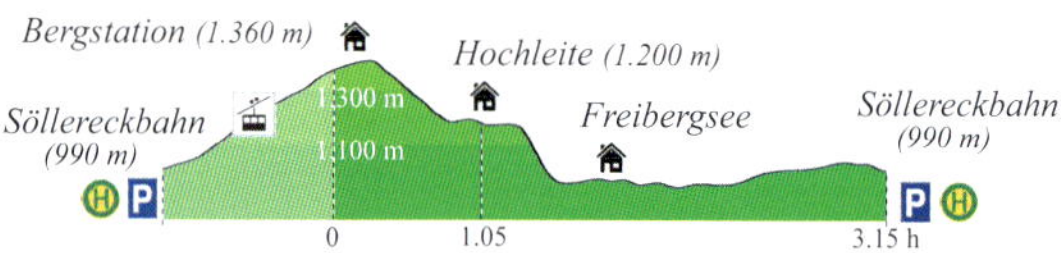

Waldweg zu einem kleinen Hochmoor, das wir auf einem Holzbohlenweg durchqueren. Anschließend beginnt der mitunter recht steile Abstieg durch Wald hinunter Richtung Hochleite; auf halbem Weg erwartet uns links der schöne Aussichtspunkt »Kanzel« mit freiem Blick auf Oberstdorf und Umgebung. Hinter der nächsten Kehre öffnet sich dann der Blick auf das Stillachtal in seiner ganzen Länge mit der Ebene von Birgsau, im Hintergrund überragt von hohen Dolomitgipfeln

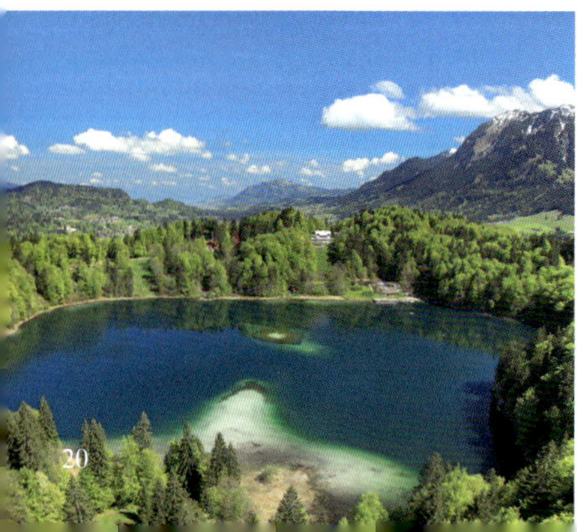

Der Freibergsee

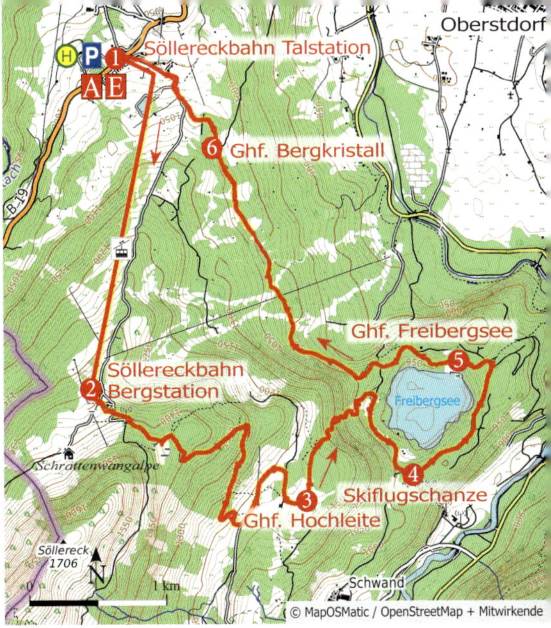

wie der Trettachspitze. Schließlich gelangen wir in weiten Kehren über offene Weideflächen zum schön gelegenen **Berggasthof Hochleite** ③, 1200 m. Gleich hinter der Hütte halten wir uns links (nicht über den Hauptweg nach Schwand), queren auf einem Trampelpfad eine Weide und steigen dann im Wald in steilen, engen Serpentinen bergab. Am Ende des Abstiegs (960 m) stoßen wir auf einen breiten Schotterweg, der etwas oberhalb des Freibergsees einmal um selbigen herumführt. Wir wenden uns nach rechts und erreichen nach etwa 15 Minuten die **Skiflugschanze** ④, 980 m, mit einer – kostenpflichtigen – Aussichtsplattform oben auf der Spitze. Von dort hat man einen wunderbaren Blick auf den See sowie – in der entgegengesetzten Richtung – über das Stillachtal. Entgegen dem Uhrzeigersinn wandern wir schließlich auf einem hübschen Waldweg gemütlich weiter um den See und gelangen an seiner Nordostecke zu einer Wegkreuzung. Dort halten wir uns links und spazieren zum Seeufer mit dem **Gasthof Freibergsee** ⑤, 938 m, hinab. Dahinter steigt der Weg wieder leicht an und trifft kurz darauf auf eine weitere Kreuzung im Wald. Hier haben wir die Seerunde fast vollendet und biegen kurz vor der Stelle, an der wir vor einer Stunde absteigend das erste Mal auf den Schotterweg gestoßen sind, nach rechts und gleich wieder links auf den Edmund-Probst-Weg Richtung Söllereck-Talstation ein. Ein breiter, angenehm zu gehender Weg mit fast unmerklicher Steigung bringt uns durch Wald und schöne Wiesen vorbei am **Gasthof Bergkristall** ⑥, 1048 m, zurück zur Talstation, 990 m.

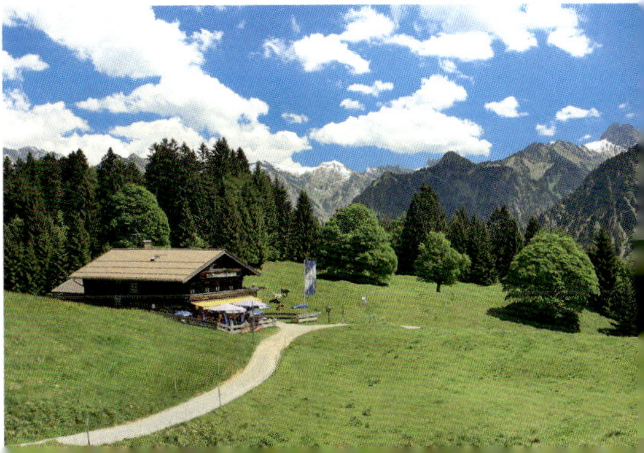

Berggasthof Hochleite

2 Höhenweg vom Söllereck nach Riezlern

1.45 Std. | 40 / 320 | 5,1 km

Söllereckbahn. Von Oberstdorf ca. 4 km Richtung Kleinwalsertal *(**Navi**: 87561 Oberstdorf, Kornau Wanne 8)*; Walserbus Oberstdorf–Baad im 10- bis 20-Min.-Takt, Haltestelle »Söllereckbahn«.

Söllereckbahn: Kleinkabinenbahn, Betrieb ca. Anfang Mai–Anfang November, 9–17 Uhr, www.ok-bergbahnen.com, Talstation 990 m, Bergstation 1360 m.

Endpunkt: Riezlern, 1087 m; von dort Walserbus zurück zur Söllereckbahn im 10- bis 20-Min.-Takt.

Der breite, angenehme Weg hat teilweise Spazierwegcharakter. Am Ende der Tour teils sehr steil hinab nach Riezlern. Oft sehr überlaufen.

Diverse in Bergstation-Nähe ② sowie und Schrattenwangalpe ③; Mittelalp ④; Berg-Stüble

Herrlicher Spazierweg mit perfektem Panorama

Das Söllereck lockt als beliebtes Familienziel mit einem umfangreichen Angebot mit Kletterwald, Spielplatz, Seilbahn und Sommerrodelbahn. Im Gegensatz zu seinen alpinen, auch per Seilbahn erreichbaren Nachbarn Fellhorn, Kanzelwand und Co. spielt sich hier alles ein Stockwerk tiefer ab. Wanderer finden hier jedoch einen der schönsten – und dabei einfachsten – Panoramawege der Region: Von der Bergstation geht es fast ausschließlich bergab über eine aussichtsreiche, von offenen Wiesen bedeckte Hochebene hinüber nach Riezlern. Eine Wanderung für Genießer – allerdings sehr gut besucht!

Von der **Talstation** ①, 990 m, schweben wir zunächst mit der Söllereckbahn nach oben. Die **Bergstation** ②, 1360 m, liegt am unteren Rand eines offenen und recht steilen Wiesenhangs, der uns den einzigen Anstieg der heutigen Tour abverlangt. Es geht kurz und steil hinauf zur **Schrattenwangalpe** ③, 1403 m, wo wir den höchsten Punkt der Wanderung erreichen. Der gemütliche Spaziergang nach Riezlern kann beginnen. Auf einem breiten, angenehm zu laufenden Schotterweg tauchen wir in einen kleinen Wald ein, der sich bald darauf – nachdem wir die Grenze nach Vorarlberg überschritten haben – wieder lichtet und einen wunderschönen Blick freigibt auf das vor

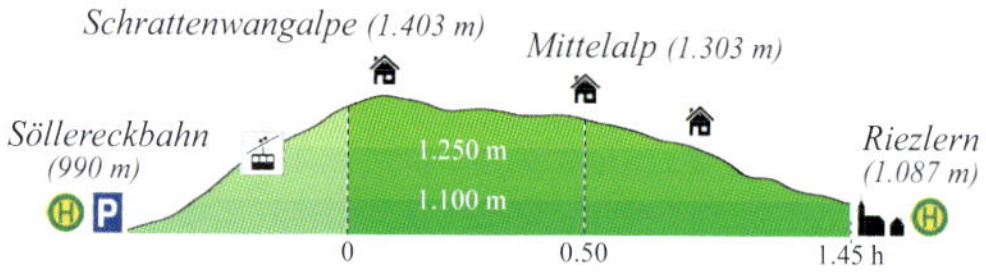

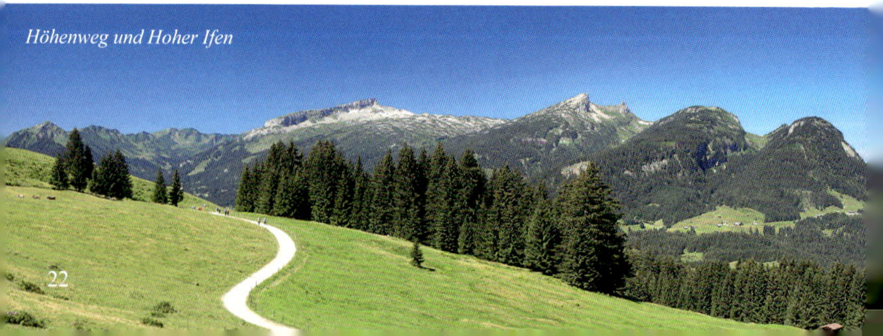

Höhenweg und Hoher Ifen

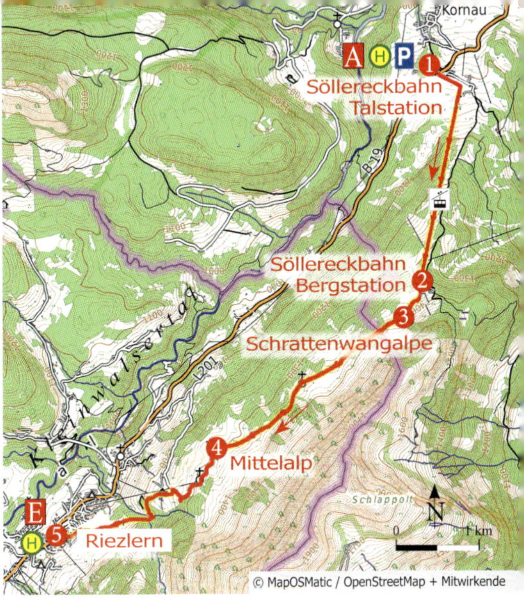

uns liegende Kleinwalsertal sowie weite, offene Wiesen, durch die sich der Weg hindurchschlängelt. Auf der gegenüberliegenden Talseite zieht der markante Hohe Ifen alle Blicke auf sich, flankiert vom spitzen Walmendinger Horn zur Linken sowie dem buckligen Gottesackerplateau und den hohen Gottesackerwänden zur Rechten. Vorbei an der unbewirtschafteten Amans-Alpe (mit kleiner Kapelle) bummeln wir auf dem leicht abfallenden Weg zur **Mittelalp** ④, 1303 m. Riezlern rückt immer mehr ins Blickfeld, und schließlich beginnt – mit dem prächtigen Panorama vor uns – der Abstieg ins Tal. In weiten Kehren, vorbei am Berg-Stüble, geht es abwärts, mitunter sehr steil und etwas kniebelastend. In einem engen und tief eingeschnittenen Tälchen verlassen wir an einer Spitzkehre den Hauptweg, halten uns links, überqueren einen kleinen Bach und wandern schließlich auf der anderen Seite durch schöne Wiesen hinunter nach **Riezlern** ⑤, 1087 m. Von dort verkehren alle 10 bis 20 Minuten Busse zurück zum Startpunkt.

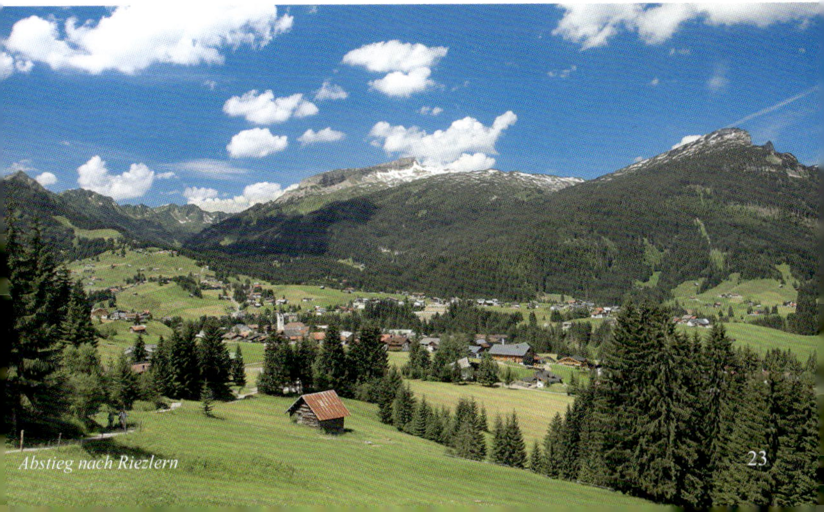

Abstieg nach Riezlern

3 Durch die Breitachklamm

2.15 Std. | 200 / 100 | 5,2 km

Startpunkt ist die Bushaltestelle beim Hotel Oberstdorf in Reute, 890 m; Walserbus Riezlern–Oberstdorf (alle 10 bis 20 min.).

Autofahrer parken am besten am Endpunkt der Tour an der Walserschanz (Grenze D/AT am Ausgang des Kleinwalsertals), ab Oberstdorf etwa 5 km ins Kleinwalsertal hinein (***Navi***: *A-6991 Riezlern, Walserschanz 2)*.
Von dort kurze Fahrt zum Startpunkt mit dem Walserbus Richtung Oberstdorf bis zum Hotel Oberstdorf in Reute (im 10- bis 20-Min.-Takt, Haltestelle »Reute«).

Endpunkt: Walserschanz (Grenze D/AT am Ausgang des Kleinwalsertals), 988 m. Bushaltestelle der Linie Oberstdorf–Riezlern (alle 10 bis 20 min.).

In der Klamm enge, teils in den Fels gehauene Wege, teils sehr niedrig, streckenweise rutschig und nass durch Grus und Tropfwasser (auch bei trockenem Wetter). Gutes Schuhwerk erforderlich! Ansonsten leichte Wege.

Ghf. Breitachklamm ③

(Be)rauschendes am Ausgang des Kleinwalsertals

Millionenfach bestaunt, ist die Breitachklamm eines der Naturwunder des Allgäus und des Kleinwalsertals. Es ist beeindruckend zu erleben, wie sich die Wassermassen wildschäumend ihren Weg durch die teilweise nur wenige Meter enge und von über 100 Meter hohen Felswänden überragte Schlucht bahnen. Eine spannende Tour, überraschend laut und – selbst an sonnigen Sommertagen – feucht. Zu Beginn der Tour erwartet uns eine gemütliche Wegstrecke entlang der sanfteren Breitach.

Von der Bushaltestelle zum nahen **Hotel Oberstdorf** ①, 890 m, dann auf einer schmalen Straße nördlich ums Hotel herum. Weiter auf einem breiten Weg durch Wiesen sowie im Anschluss durch einen kleinen Tobel entlang eines Baches recht steil hinab zur Breitach. Eine **Fußgängerbrücke** ②, 800 m, bringt uns aufs gegenüberliegende Ufer, wo wir uns links halten und in gut 30 Minuten durch einen Auwald entlang des Flusses zum großen Breitachklamm-Parkplatz spazieren.
Vom **Klamm-Eingangshäuschen** ③, 830 m, sind es nur wenige Schritte hinüber zur Breitach, und schon bald wird der Fluss wilder und das Tal felsiger. Bald erreichen wir die eigentliche Klamm und mit einem Schlag ändert sich die Szenerie, die Felswände rücken eng zusammen und

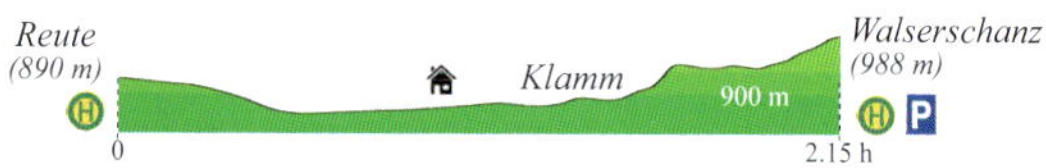

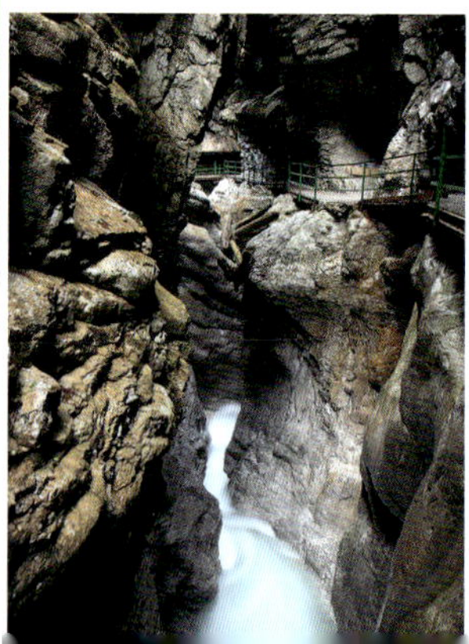

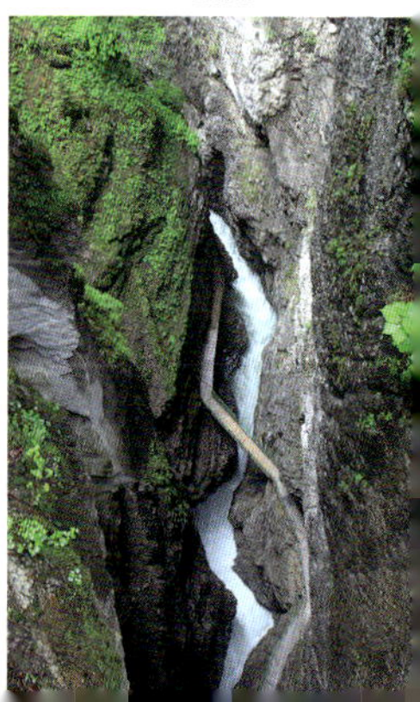

In der Breitachklamm

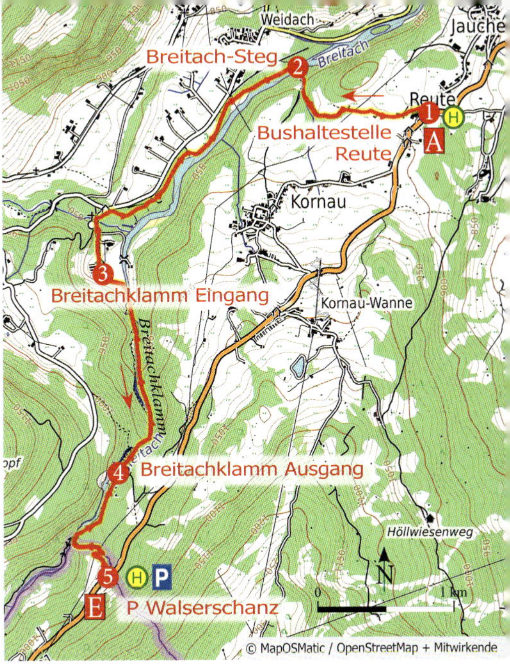

streben gleichzeitig senkrecht nach oben. Der enge Pfad ist streckenweise waghalsig in den Fels hineingeschlagen, an manchen Stellen ist die Klamm nur wenige Meter breit und der Himmel ist nur als schmaler Streifen zu erahnen. Mal links, mal rechts des Wassers geht es flussaufwärts, und je nach Wasserstand ist der Lärm fast ohrenbetäubend. Dann erreichen wir den oberen **Ausgang der Klamm** ④, 900 m. Und oft wird erst hier richtig deutlich, wie laut es in der Klamm gewesen ist. Obwohl hiermit die Klamm »offiziell« zu Ende ist, erwartet uns noch ein weiterer spannender Abschnitt: Der Fluss wird zwar breiter, aber die Felswände sind nicht minder beeindruckend, und der Weg ist spektakulär in den Fels gehauen. Dann ist auch dieser Abschnitt vorbei und es wird schlagartig still. Hier lassen wir den Fluss ganz hinter uns und steigen links in einem engen Taleinschnitt recht steil auf einem Schotterweg hinauf zu einem Parkplatz beim ehem. **Ghs. Walserschanz** ⑤, 988 m, (Grenze A/D) mit Bushaltestelle (Walserbus Riezlern–Oberstdorf alle 10 bis 20 min.).

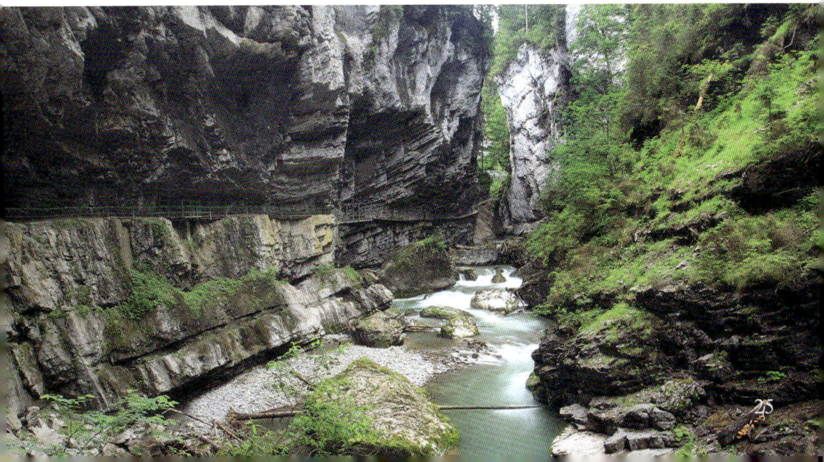

4 Entlang der Breitach zur Müller`s Alpe

3.30 Std. | 250 Hm | 8,9 km

Riezlern, Ortsteil Schwende auf der westlichen Talseite, 1070 m. Ab Oberstdorf ca. 10 km ins Kleinwalsertal hinein, kurz vor Riezlern rechts nach Schwende; ca. 500 m hinter der hohen Breitachbrücke wenige Parkplätze bei der kleinen Kirche *(**Navi**: A-6991 Mittelberg, Innerschwende 6)*; Walserbus Oberstdorf–Baad im 10- bis 20-Min.-Takt bis Haltestelle »Riezlern Post«, von dort entweder zu Fuß zur Alten Schwendebrücke ② (Beschreibung s. Tour 6) oder umsteigen in Linie 2 Richtung Schwende bis Haltestelle »Schwende« (halbstündlich).

Gute Wege ohne Schwierigkeiten.

Waldhaus ③; Müller`s Alpe ④

Stille Pfade im vorderen Kleinwalsertal

Die Breitach ist der größte Fluss des Kleinwalsertals und den meisten Wanderern wegen der Breitachklamm am Talausgang ein Begriff. Aber auch abseits der Klamm ist eine Uferwanderung ein schönes Erlebnis. In der Nähe von Riezlern hat sich der Fluss fast 100 Meter tief in die Landschaft eingeschnitten, wir steigen also auf dieser Tour ein paar Stockwerke hinab und lassen den Trubel des Tales weitgehend hinter uns. Wir folgen dem Wasser auf schönen Uferwegen talauswärts und kehren schließlich über die stillen, aussichtsreichen Wiesen auf der Westseite des Kleinwalsertals zum Ausgangspunkt zurück.

Vom **Parkplatz** ①, 1070 m, folgen wir gut 100 Meter der Hauptstraße zurück Richtung Brücke, biegen direkt vor der Brücke rechts ab in den 'Schwarzwasserbachweg' und steigen auf diesem hinab ins Tal. Am Talboden angekommen biegen wir kurz vor der **Alten Schwendebrücke** ②, 1000 m, links in einen Fußweg ein, auf dem wir am linken Ufer an der Breitach entlang flussabwärts wandern. Wir unterqueren die gewaltige, über uns aufragende, neue Autobrücke und durchwandern eine kleine Klamm aus festem Kalkgestein, den die Breitach durchfräst hat. Dahinter wird das Tal etwas zahmer, und ein breiter,

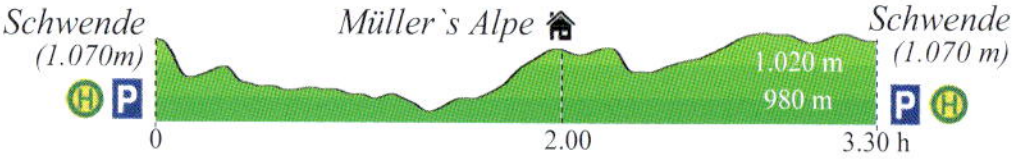

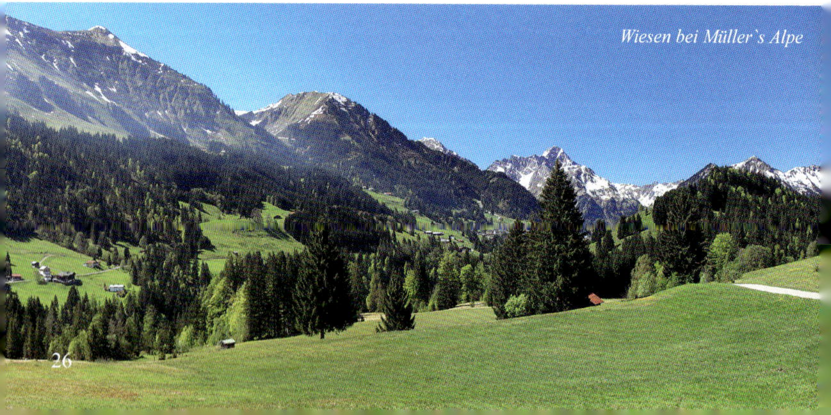

Wiesen bei Müller`s Alpe

direkt am Ufer entlang führender Schotterweg bringt uns ganz gemütlich flussabwärts. Der gesamte, tiefe, bewaldete Einschnitt, den die Breitach hier geschaffen hat, wirkt erstaunlich abgeschieden, man nimmt im Grunde nur den Fluss und dessen Geräuschkulisse wahr, während das oben liegende Tal mit seinen Straßen, zahllosen Gehöften und Bauernhäusern gefühlt sehr weit entfernt ist. Bald passieren wir das am Fluss gelegene **Waldhaus** ③, 958 m, wandern weiter talauswärts, bis sich der Weg etwas vom Ufer entfernt. Beim nächsten Abzweig verlassen wir den Taleinschnitt endgültig und steigen hinauf zur **Müller`s Alpe** ④, 1017 m, die auf der westlichen Talschulter inmitten einer Wiese liegt. Kurz darauf stoßen wir auf einen breiten Wirtschaftsweg, an dem wir uns links halten und – mit Blick auf den fernen Widderstein – über hübsche, blumenübersäte Feuchtwiesen den Rückweg antreten. Der Wirtschaftsweg endet kurz darauf, wir folgen links einem schmalen Weg, der uns hinunter in den bewaldeten Einschnitt des Hörnlebaches bringt. Auf der anderen Bachseite stoßen wir kurz darauf auf eine breite Schotterstraße (Fuchsloch, 1020 m), der wir Richtung Straußberg folgen. Nach einem kurzen Anstieg geht die Schotterstraße in eine Teerstraße über, auf der wir – vorbei an vereinzelten Gehöften inmitten eines offenen Wiesenhanges, von dem wir erneut einen freien Blick Richtung Widderstein genießen – zurück zu unserem Ausgangspunkt gelangen.

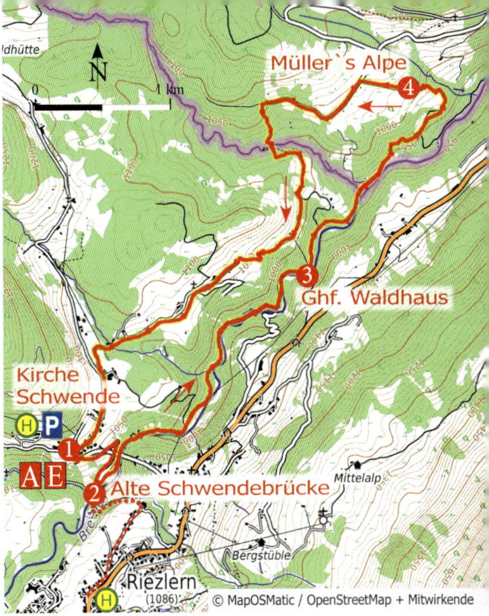

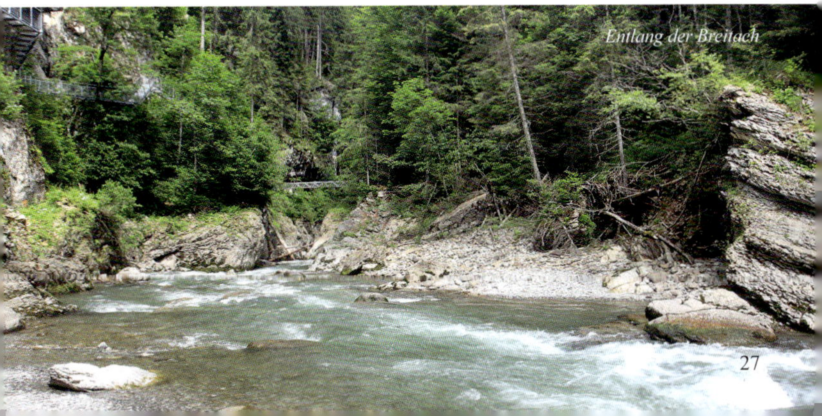

Entlang der Breitach

5 Zur Osterbergalpe

4 Std. | 300 Hm | 11,2 km

Riezlern, Ortsteil Schwende, Gasthof Bergblick, 1080 m. Ab Oberstdorf etwa 10 km ins Kleinwalsertal; vor Riezlern rechts über die hohe Breitachbrücke nach Außerschwende, wenige Parkplätze bei der kleinen Kirche; von dort ca. 500 Meter Straße zum Startpunkt *(**Navi**: A-6991 Mittelberg, Außerschwende 36);* Walserbus Baad–Oberstdorf im 10- bis 20-Min.-Takt bis Haltestelle »Riezlern Post«, dort Anschluss Richtung Schwende bis zum Gasthof Bergblick (halbstündlich).

Leichte Wanderung mit mäßigen Steigungen; überwiegend Teerstraße (Anliegerverkehr), sonst breite Schotterwege.

Gasthof Bergblick ①; Gasthof Hörnlepass ②; Osterbergalpe ③; Müller`s Alpe ④

Stille Almwanderung am nördlichen Talausgang

Diese Wanderung am Ausgang des Kleinwalsertal ist ein echtes Kontrastprogramm zur Tour 2 auf der gegenüberliegenden Talseite. Während auf dem dortigen – zugegebenermaßen herrlichen Höhenweg – an manchen Tagen wahre Völkerscharen unterwegs sind, erwartet uns auf dieser gemütlichen Wanderung ein sehr stiller Mix aus weiten, offenen Wiesen und Wäldern mit schönen Ausblicken über das langgestreckte Tal sowie unterwegs eine hübsche Alphütte mit aussichtsreicher Sonnenterrasse.

Ab dem **Gasthof Bergblick** ①, 1080 m, ist die Straße für den öffentlichen Verkehr gesperrt. Wir halten uns nordwärts und wandern die Straße gemächlich bergauf, vorbei an vereinzelten Häusern und offenen Wiesen mit einem weiten Blick ins Tal bis hinüber zum Nebelhorn und Fellhorn. Nach 2 Kilometern erreichen wir den **Gasthof Hörnlepass** ②, 1168 m, wo die Teerstraße in einen Schotterweg übergeht. Ein ebener Weg erwartet uns; links erheben sich die bewaldeten Ausläufer des Gottesackerplateaus, rechts von uns macht sich in einem kleinen Tal allmählich das leise Rauschen des Hörnlebaches bemerkbar. In einer Spitzkehre überqueren wir den Bach (1160 m) und biegen scharf nach rechts (geradeaus zieht der Weg zum Hörnle-

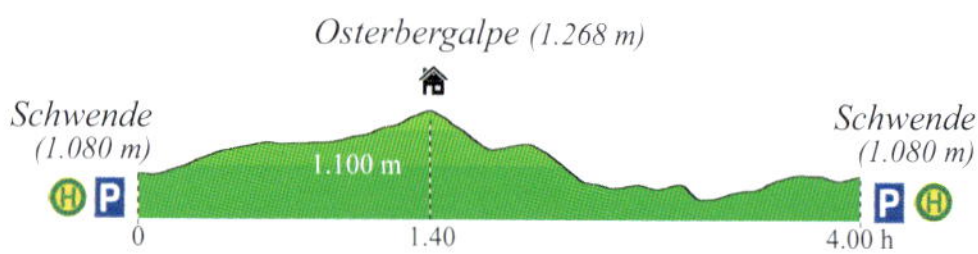

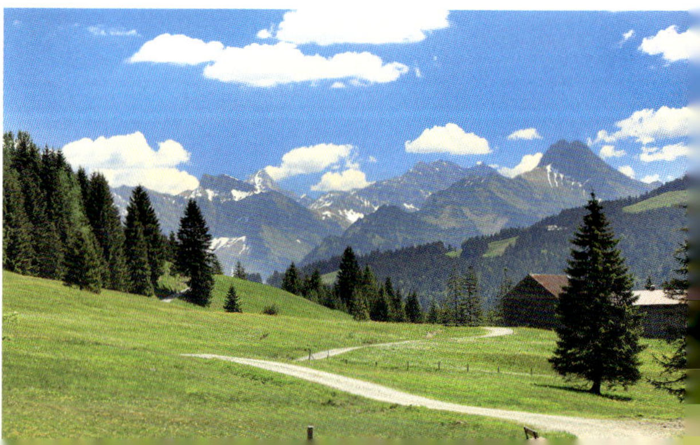

Hochebene am Hörnlesbach auf dem Weg zur Osterbergalpe

pass hinauf). Vor uns liegt eine hübsche, blumenübersäte Hochebene, den fernen Hintergrund bilden Hochvogel und Schneck. Bald durchqueren wir einen kleinen, bewaldeten Taleinschnitt mit Bach und erreichen die Almwiesen der **Osterbergalpe** ③, 1268 m. Die urige Hütte mit schöner Sonnenterrasse liegt aussichtsreich und sehr markant auf einer Kuppe – nicht direkt am Weg, aber der etwa 10-minütige Aufstieg lohnt alleine aufgrund der prächtigen Aussicht: Der Blick reicht vom Widderstein am südlichen Ende des Kleinwalsertals über Fellhorn und Höfats bis zum Nebelhorn im Osten.

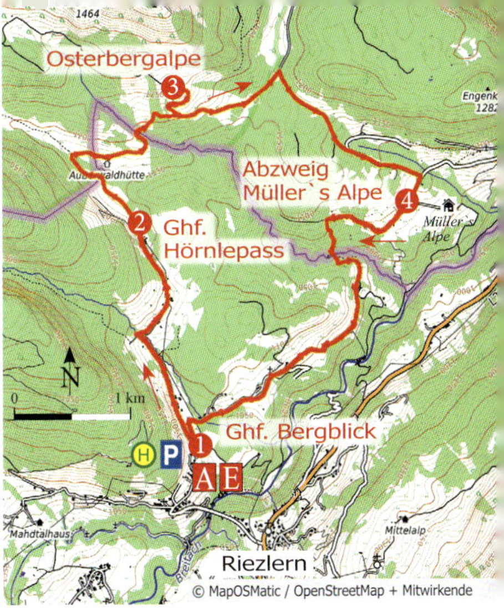

Der weitere Weg verläuft über offene Wiesen leicht bergab, tritt dann in einen Wald ein und trifft auf einen breiten (autofreien) Teerweg. Wir wenden uns nach rechts (»Schwende«) und folgen der Straße bergab bis zu einer weiteren Kreuzung (1060 m), wo wir uns erneut rechts halten. Ein wunderschöner Abschnitt liegt vor uns: hübsche, blumenübersäte Feuchtwiesen mit Widderstein, Fellhorn und Co. als Hintergrundkulisse; links führt ein Abstecher leicht bergab zur etwa 300 Meter entfernt liegenden **Müller`s Alpe** ④, 1020 m. Am Ende des Teerweges biegen wir links in einen schmalen Weg ein, der uns durch hübschen Mischwald hinunter in den Taleinschnitt des Hörnlebaches führt, den wir weiter oben schon einmal gequert haben. Auf der anderen Bachseite stoßen wir wenig später auf eine breite Schotterstraße (Fuchsloch, 1020 m), der wir Richtung Straußberg folgen. Die Schotterstraße geht nach einem kurzen Anstieg in eine Teerstraße über, auf der wir – vorbei an vereinzelten Gehöften inmitten eines offenen Wiesenhanges, von dem wir einen freien Blick Richtung Widderstein genießen – zurück zum Gasthof Bergblick gelangen.

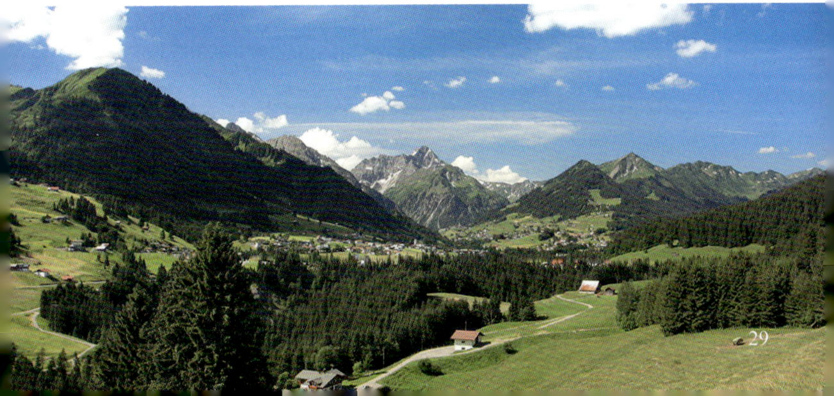

6 Am Schwarzwasserbach entlang

2.30 Std. | 260 / 110 | 6 km

Riezlern, 1087 m. Ab Oberstdorf etwa 11 km ins Kleinwalsertal; div. Parkplätze im Ort (*Navi: A-6991 Riezlern, Alte Schwendestraße*); Walserbus Oberstdorf–Baad im 10- bis 20-Min.-Takt bis Haltestelle »Riezlern Post«.

Endpunkt: Bushaltestelle »Schröflesäge« im Schwarzwassertal; halbstündlich mit Linie 5 zurück Richtung Riezlern (dort Anschluss an die Linie 1 Baad–Oberstdorf).

Überwiegend einfache, breite, geschotterte Wege. Uferweg mit nur leichten Steigungen, zwischendurch aber auch kurze, knackige Anstiege, wenn Wasserfälle umgangen werden müssen.

keine unterwegs

Rauschender Gebirgsbach und wilde Wasserfälle

Der Schwarzwasserbach ist der größte Nebenfluss der Breitach, entspringt im gleichnamigen Tal und mündet bei Riezlern in die Breitach. Auf dieser Wanderung erleben wir seinen unteren Abschnitt: sechs abwechslungsreiche Kilometer, auf denen der Fluss durch tief eingeschnittene Talabschnitte fließt, durch felsige Schluchten, offene Wiesen und schöne Wälder – und auf seinem Weg immer wieder beeindruckende Wasserfälle bildet. Eine wunderschöne Tour, fast immer direkt am Wasser entlang und mit nur wenigen, kurzen Anstiegen.

Die Tour beginnt am zentralen Busbahnhof in **Riezlern** ①, 1087 m, von wo wir der Hauptstraße talauswärts folgen und dann kurz vor der Tankstelle links in die 'Leo-Müller-Straße' einbiegen, die nach etwa 200 Metern in den 'Fellhornweg' mündet. Dieser geht schließlich in einen schmalen Schotterweg über, der recht steil durch Wald hinunter ins tief eingeschnittene Tal führt. Direkt bei der Einmündung des Schwarzwasserbaches in die Breitach überqueren wir diese auf der **Alten Schwendebrücke** ②, 1000 m; die gewaltige neue Brücke überspannt rechts über uns das enge Tal. Der breite, angenehm zu gehende Weg beginnt gleich hinter der Brücke links und führt

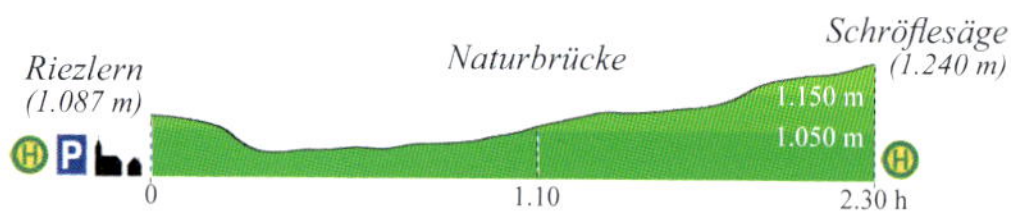

Am Schwarzwasserbach

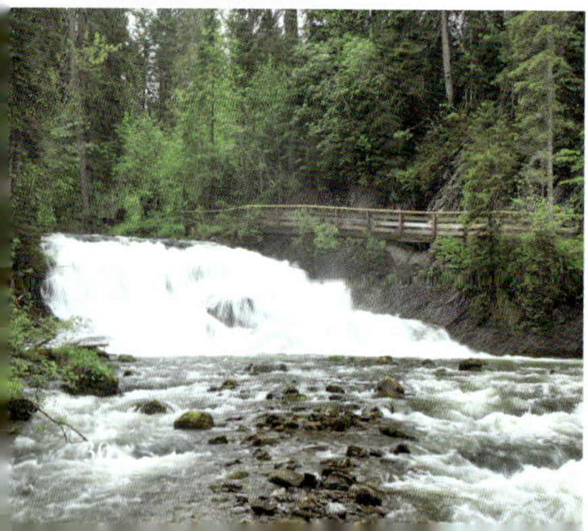

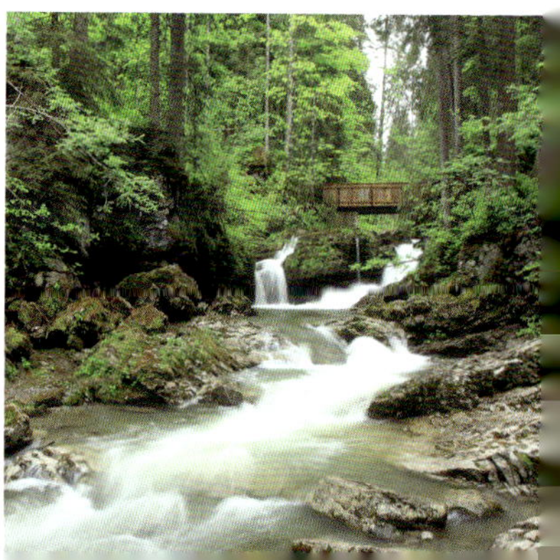

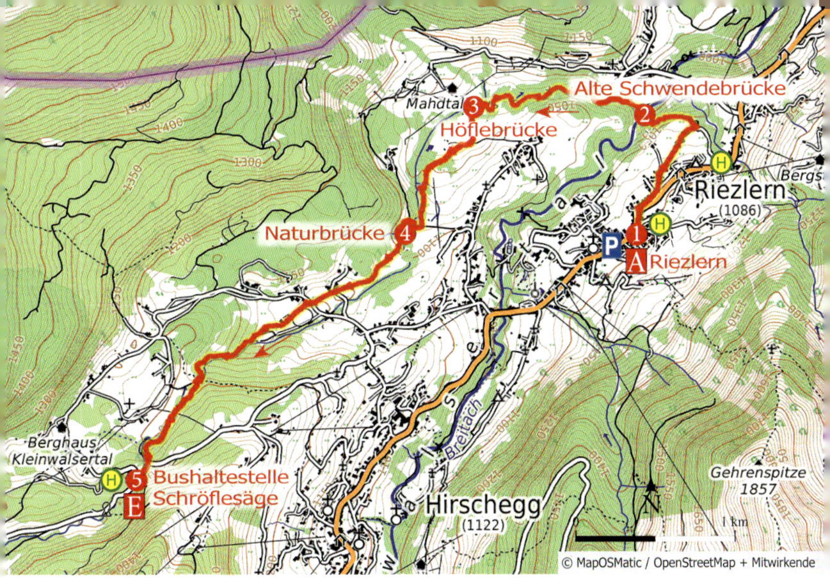

direkt am Ufer entlang flussaufwärts. Der Fluss schlängelt sich in weiten Kehren durch das bewaldete Tal, bis vor uns etwas überraschend der erste Wasserfall auftaucht – und uns einen schönen Vorgeschmack auf das gibt, was uns heute erwartet. Hinter dem Wasserfall öffnet sich das Tal etwas, wir gelangen zur kleinen **Höflebrücke** ③, 1024 m und wechseln auf die andere Flussseite. Der Weg entfernt sich etwas vom Bach, das Rauschen des Wassers bleibt uns aber erhalten, und schon bald darauf haben wir den Schwarzwasserbach wieder erreicht sowie einen weiteren Wasserfall. Kurz dahinter stoßen wir auf eine breitere Straße, überqueren den Fluss und

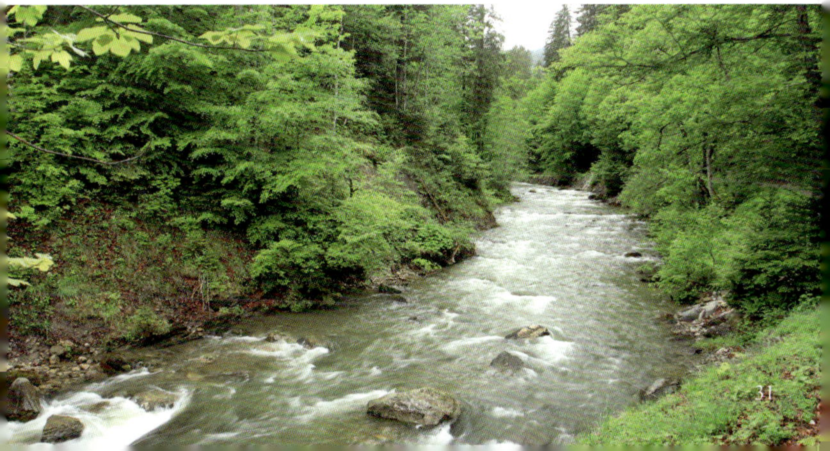

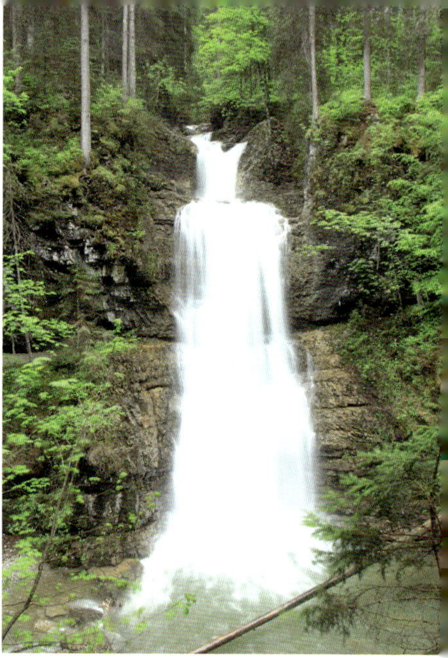

halten uns direkt hinter der Brücke wieder links. Nach ca. 100 Metern – gleich hinter einer weiteren Bücke über einen kleinen Bach – biegt links ein schmaler Pfad ab, auf dem wir nach wenigen Schritten die **Naturbrücke** ④, 1080 m, erreichen: Der Schwarzwasserbach durchschneidet hier eine kleine Klamm und hat – neben einem hübschen Wasserfall – eine kleine Felsbrücke erschaffen, inmitten eines schönen Mixes aus hübschem Bergwald, moosüberzogenem Waldboden, steilen Felswänden und rauschendem Wasser. Zurück auf dem Hauptweg wandern wir gemütlich durch weite Wiesen hindurch zu den verstreut liegenden Häusern von Weiler. Die offene Umgebung bietet uns einen schönen Blick auf den Hohen Ifen und das Walmendinger Horn vor uns. Wir queren die Autostraße, wandern geradeaus – oberhalb eines Sportplatzes – weiter und tauchen kurz darauf in einen hübschen Wald ein. Das Gelände wird wieder wilder, links unter uns rauscht der Schwarzwasserbach zwischen Felsen hindurch, und plötzlich haben wir durch die Bäume hindurch einen herrlichen Blick auf einen hohen, beeindruckenden Wasserfall. Oberhalb des Wasserfalls treffen wir auf eine Wegkreuzung, wo wir uns geradeaus halten und dem direkt am Ufer verlaufenden Weg folgen. Der Schwarzwasserbach ähnelt inzwischen mehr einem idyllischen Bächlein als einem ernstzunehmenden Fluss, fließt ganz gemächlich am Rand einer Wiese entlang und der schöne Weg verläuft weiterhin direkt am Wasser. Dann stehen wir – etwas überraschend angesichts des friedlich dahinplätschernden Baches – vor einem weiteren Wasserfall. Direkt davor befindet sich ein schöner Picknickplatz mit Spielmöglichkeit am seichten Wasser. Dieser Wasserfall, so beeindruckend er ist, ist nur der erste einer ganzen Kaskaden-Reihe. Der Schwarzwasserbach hat sich hier durch einen festen Felsriegel geschnitten und verliert in mehreren Stufen gewaltig an Höhe. Die Wegebauer kannten keine Gnade, sodass wir diesen Höhenunterschied auf einem extrem steilen Weg parallel zum Fluss überwinden müssen. Von einem Steg über den Fluss haben wir einen letzten Blick in diese wild rauschende Klamm. Und ebenso plötzlich, wie der Spuk begann, ist er auch schon vorbei! Denn nur wenige Schritte oberhalb des letzten Wasserfalles stehen wir auf einer Autostraße. Etwa 50 Meter rechts von uns befindet sich die **Bushaltestelle »Schröflesäge«** ⑤, 1240 m.

0 Std. | 680 / 980 | 13,4 km

Ifenbahn, 1279 m. Ab Oberstdorf etwa 12 km ins Kleinwalsertal, hinter Riezlern rechts und weitere 4 km bis zur Ifenbahn *(**Navi**: A-6992 Hirschegg, Auenalpe 4);* Walserbus Oberstdorf–Baad im 10- bis 20-Min.-Takt bis Haltestelle »Riezlern Breitachbrücke«, dort umsteigen Richtung Ifen (halbstündlich).

Ifenbahn: Kleinkabinenbahn, Betrieb ca. Mitte Juni–Ende Oktober, 8.15–16.30 Uhr, www.ok-bergbahnen.com, Talstation 1279 m, Bergstation 1582 m.

Eine lange, sehr lohnende Tour mit einigen steilen Passagen. Der Aufstieg auf die Ifenplatte erfolgt teils durch groben Kalkschutt, zum Ende etwas leichte Kraxelei (seilgesichert). Beim südseitigen Abstieg vom Ifenplateau ins Schwarzwassertal wartet ein kurzer, sehr unangenehmer, schräger Felsabschnitt, teils seilgesichert, manchmal nass und rutschig.

Ifenhütte ②; Ifersguntalpe ④; Schwarzwasserhütte ⑤; Melköde ⑥

Markanter Gipfel mit herrlicher Aussicht

Diese Wanderung auf den Hohen Ifen gehört sicherlich zu den Höhepunkten im Kleinwalsertal. Kaum ein Gipfel ist so unverkennbar wie der Hohe Ifen mit seiner gewaltigen, wie ein Schiffsbug schräg in den Himmel ragenden Kalkplatte. Und während dieser Koloss von unten so unbezwingbar wirkt, so überraschend ist die weite, offene Wiese, die sein Gipfelplateau bedeckt. Eine unvergleichliche Aussicht sowie ein wunderschöner, abschließender Rückweg durch das Schwarzwassertal mit der gleichnamigen Hütte runden diese abwechslungsreiche Tour ab.

Nachdem wir die ersten 300 Höhenmeter ab der **Auenhütte** ①, 1279 m, gemütlich per Ifenbahn hinter uns gebracht haben, geht es gleich stramm bergan. Oberhalb der **Bergstation** ②, 1582 m, beginnt ein steiler Wiesenhang, über den sich der schmale Weg in zahllosen Serpentinen hinaufwindet. Wie eine schier unüberwindliche Mauer erhebt sich schräg über uns die steile Nordwand des felsigen Ifen-Plateaus und begleitet uns während unseres weiteren Aufstiegs. Nach gut 30 Minuten zweigt links ein Weg ab: Geradeaus geht es weiter hinauf Richtung Hahnenköpfle,

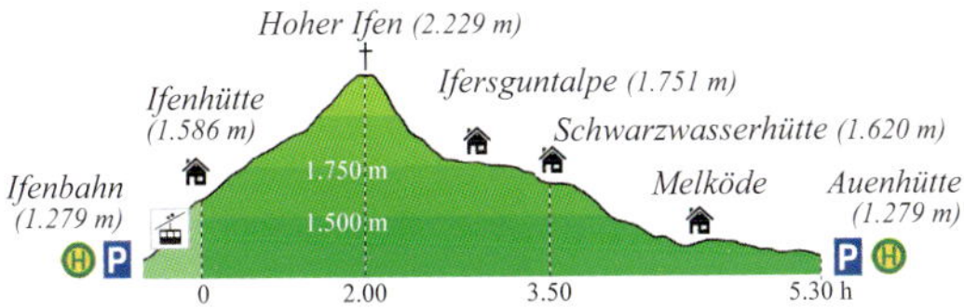

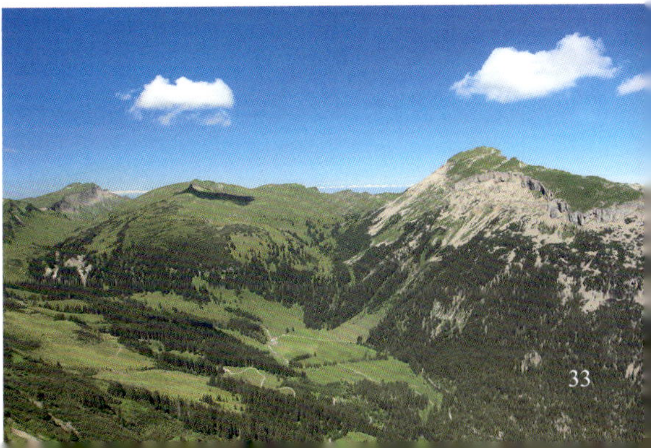

Schwarzwassertal und Hoher Ifen

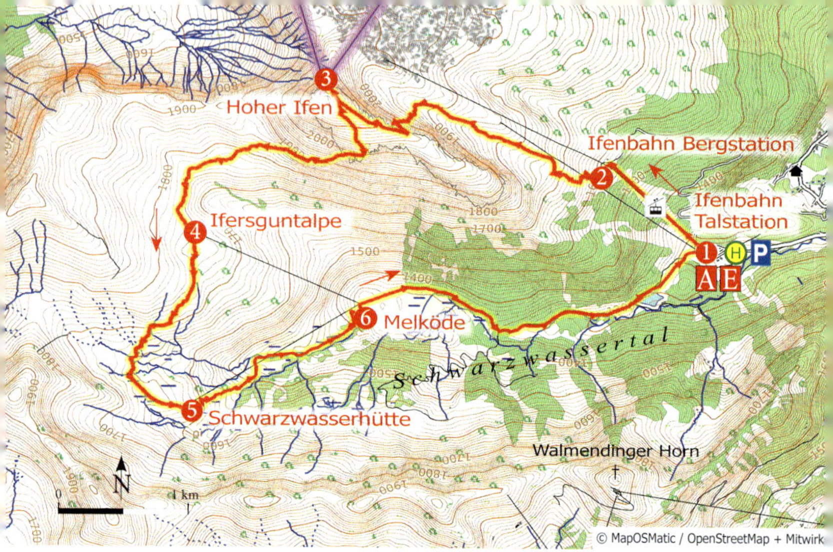

wir halten uns links. Schließlich wenden wir uns der Felswand zu, die kaum den Eindruck erweckt, als würde tatsächlich ein normaler Weg hindurchführen. Durch die Ifenmulde, ein ausgedehntes Geröllfeld, steigen wir steil bergan bis direkt zum Fuß einer senkrechten Felswand, wo uns ein wenig leichte Kletterei erwartet, die aber mithilfe von Seilsicherungen problemlos zu bewältigen ist und uns hinauf zum Grat bringt. Der Kontrast zwischen der oft schattigen Nordwand und der sonnendurchfluteten Hochfläche könnte kaum größer sein: Wir stehen oben auf der schräg nach Süden geneigten, etwa 300 x 1500 Meter großen, grasbedeckten Felsplatte und können ein herrliches, freies Panorama bestaunen. Bis zum höchsten Punkt des Plateaus erwartet uns noch ein recht steiler Anstieg über die schöne Wiese, streckenweise direkt an der Abbruchkante entlang, die steil zum Gottesackerplateau abfällt. Schließlich erreichen wir den **Hohen Ifen** ③, 2229 m, und können auf den ausgedehnten, südseitigen

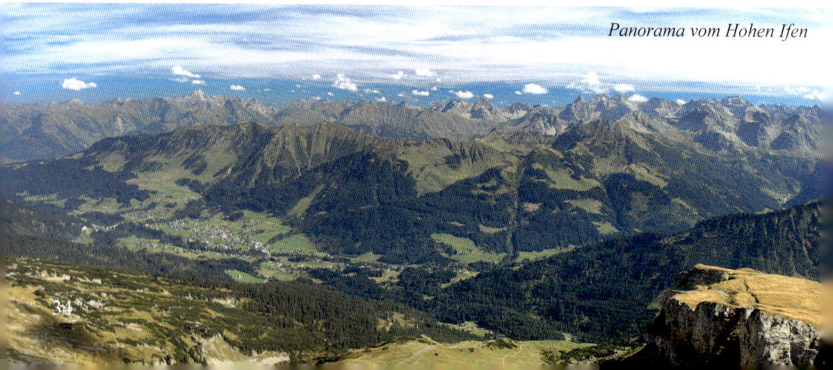

Panorama vom Hohen Ifen

Logenplätzen die Aussicht genießen: Direkt hinter dem Gipfelkreuz stürzen im Westen die Felswände schwindelerregend fast 700 Höhenmeter in die Tiefe ab; im Norden breitet sich das karge Gottesackerplateau aus, und den südlichen und östlichen Horizont füllen unzählige Alpengipfel. Fantastisch!

Nach ausgiebiger Gipfelrast wandern wir wieder für ein paar Schritte auf dem Hinweg zurück, um uns dann am nächsten Abzweig Richtung »Schwarzwasserhütte« zu orientieren. Es geht recht steil über die Wiese bergab, und auch die Neigung der Kalkplatte nimmt immer weiter zu. Bald haben wir die südliche Kante der Platte erreicht, deren Vergänglichkeit durch die gewaltigen Gesteinstrümmer unterstrichen wird, die den Hang darunter säumen. Direkt vor uns liegt die wohl einzige Stelle, an der die steile Felswand etwas zerbröselt ist und damit auch normalen Bergwanderern eine Abstiegsmöglichkeit bietet. Trotzdem erwartet uns hier das unangenehmste Stück der Wanderung. Besonders bei Nässe ist der Abstieg über die schrägstehenden, glatten Felspartien für manchen Wanderer eine echte Herausforderung. Seile und hilfreiche Eisentritte erleichtern das Weiterkommen, dennoch kommt es hier bei größerem Verkehrsaufkommen wegen fehlender Überholspuren oft zu längeren Staus.

Schließlich ist der Fuß der Felswand erreicht, und der Rest der Tour hat den Charakter eines gemütlichen Auslaufens. In weitem Bogen geht es zunächst über offene Wiesen durch das hintere Schwarzwassertal, vorbei an der **Ifersguntalpe** ④, 1751 m, bis zur schön gelegenen **Schwarzwasserhütte** ⑤, 1620 m. Fast das gesamte Tal wird von hohen, grasbewachsenen Flyschgipfeln – wie den Ochsenhofer Köpfen, dem Grünhorn und Steinmandl – geprägt, während sich als Kontrastprogramm dazu in unserem Rücken der gewaltige Hohe Ifen in den Himmel reckt.

Der weitere Abstieg von der Schwarzwasserhütte erfolgt auf breitem Weg durch hübsche Hochmoore und Wälder hinab zur **Melköde** ⑥, 1350 m. Hier zeigt sich das Schwarzwassertal als tischebene Aue, die aus einem längst verlandeten See hervorgegangen ist. Ein Wirtschaftsweg bringt uns talauswärts, wobei wir auf halbem Weg zur Auenhütte eine wunderbar wilde Tallandschaft durchqueren: Mächtige Felsbrocken, von dichtem Moos und uralten Fichten bedeckt, bilden ein wildes, urtümliches Durcheinander, durch das sich der Weg hindurchschlängelt. Es handelt sich um Überreste eines gewaltigen Bergsturzes, der in prähistorischen Zeiten vom Hohen Ifen herabgedonnert ist. Kurz darauf haben wir auch unseren Ausgangspunkt an der Auenhütte, 1279 m, erreicht.

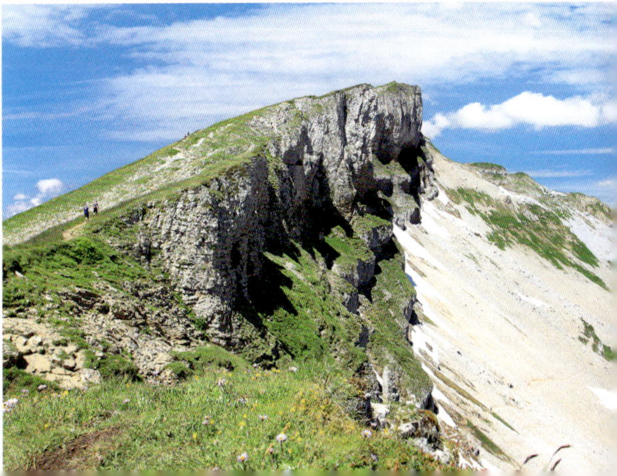

Aufstieg zum Hohen Ifen

8 Gottesackerplateau und Mahdtal

5.30 Std. | 570 / 1100 | 11,3 km

Ifenbahn, 1279 m. Ab Oberstdorf etwa 12 km ins Kleinwalsertal, hinter Riezlern rechts und weitere 4 km bis zur Ifenbahn (***Navi***: *A-6992 Hirschegg, Auenalpe 4)*; Walserbus Oberstdorf–Baad im 10- bis 20-Min.-Takt bis Haltestelle »Riezlern Breitachbrücke«, dort umsteigen Richtung Ifen (ca. halbstündlich).

Ifenbahn: Kleinkabinenbahn, Betrieb ca. Mitte Juni–Ende Oktober, 8.15–16.30 Uhr, www.ok-bergbahnen.com, Talstation 1279 m, Bergstation 1582 m.

Endpunkt: Talausgang des Mahdtales, 1050 m, Haltestelle »Mahdtalhaus« (selten Busse), Alternativ weitere 1,5 km auf (kaum befahrener) Straße über die Schwendebrücke zur Hauptstraße/Bushaltestelle »Unterwestegg« der Linie Baad–Oberstdorf .

Teils recht steil, auf den Wegen oft felsiger Untergrund, oben auf dem Plateau nackter Fels/Karst, kein Schatten, scharfkantiges Kalkgestein. NICHT bei Nebel übers Gottesackerplateu wegen schwieriger Orientierung im Einheitsgrau. Der Abstieg im Mahdtal erfolgt auf schmalen Pfaden über Wiesen und durch Wald.

Ifenhütte ②

Entdeckertour im kargen Fels

Eine der beeindruckendsten Wanderungen im Kleinwalsertal. Wir überqueren das karge Gottesackerplateau mit seinen nackten Karstfelsen, steigen hinauf zu den klippen-ähnlichen Oberen Gottesackerwänden und wandern durch das einsame Mahdtal. Das lebensfeindliche Felsplateau mag vielleicht nicht jedermanns Sache sein, aber die Eindrücke unterwegs sowie die weiten Ausblicke sind etwas ganz Besonderes im Kleinwalsertal.

Die Seilbahn bringt uns von der **Auenhütte** ①, 1279 m, hinauf zur **Bergstation** ②, 1582 m, wo uns ein knackiger Anstieg erwartet. In zahllosen Serpentinen geht es einen steilen Wiesenhang hinauf, wobei wir uns allmählich der hoch aufragenden Felswand des Ifenplateaus nähern. Mit nun etwas gemächlicherer Steigung steigen wir parallel zu dieser Felswand weiter an. Bald zweigt links ein Pfad ab, der durch die schuttgefüllte Ifenmulde Richtung Ifen leitet. Wir halten uns jedoch weiter geradeaus und erreichen schließlich ein – im Sommer verlassen daliegendes – Restaurant-Gebäude an der **Skilift-Bergstation** ③, 2005 m. Das meiste Grün haben wir hier weitgehend hinter uns ge-

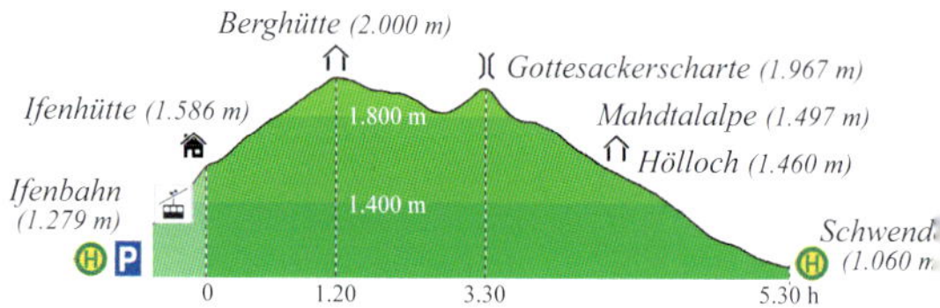

Aufstieg zum Hohen Ifen

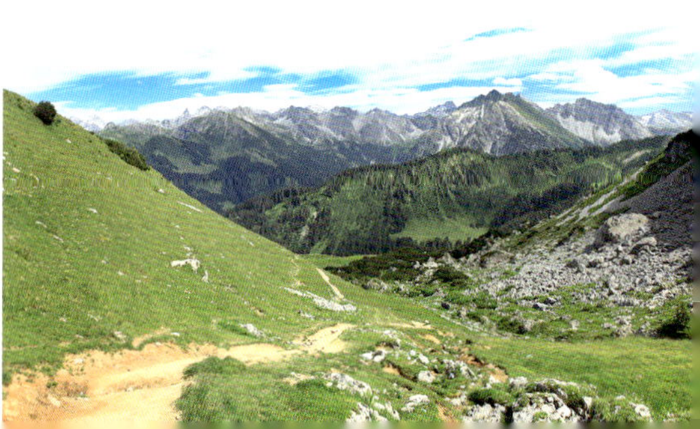

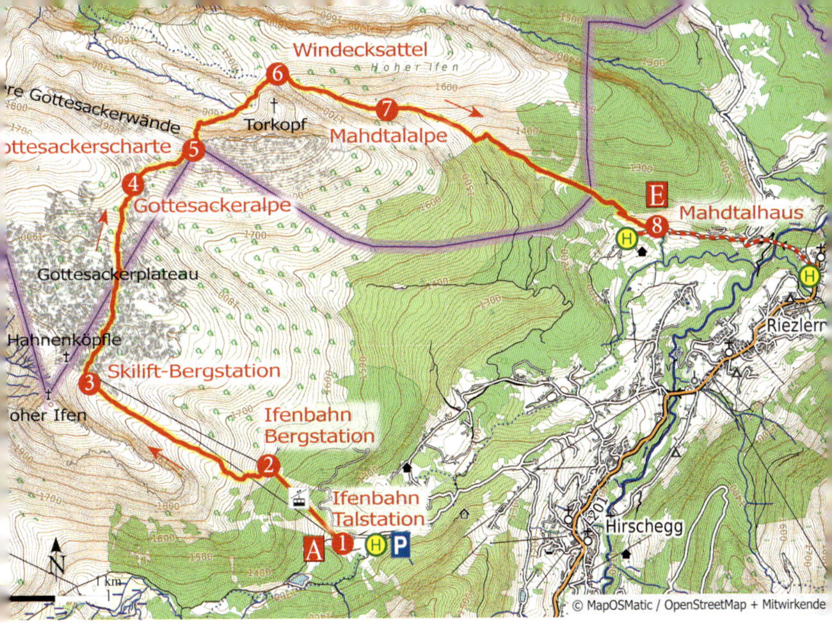

lassen, die Umgebung besteht nun überwiegend aus grauem, kargem Kalkgestein, das sich schier endlos Richtung Norden erstreckt. (Wer zu Beginn der Tour noch einen kleinen Gipfel und die Aussicht nach Westen mitnehmen möchte, kann zum nahen Hahnenköpfle hinaufsteigen und von dort wieder etwas absteigend zu unserem Weg stoßen.) Ansonsten wenden wir uns hier nordwärts und beginnen unsere Wanderung über das karge Plateau. Der Weg windet sich durch die graue Landschaft, und angesichts des zerklüfteten Karstes ringsum sind wir gut beraten, auf dem Weg zu bleiben. Der Pfad verliert allmählich an Höhe und erreicht schließlich die Überreste der **Gottesackeralpe** ④, 1835 m, in den oberen Ausläufern des Kürentales. Nun geht es wieder etwas steiler bergauf zu den Oberen Gottesackerwänden, der Weg bleibt holprig und steinig. Schließlich haben wir die **Gottesackerscharte** ⑤, 1967 m, erreicht, einen kleinen Einschnitt in der kilometerlangen, in Ost-West-Richtung verlaufenden Felswand, welche das Gottesackerplateau im Norden abschließt. Ein letzter Blick zurück über das karge Land, dann wenden

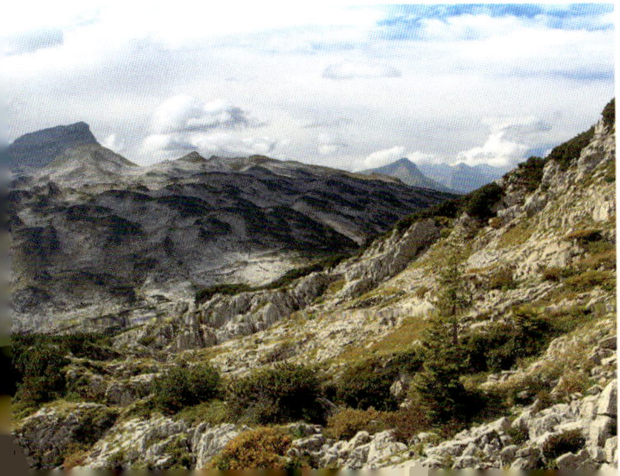

Das Gottesackerplateau

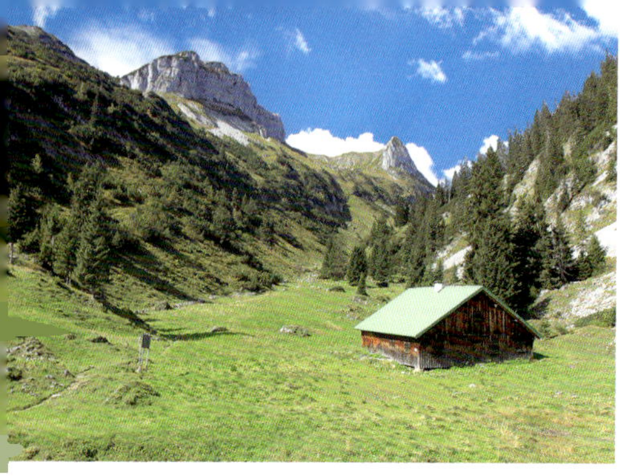

Mahdtalalpe im Mahdtal

wir uns nordwärts einer komplett anderen Landschaft zu mit ihren geradezu üppigen Grasflächen. In weiten Kehren steigen wir in ein Wiesental ab, während sich vor uns im ferneren Hintergrund die Gipfel der Nagelfluhkette und des Balderschwanger Tales ausbreiten. Rückblickend erscheinen die hohen Nordwände der Gottesackerwände wie gewaltige Meeresklippen. Beeindruckend! Vorbei an einem kleinen Tälchen mit Moorfläche gelangen wir bald zum breiten, latschengesäumten **Windecksattel** ⑥, 1751 m. Geradeaus führt ein Pfad hinauf zu den – von dieser Seite aus wenig bemerkenswert wirkenden – Unteren Gottesackerwänden. Wir wenden uns hier nach rechts und steigen ins Mahdtal ab. Durch den engen, einsamen Wieseneinschnitt wandern wir auf schmalem Pfad hinab zur Hütte der **Mahdtalalpe** ⑦, 1497 m, wo sich ein letzter Blick zurück auf den eindrucksvollen Torkopf-Gipfel lohnt, der über dem Tal aufragt. Dann tauchen wir in den Wald ein, passieren das Hölloch, ein etwas bedrohlich wirkendes Felsloch und Zugang in eine offenbar gewaltige Höhlenwelt, und erreichen schließlich die Höflealpe. Ein letztes Stück auf breiter Straße bringt uns ins Tal und zur Teerstraße in der Nähe des **Mahdtalhauses** ⑧, 1050 m. Die nächstgelegene Bushaltestelle »Mahdtalhaus« befindet sich rechts in ca. 250 Metern (Busse allerdings sehr sporadisch, ggf. vorher Fahrplan checken), ansonsten bleibt uns nur, noch knapp 2 Kilometer weiter der Straße durch Schwende hindurch und über die hohe Breitachbrücke bis zur Hauptstraße zu folgen (Haltestelle »Unterwestegg«).

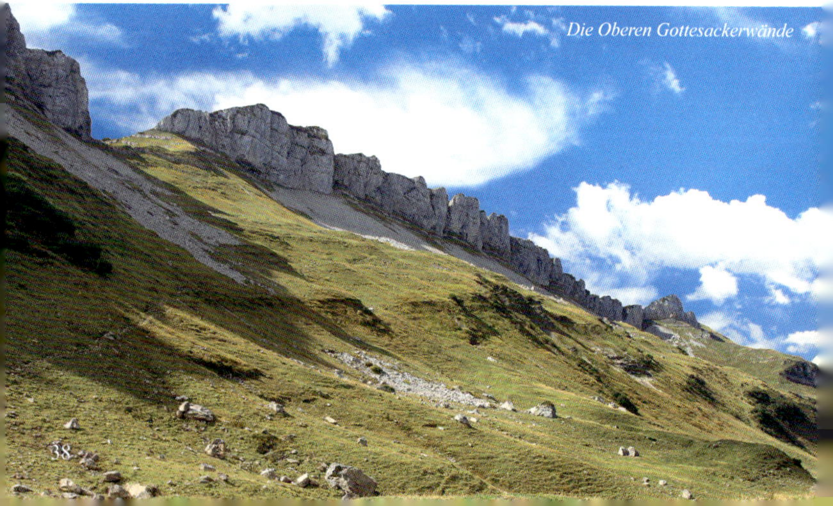

Die Oberen Gottesackerwände

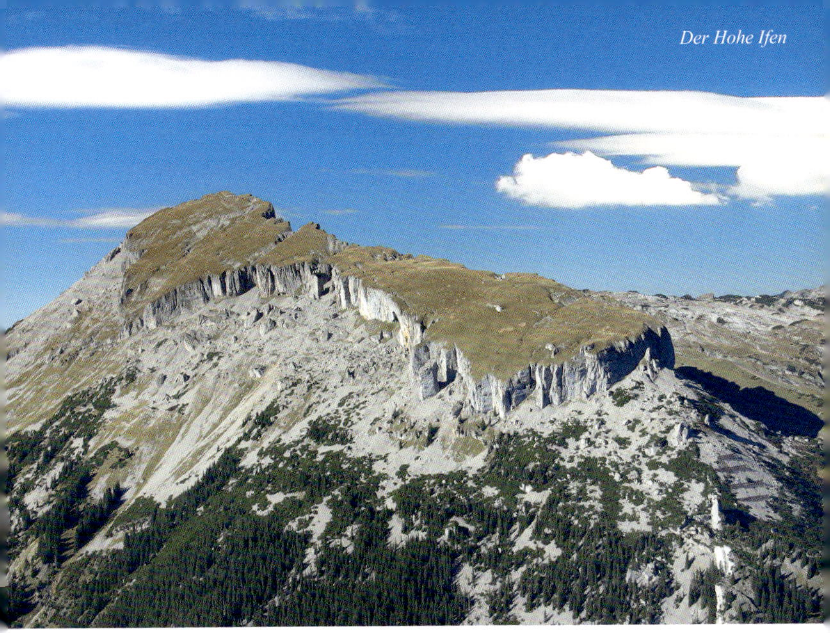
Der Hohe Ifen

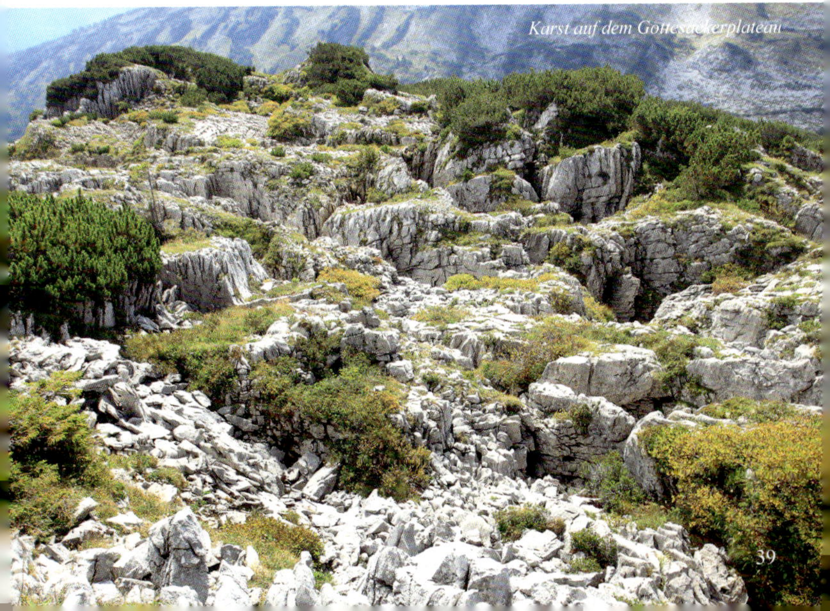
Karst auf dem Gottesackerplateau

9 Hahnenköpfle und Gottesackerplateau

2.45 Std. | 500 Hm | 6 km

Ifenbahn, 1279 m. Ab Oberstdorf etwa 12 km ins Kleinwalsertal, hinter Riezlern rechts und weitere 4 km bis zur Ifenbahn (***Navi**: A-6992 Hirschegg, Auenalpe 4);*
Walserbus Oberstdorf–Baad im 10- bis 20-Min.-Takt bis Haltestelle »Riezlern Breitachbrücke«, dort umsteigen Richtung Ifen (ca. halbstündlich).

Ifenbahn: Kleinkabinenbahn, Betrieb ca. Mitte Juni–Ende Oktober, 8.15–16.30 Uhr, www.ok-bergbahnen.com, Talstation 1279 m, Bergstation 1582 m.

Teils recht steiler Auf- / Abstieg, auf den Wegen oft Geröll, oben auf dem Plateau nackter Fels/Karst, kein Schatten, scharfkantiges Kalkgestein. NICHT bei Nebel übers Gottesackerplateau wegen schwieriger Orientierung im Einheitsgrau.

Auenhütte ①; Ifenhütte ②

Schnupperrunde auf dem Gottesackerplateau

Auf dieser kurzen, allerdings teilweise recht steilen Wanderung schnuppern wir ein wenig ins karge Gottesackerplateau hinein mit seinen eindrucksvollen, so lebensfeindlich wirkenden Karstflächen. Im direkten Umfeld der gewaltigen Felswände des Hohen Ifen steigen wir zum Hahnenköpfle hinauf und können von oben weite Ausblicke über den Bregenzerwald sowie die Allgäuer Alpen genießen.

Nach der gemütlichen Fahrt mit der Seilbahn von der **Auenhütte** ①, 1279 m, hinauf zur Ifenhütte an der **Bergstation** ②, 1582 m, folgen wir dem Wanderweg, der sich in unzähligen Kehren einen steilen Hang hinaufzieht, während sich in unserem Rücken allmählich ein immer weiteres Gipfelpanaroma öffnet. Bald wird das Gelände weniger steil und wir nähern uns der gewaltigen Nordostwand des Ifenplateaus, das sich links über uns in den Himmel reckt. Davor erstreckt sich – parallel zur hohen Felswand – die sogenannte Ifenmulde, eine langgestreckte Rinne voller Kalkschutt. Am rechten Rand dieser Mulde steigen wir weiter an und gelangen so schließlich zur Bergstation

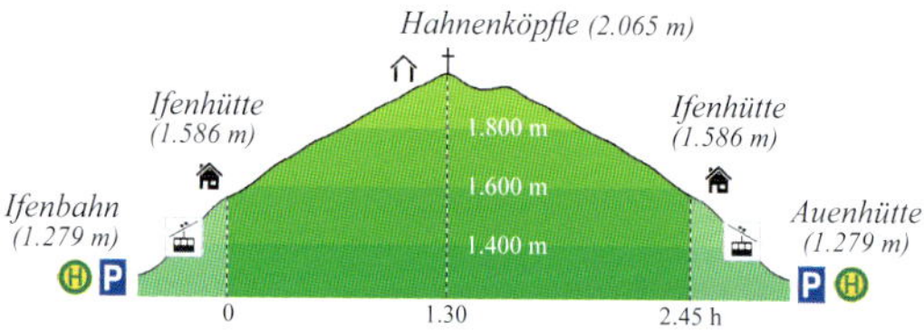

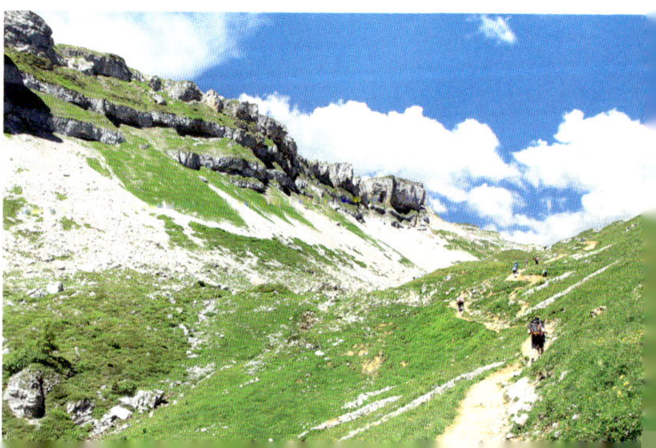

Aufstieg durch die Ifenmulde

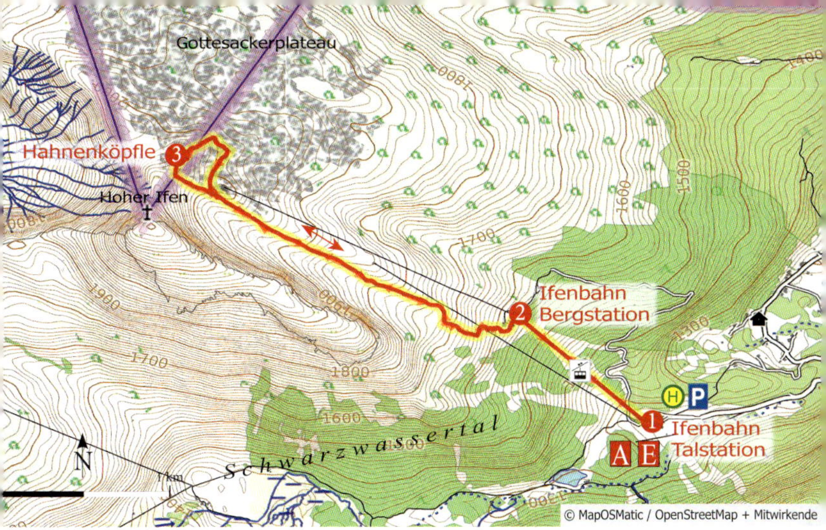

eines Skiliftes mit Restaurant-Gebäude, das allerdings im Sommer verlassen daliegt. Von hier sind es nur noch wenige Minuten hinauf zum Gipfelkreuz-gekrönten **Hahnenköpfle** ③, 2065 m. Angesichts der direkt daneben hoch aufragenden Felswand des Hohen Ifen, die zudem die Sicht nach Süden versperrt, wird das Hahnenköpfle vielleicht nicht ganz als ernstzunehmender Gipfel wahrgenommen; nichtsdestotrotz bietet es eine schöne Aussicht auf den Allgäuer Hauptkamm weit im Osten sowie Richtung Westen, wo das Gelände steil in die Tiefe abbricht.

Nach Norden hin breitet sich das gewaltige Gottesackerplateau aus, eine eindrucksvolle, karge, lebensfeindliche und etwas befremdliche Landschaft aus nacktem Kalkgestein, grau-weiß, soweit das Auge reicht, hier und da etwas Grün oder ein zaghaftes Blümchen, das sein Glück versucht. Am Gipfel beginnt der beschilderte »Karstrundweg«, eine kleine Schnupperrunde, die uns über Stock und Stein auf einer Länge von gut einem Kilometer im weiten Bogen hinab zum Skilift-Gebäude leitet. Wegen der vielen Rillen, Löcher und scharfkantigen Felsen mit hoher Stolpergefahr bitte unbedingt auf dem markierten Pfad bleiben. Der weitere Rückweg zurück zur Ifenhütte inkl. Seilbahnfahrt erfolgt dann wie der Hinweg.

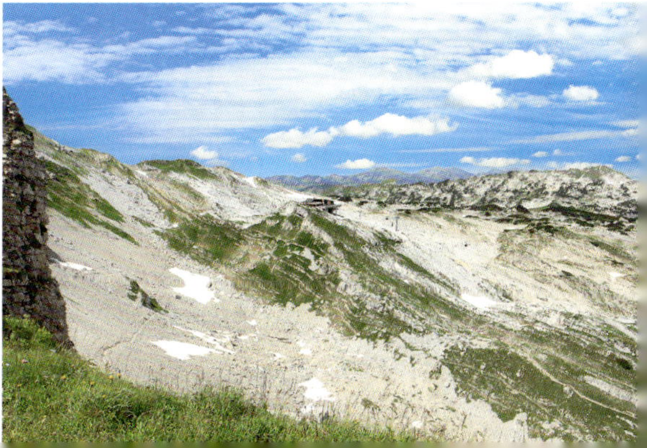

Das Gottesackerplateau

10 Zur Schwarzwasserhütte

3.30 Std. | 340 Hm | 9,1 km

Ifenbahn-Talstation, 1279 m. Ab Oberstdorf etwa 12 km ins Kleinwalsertal, hinter Riezlern rechts und 4 km bis zur Ifenbahn *(**Navi**: A-6992 Hirschegg, Auenalpe 4)*; Walserbus Oberstdorf–Baad im 10- bis 20-Min.-Takt bis Haltestelle »Riezlern Breitachbrücke«, dort umsteigen Richtung Ifen, (halbstündlich).

Bis zur Melköde breiter Wirtschaftsweg ohne nennenswerte Steigung, dann mäßig steiler Anstieg auf guten Bergwegen zur Schwarzwasserhütte.

Auenhütte ①; Melköde ②; Schwarzwasserhütte DAV ③

Schöne Talwanderung unterhalb des Hohen Ifen

Das größte Nebental des Kleinwalsertals ist das Schwarzwassertal, das sich zwischen dem lang gezogenen Kamm der Ochsenhofer Köpfe und dem Hohen Ifen Richtung Westen erstreckt: nur einen Katzensprung vom dicht besiedelten Haupttal entfernt, aber doch sehr viel wilder und ursprünglicher. Hoch über dem Tal thront der mächtige Klotz des Hohen Ifen mit seinen beeindruckenden Felswänden, von denen einige Teile allerdings auch schon den Weg ins Tal gefunden haben, wie wir beim Durchwandern eines gewaltigen Bergsturzgebiets hautnah erleben können. Oben bei der Schwarzwasserhütte erwartet den Wanderer eine wunderschöne Hochfläche.

Das Schwarzwassertal wird von zwei völlig unterschiedlichen Bergtypen eingerahmt. Im Süden erhebt sich der lang gestreckte, schmale Kamm mit den Ochsenhofer Köpfen und dem Walmendinger Horn – grüne, grasbewachsene Flyschberge, von tiefen Erosionsrinnen durchzogen. Auf

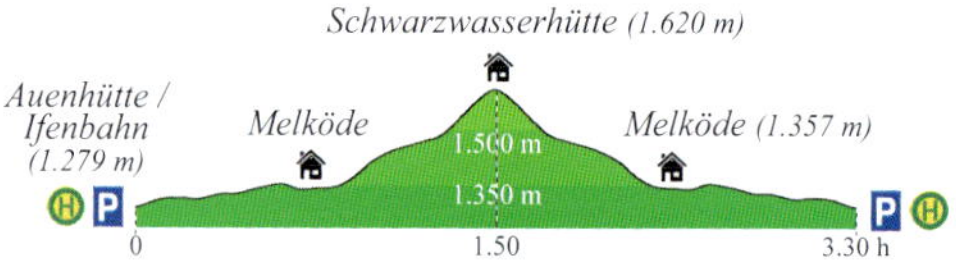

Schwarzwassertal, Hoher Ifen

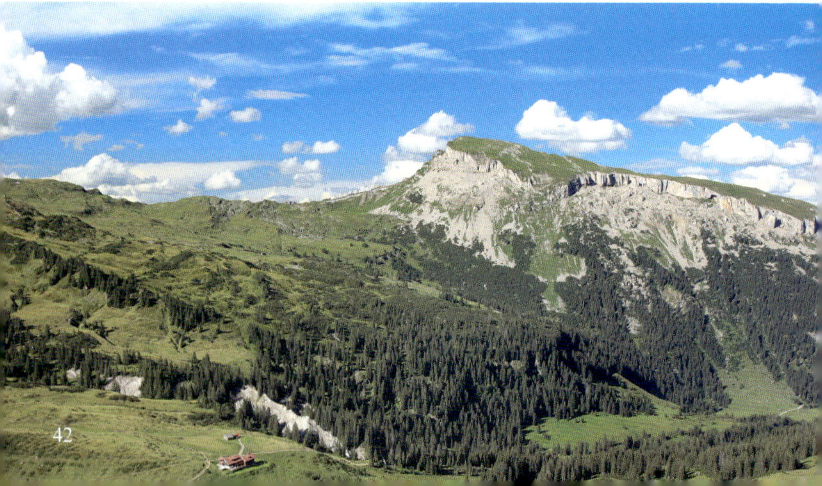

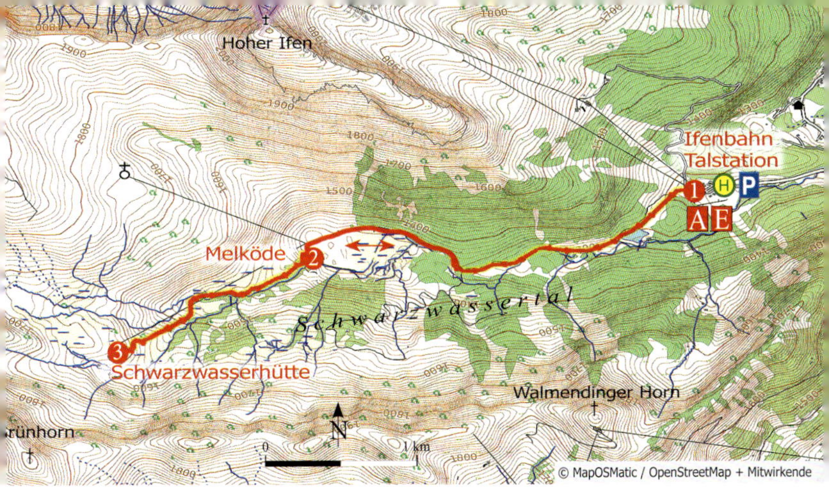

der Nordseite ragt hoch die markante Kalkplatte des Hohen Ifen auf, die sich uns erst im weiteren Verlauf der Tour in ihrer ganzen Dimension präsentieren wird. Vom Parkplatz an der **Auenhütte** ①, 1279 m, folgen wir dem breiten Weg über eine kleine Erhebung und vorbei an einem Beschneiungsteich ins Schwarzwassertal hinein. Entlang des Weges verraten uns immer wieder kleine Infotafeln Wissenswertes über die Umgebung. Plötzlich ändert sich das »aufgeräumte« Bild des Talbodens, und wir tauchen in eine wilde Tallandschaft ein: mächtige Felsbrocken, von dichtem Moos und uralten Fichten bedeckt. Das urtümliche Durcheinander, durch das sich der Weg hindurchschlängelt, ist der Überrest eines gewaltigen, prähistorischen Bergsturzes, der einen Teil des Hohen Ifen ins Tal befördert hat. Kurz danach erreichen wir eine tischebene Aue, die aus einem längst verlandeten See hervorgegangen ist; dieser hatte sich damals vermutlich hinter dem Bergsturz-Material aufgestaut. Ein Wirtschaftsweg entlang dieser Ebene führt uns schließlich zur Alphütte der **Melköde** ②, 1357 m, wo unser Aufstieg zur Schwarzwasserhütte beginnt.

Wenige Minuten oberhalb der Melköde liegt – etwas versteckt direkt neben dem Weg – ein hübscher Wasserfall, dahinter verläuft der Weg entlang des Schwarzwasserbaches durch offene Wiesen, kleine Hochmoore und Baumgruppen hindurch, ehe uns einige letzte Serpentinen hinauf zur **Schwarzwasserhütte** ③, 1620 m, bringen. Die Hütte liegt am unteren Rand einer wunderschönen Hochebene, die im Süden und Westen von den grasüberzogenen Gipfeln von Grünhorn und Steinmandl eingerahmt wird. Und im Norden zeigt sich nun auch der Hohe Ifen in seiner ganzen Pracht. Ein herrliches Plätzchen!

Wer seinen Aufenthalt noch etwas ausdehnen möchte, kann in etwa 40 Minuten durch die schönen Wiesen, die die Umgebung der Hütte prägen, hinauf zum Gerachsattel, 1752 m, steigen, der im Westen als weich geschwungener Einschnitt zwischen Steinmandl und Hählekopf zu erkennen ist: eine schöne, gemütliche Runde, die uns zudem mit einem freien Blick hinüber zum Diedamskopf belohnt.

Der Rückweg zur Auenhütte erfolgt auf demselben Weg.

11 Höhenweg von Mittelberg nach Baad

3.30 Std. | 180 / 400 | 9,8 km

Mittelberg, Zafernalift, 1210 m. Ab Oberstdorf etwa 15 Kilometer ins Kleinwalsertal bis nach Mittelberg. Parkplatz direkt neben der Talstation (***Navi***: *A-6993 Mittelberg, Walserstraße 376);* Walserbus Oberstdorf–Baad im 10- bis 20-Min.-Takt bis Haltestelle »Mittelberg«

Zafernalift: Sessellift, Betrieb ca. Mitte Mai–Anfang November, 9.30–16.30 Uhr, www.sonna-alp.at, Talstation 1210 m, Bergstation 1420 m.

Überwiegend leichte, breite Wege, einige kurze, steile Abstiegspassagen.

Sonna Alp ②; Berggasthof Bühlalpe ③; Stutzalpe ④; Café in Baad ⑤

Gemütliche Wanderung im hinteren Kleinwalsertal

Auf dieser leichten Tour, bei der dank des Sesselliftes zu Beginn die Anstiege überschaubar bleiben, durchstreifen wir das hintere Kleinwalsertal. Auf dem schönen Höhenweg wandern wir – vorbei an gemütlichen Alphütten und weiten Ausblicken – hinüber nach Baad. Auf dem Rückweg spazieren wir gemütlich flussabwärts entlang der wild rauschenden Breitach nach Mittelberg.

Im Sessellift schweben wir entspannt von **Mittelberg** ①, 1210 m, hinauf zur **Bergstation des Zaferna-Liftes** ②, 1420 m. Von der Terrasse der Sonna Alp haben wir einen schönen Blick hinab zum Ort sowie ins Wildental auf der gegenüberliegenden Talseite mit den Felsgipfeln der Schafalpenköpfe im Talschluss. Der vor uns liegende, breite Höhenweg verläuft weitgehend eben am steilen Hang entlang südwärts und gewährt uns immer wieder schöne Ausblicke ins hintere Kleinwalsertal. Bald haben wir die **Bühlalpe** ③, 1422 m, erreicht, wo das Kleinwalsertal allmählich nach Westen biegt und sich auch unser Blickfeld um Bärenkopf, Zwölferkopf, Gemsteltal und Widderstein auf der südlichen Talseite erweitert. Wir bleiben auf dem breiten Schotterweg, der nun leicht ansteigend zur nahen **Stutzalpe** ④, 1496 m, führt. Dort biegen wir in einen

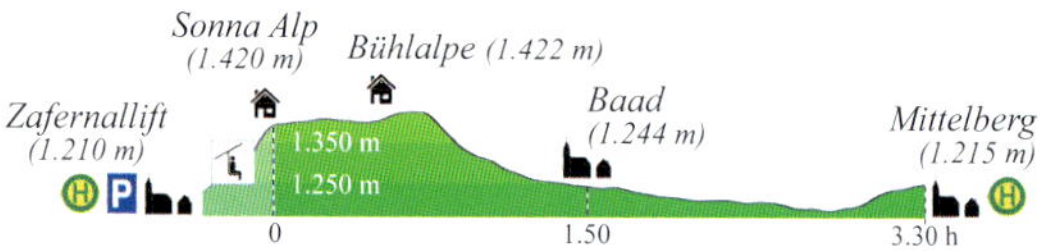

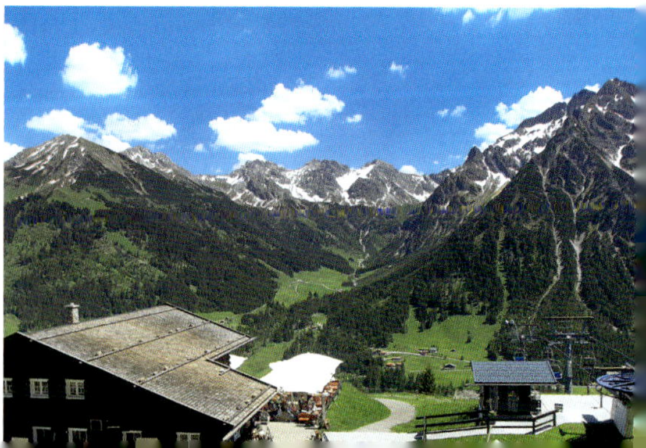

Zaferna-Bergstation und Sonna Alp

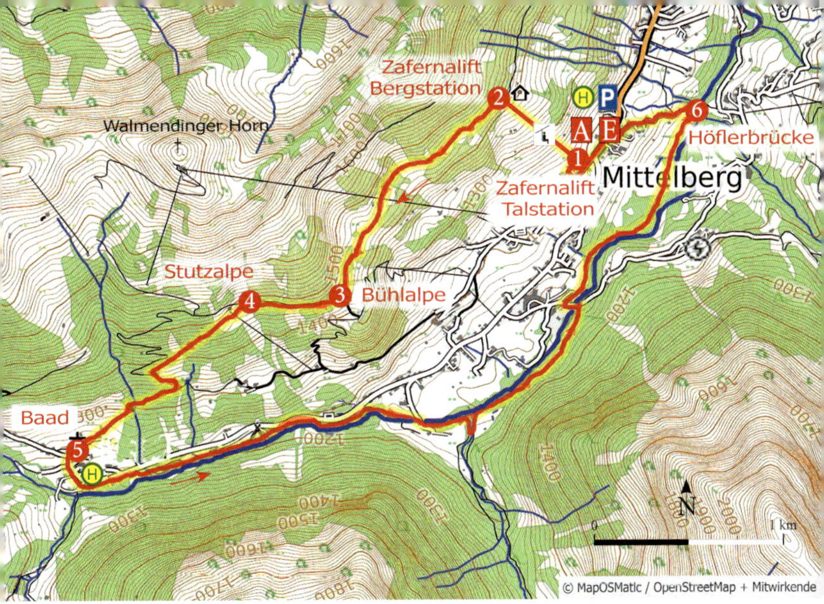

schmalen Wanderweg ein und steigen schräg den steilen, locker bewaldeten Berghang hinab, bis wir erneut auf eine breite Schotterstraße stoßen. Nach einer weiten Kehre ostwärts halten wir uns an einer Kreuzung rechts, bleiben noch kurz im Wald, bis sich vor uns das Gelände zu einem wunderschönen Panorama öffnet: Wir stehen am oberen Rand einer weiten Wiese, unter uns breitet sich das kleine Dorf Baad aus, und im weiten Rund ragen die steilen, grasbedeckten Flanken der Flyschberge des hinteren Kleinwalsertals in die Höhe. Wir wandern hinab nach **Baad** ⑤, 1244 m, und erreichen – vorbei an Kreisel und Parkplatz – die Breitach. Hier beginnt unser gemütlicher Rückweg, fast immer am munter rauschenden Bach entlang mit kaum merklichem Gefälle. Bald weitet sich das Tal ein wenig, und die ersten Häuser von Mittelberg tauchen inmitten freier Wiesen und Weiden auf, während sich rechts der Einschnitt des Gemsteltales öffnet. Wir wechseln ans rechte Breitach-Ufer, queren kurz darauf den von rechts herabrauschenden Gemstelbach, und spazieren weiter –

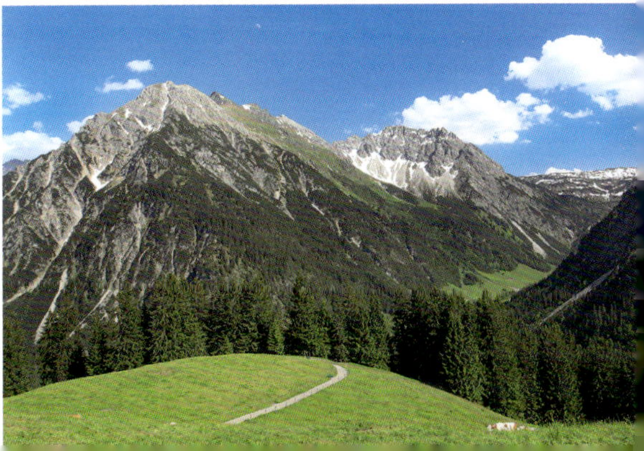

Höhenweg bei der Bühlalpe

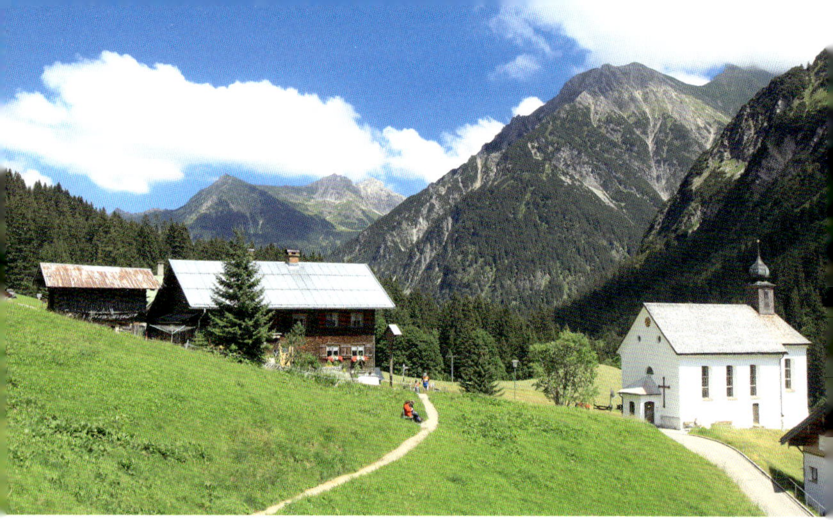

nun im Wald, aber immer noch direkt am Wasser – flussabwärts. Nach gut 10 Minuten wechseln wir auf einer Autobrücke ans linke Ufer. Ein lichter Auwald liegt vor uns, und allmählich schneidet sich die Breitach immer weiter in die Landschaft ein. Schließlich erreichen wir die **Höflerbrücke** ⑥, 1100 m, eine eindrucksvolle, überdachte Holzbrücke. Hier verlassen wir den Fluss und steigen links über Wiesen und vorbei an einzelnen Häusern zur Mittelberger Hauptstraße hinauf. Auf dieser halten wir uns links und sind in wenigen Minuten an der Talstation des Zaferna-Liftes.

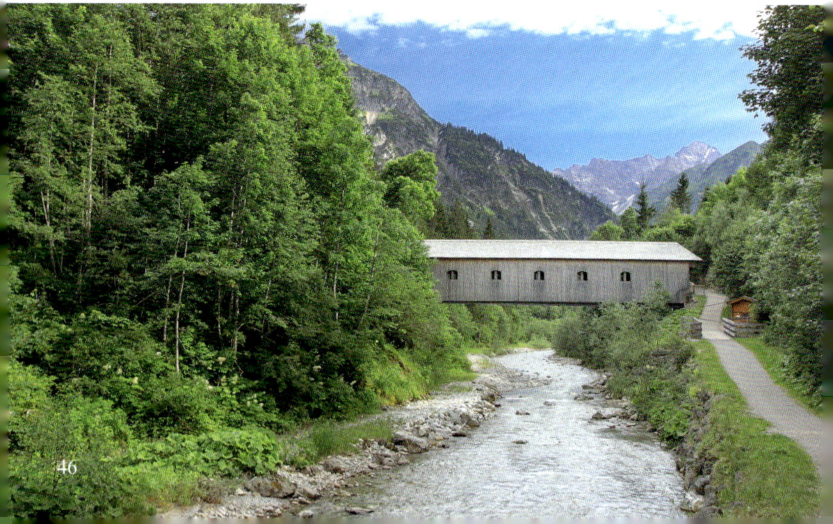

Zu Fuß aufs Walmendinger Horn 12

Std. | 725 / 950 | 13 km

Hirschegg, Heuberglift, 1149 m. Ab Oberstdorf etwa 13 km ins Kleinwalsertal hinein, Parkplatz und Lift hinter dem 'Walserhaus' (Tourist-Info, großes Veranstaltungszentrum) ***(Navi**: A-6992 Hirschegg, Walserstraße 262);* Walserbus Oberstdorf–Baad im 10- bis 20-Min.-Takt, Haltestelle »Hirschegg Walserhaus«.

Heuberglift: Sessellift, Betrieb ca. Mitte Juni–Ende Oktober, 9–16.30 Uhr, www.ok-bergbahnen.com, Talstation 1149 m, Bergstation 1380 m.

Der Aufstieg erfolgt auf teilweise schmalen Pfaden, auf denen es bei Nässe etwas matschig ist. Der Rückweg verläuft überwiegend auf breiten, leichten Wegen. Einige steile An- und Abstiege.

Berggasthof Schöntalhof ③; Obere Walmendinger Alpe ⑤; Gipfelstuba ⑥; Stutzalpe ⑦; Berggasthof Bühlalpe ⑧; Sonna Alp ⑨

S. 46 o: Baad

S. 46 u: Breitach und Höflerbrücke

Stutzalpe

Einsame Pfade auf einen schönen Aussichtsgipfel

Das Walmendinger Horn oberhalb von Mittelberg ist ein wunderschöner Aussichtsberg und wird üblicherweise mithilfe der Seilbahn »bezwungen«. Auf dieser Tour wählen wir einen anderen Weg und steigen auf sehr stillen Pfaden über seine Nordseite hinauf zum Gipfel. Auf dem Abstieg genießen wir die sonnigen Südosthänge mit freiem Blick über das Kleinwalsertal und wandern gemütlich auf schönen Höhenwegen zurück nach Hirschegg. Eine anstrengende, aber sehr lohnende Runde.

Nachdem wir gemütlich mit dem Heuberglift von **Hirschegg** ①, 1149 m, zur **Bergstation** ②, 1380 m, geschwebt sind, halten wir uns oben rechts, um gleich wieder ca. 60 Höhenmeter abzusteigen bis zum **Berggasthof Schöntalhof** ③, 1322 m. Dort verlassen wir die Straße und steuern direkt den im Hintergrund aufragenden Hohen Ifen an. Bald tauchen wir in einen Wald ein, verlieren erneut etwas an Höhe und gelangen zu einer Wegkreuzung. Dort halten wir uns links und wandern auf einem breiten Waldweg stetig an. Ein für Kleinwalsertaler Verhältnisse sehr stiller Weg liegt vor uns, anfangs meist durch Wald, bis wir schließlich die **Untere Walmendinger Alpe** ④, 1456 m, erreichen,

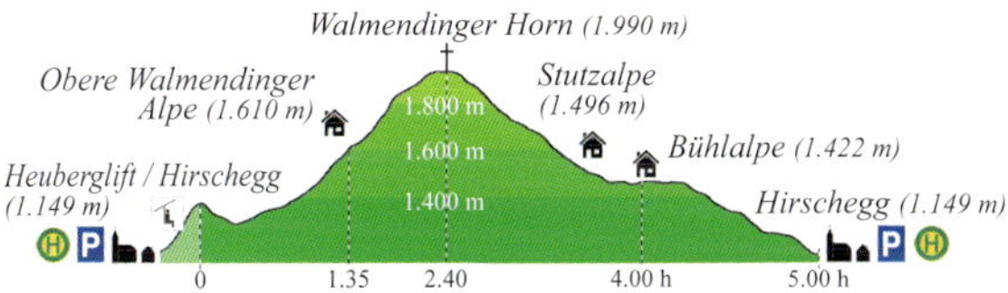

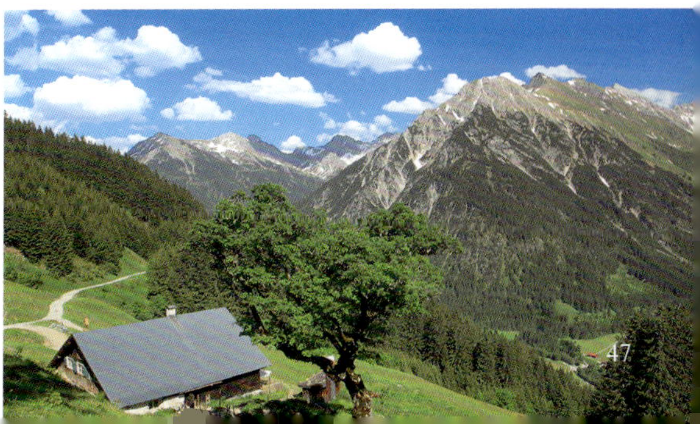

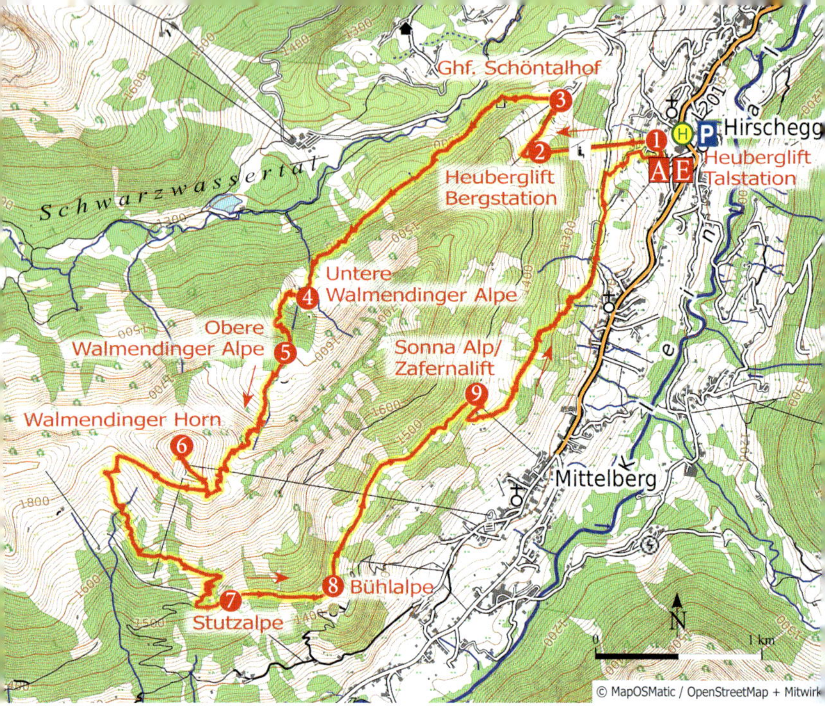

inmitten eines offenen Wiesenkessel gelegen, durch den ein kleines Bächlein plätschert. Den Hintergrund des Kessels bildet der steile, grasbewachsene Hang des Heuberg-Grates, der sich hinauf zum Walmendinger Horn zieht. Anschließend geht es steil eine bewaldete Geländestufe hinauf, dann stehen wir vor der **Oberen Walmendinger Alpe** ⑤, 1610 m, einer über 300 Jahre alten Alphütte inmitten eines weiteren Kessels, mit dem wir auch die Baumgrenze erreicht haben. Anfangs entlang eines kleinen, durch das Wiesenplateau mäandrierenden Baches wandern wir schließlich in zahlreichen Kehren gipfelwärts. Kurz nachdem wir die Seilbahntrasse unterquert haben, stoßen wir auf einen breiten Fahrweg, der uns in wenigen Minuten hinauf zur Bergstation und zum dortigen Trubel bringt. Von hier sind es nur noch wenige Minuten hinauf zum Gipfel des **Walmendinger Horns** ⑥, 1990 m, wo uns ein phantastisches Panorama erwartet: das Schwarzwassertal mit dem markanten Hohen Ifen, im Osten die schroffen Felsgipfel der Schafalpenköpfe im Talschluss des Wildentales und im Süden der wuchtige Widderstein.

Der Abstieg erfolgt auf dem breiten Fahrweg, der sich steil und in weitem Bogen den Südhang des Walmendinger Horns herabzieht. Nach einem knappen Kilometer – in einem Sattel – verlassen wir den Hauptweg und biegen links ab. Bereits nach 100 Metern teilt sich der Weg: Geradeaus führt ein breiter Wirtschaftsweg zur Stutzalpe, die

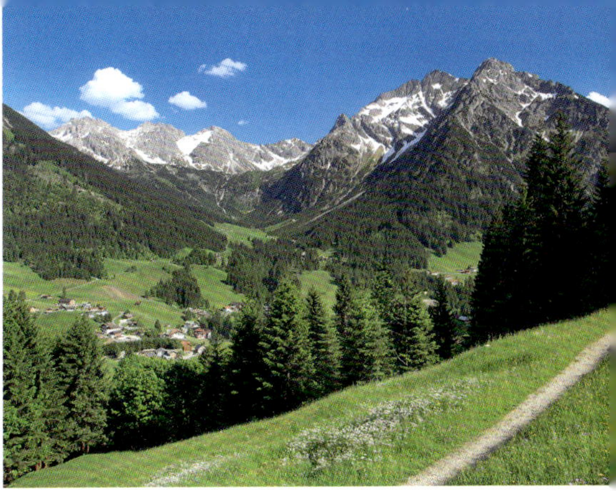

Höhenweg nach Hirschegg

linke Variante zieht sich als etwas schmalerer Pfad den steilen Südhang hinab. Von dort, wo beide Wege wieder aufeinander treffen, ist es nur noch ein Katzensprung zur schön gelegenen **Stutzalpe** ⑦, 1496 m. Der weitere Rückweg ist nun nur noch ein lockeres, knieschonendes Auslaufen mit schönem Panorama. Auf breitem Wirtschaftsweg geht es gemütlich hinunter zur **Bühlalpe** ⑧, 1422 m, und weiter auf dem »Oberen Höhenweg« zur **Sonna Alp** ⑨, 1420 m. Hier verlassen wir den Oberen Höhenweg, steigen Richtung Mittelberg ab, biegen aber bereits nach der zweiten Kehre – direkt unterhalb der Sessellift-Trasse – in einen schmalen Pfad ein (»Höhenweg Hirschegg«), auf dem wir allmählich durch Wiesen und kleine Waldgruppen hindurch absteigen. Schließlich trifft der Weg auf die ersten Wohnhäuser und wird zur Teerstraße (»Rohrweg«). Auf dieser geht es vorbei an einem kleinen Speichersee und – knapp 200 m vor der Heuberglift-Trasse – rechts auf anfangs schmalem Weg den steilen Hang hinab zur Heuberglift-Talstation in Hirschegg.

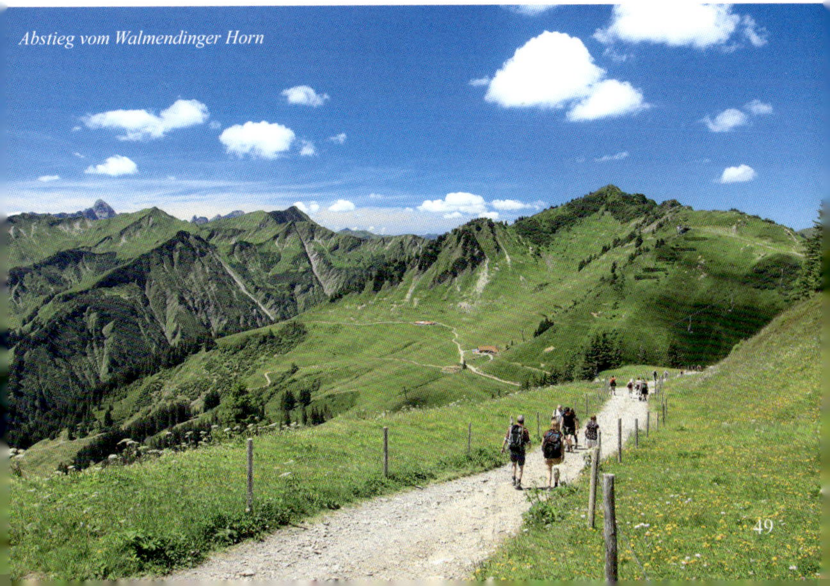

Abstieg vom Walmendinger Horn

13 Walmendinger Horn und Schwarzwassertal

4.15 Std. | 220 / 880 | 11,1 km

Mittelberg, Walmendingerhornbahn, 1207 m. Ab Oberstdorf etwa 16 km ins Kleinwalsertal, Parkplatz direkt neben der Talstation mitten im Ort (***Navi**: A-6993 Mittelberg, Moosstraße 4)*; Walserbus Oberstdorf–Baad im 10- bis 20-Min.-Takt, Haltestelle »Mittelberg«.

Walmendingerhornbahn: Großkabinenbahn, Betriebszeiten ca. Anfang Mai–Anfang November, 8.30–16.45 h, www.ok-bergbahnen.com, Talstation 1207 m, Bergstation 1948 m.

Endpunkt: Talstation der Ifenbahn im Schwarzwassertal, 1279 m. Walserbus halbstündlich Richtung Riezlern (dort Anschluss Richtung Mittelberg).

Überwiegend leichte, breite Wege; streckenweise steile Abstiege.

Gipfelstuba ②; Obere Lüchlealpe ④; Schwarzwasserhütte ⑥; Melköde ⑦; Auenhütte ⑧

Höhenwanderung zwischen Widderstein und Ifen

Eine abwechslungsreiche Tour auf breiten Wegen und ohne größere Anstiege. Wir können uns ganz auf die großartige Szenerie konzentrieren: Gleich zu Beginn das aussichts- und blumenreiche Walmendinger Horn; danach ein leichter Höhenweg mit freiem Blick auf den Widderstein und die scharfen, grasbewachsenen Flyschgrate von Güntlespitze und Unspitze; und nach Überschreitung der Ochsenhofer Scharte der genussvolle Abstieg durch das hübsche, vom Hohen Ifen überragte Schwarzwassertal.

Nachdem uns die Seilbahn entspannt von **Mittelberg** ①, 1207 m, hinauf zur **Bergstation** ②, 1951 m, gebracht hat, gönnen wir uns vor der eigentlichen Wanderung den kleinen Abstecher auf den Gipfel des **Walmendinger Horns** ③, 1990 m, wo wir einen schönen Überblick über den Verlauf unserer Wanderung haben. In Richtung Südwesten erheben sich der wuchtige Widderstein sowie die steilen

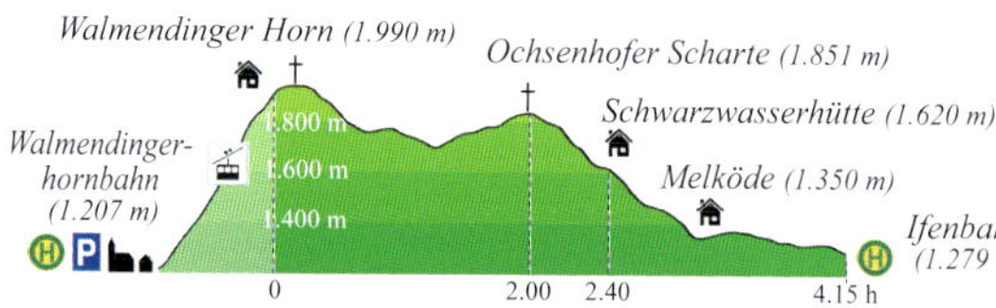

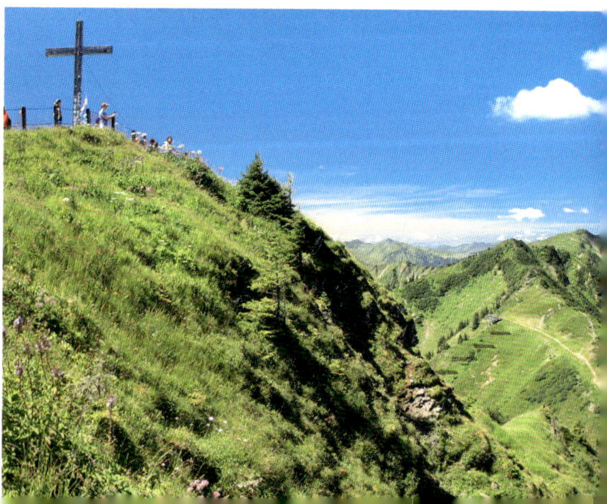

Walmendinger Horn, Schwarzwassertal und Hoher Ifen

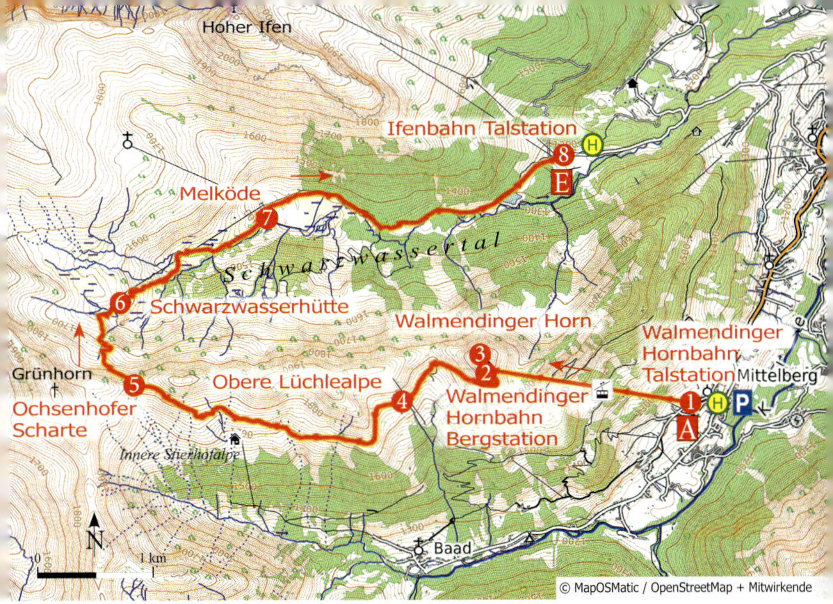

Grasberge, die das hintere Kleinwalsertal prägen. Im Nordwesten öffnet sich unter uns das weite Schwarzwassertal, durch das unser Rückweg erfolgen wird, überragt vom Hohen Ifen mit seiner markanten Felsplatte.

Wieder zurück an der Bergstation folgen wir einem breiten Schotterfahrweg, der sich – etwas unangenehm steil – im weiten Bogen die Südflanke des Walmendinger Horns hinabzieht. Gut 150 Höhenmeter tiefer erreichen wir eine kleine Scharte, hinter der der Grat wieder an Höhe gewinnt. Wir halten uns allerdings an den breiten Hauptweg

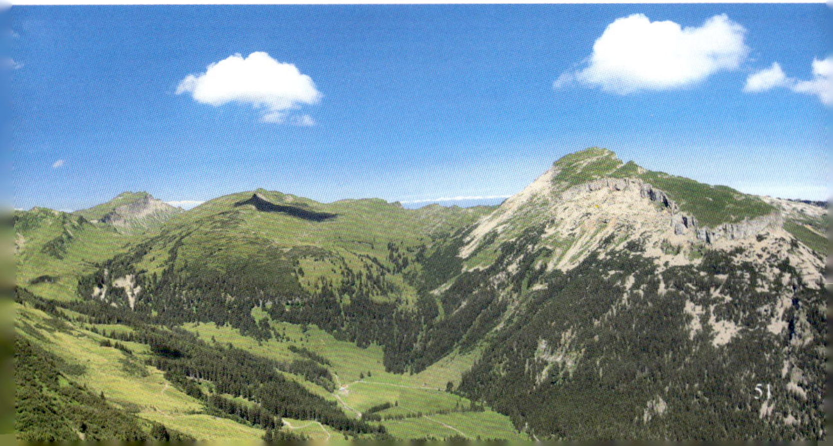

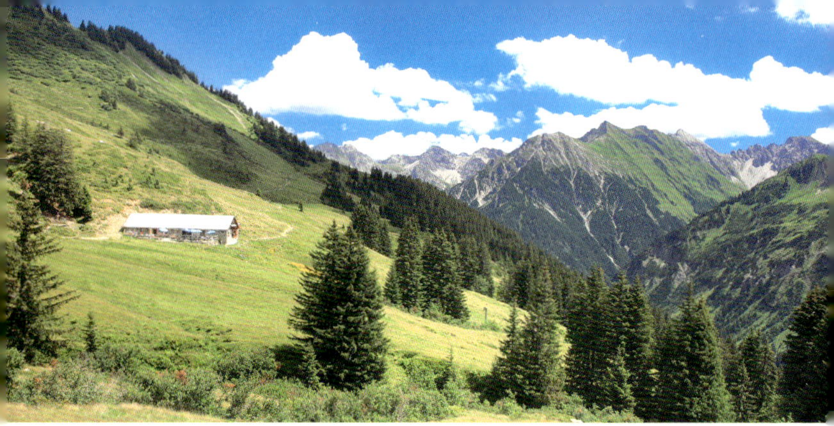

und passieren nach wenigen Minuten die **Obere Lüchlealpe** ④, 1730 m. Das Gelände – und entsprechend auch der Weg – machen bald darauf einen scharfen Rechtsknick, sodass sich uns nun auch der Blick ins hintere Kleinwalsertal öffnet. Der vor uns liegende Höhenweg quert mit nur geringem Auf und Ab die steilen Südhänge des Muttelbergkopfes, durchgehend oberhalb der Baumgrenze und mit weiten Ausblicken. Vorbei an den Resten der Äußeren Stierhofalpe gelangen wir zu einem Abzweig (1700 m), an dem der gemächliche Anstieg hinauf zur Ochsenhofer Scharte beginnt (auf dem linken Weg ist in etwa 400 Meter eine Einkehrmöglichkeit in Gestalt der Inneren Stierhofalpe, 1680 m, zu erreichen). Über offene, mit Alpenrosen durchsetzte Wiesen erreichen wir schließlich die **Ochsenhofer Scharte** ⑤, 1851 m, welche den Übergang zum Schwarzwassertal bildet.

Noch ein letzter Blick zurück auf den Widderstein, dann konzentrieren wir uns auf das Schwarzwassertal vor uns sowie die hohe Felsplatte des Hohen Ifen in dessen Hintergrund. Inmitten weiter Wiesen können wir bereits die **Schwarzwasserhütte** ⑥, 1620 m, erkennen, zu der wir durch Erlenbestände hindurch absteigen. Hinter der Hütte führt der Weg – überragt vom mächtigen Hohen Ifen – mit gemächlichem Gefälle mal durch Wald, mal entlang eines hübschen Hochmoores und entlang des Schwarzwasserbaches hinunter zur **Melköde** ⑦, 1350 m. Ab dort hat die Tour reinen Spaziergang-Charakter. Es geht auf breitem Weg entlang des tischebenen Talbodens, später durch einen schönen, wilden Wald voller gewaltiger Felsbrocken und uriger Baumriesen – Zeugnis eines mächtigen Bergsturzes – und schließlich haben wir unser Ziel erreicht: die **Auenhütte** ⑧, 1279 m, am Fuß der Ifenbahn.

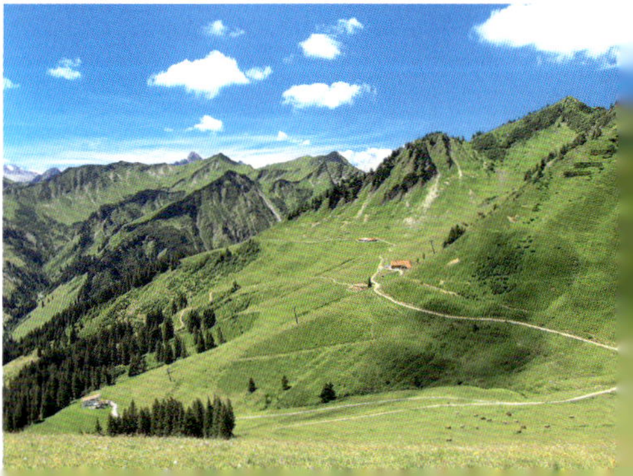

Walmendinger Horn und Ochsenhofer Köpfe 14

Std. | 250 / 1050 | 8,6 km

Mittelberg, Walmendingerhornbahn, 1207 m. Ab Oberstdorf etwa 16 km ins Kleinwalsertal, Parkplatz direkt neben der Talstation mitten im Ort (**Navi**: *A-6993 Mittelberg, Moosstraße 4)*; Walserbus Oberstdorf–Baad im 10- bis 20-Min.-Takt, Haltestelle »Mittelberg«.

Walmendingerhornbahn: Großkabinenbahn, Betriebszeiten ca. Anfang Mai–Anfang November, 8.30–16.45 h, www.ok-bergbahnen.com, Talstation 1200 m, Bergstation 1948 m.

Endpunkt: Baad, 1224 m; von dort Walserbus zurück nach Mittelberg im 10- bis 20-Min.-Takt.

Die Gratwanderung ist schmal und ausgesetzt und nur für geübte Wanderer! Ansonsten unschwierig.

Variante: alternativ zum schweren Kammweg kann man auch den südlich verlaufenden Höhenweg bis zur Starzelalpe wählen *(s. Tour 13)*.

Gipfelstuba ②

S. 52 o. Innere Stierhofalpe

S. 52 u: Höhenweg bei der Oberen Lüchlealpe

Gratwanderung im hinteren Kleinwalsertal

Ziemlich genau in der Mitte zwischen den beiden markantesten Gipfeln des Kleinwalsertals, dem Hohen Ifen und dem Widderstein, verläuft ein etwa vier Kilometer langer, schmaler, grasbewachsener Kamm von Ost nach West. Dessen östliches Ende bildet das hoch über Mittelberg gelegene und mit einem prächtigen Panorama gesegnete Walmendinger Horn. Genau über diesen schmalen Grat verläuft unsere Tour, die sehr gute Trittsicherheit verlangt und uns dafür auf der gesamten Länge mit wunderschönen, freien Ausblicken belohnt, ehe wir gemütlich durch das Tal des Turabaches nach Baad absteigen.

Nach der Fahrt mit der Seilbahn von **Mittelberg** ①, 1207 m, sollten wir an der **Bergstation** ②, 1948 m, nicht versäumen, kurz zum aussichtsreichen Gipfel des **Walmendinger Horns** ③, 1990 m, hinaufzusteigen: Im Westen sehen wir den schmalen, grasbewachsenen Grat der Ochsenhofer Köpfe (unsere heutige Tour), rechts davon das weite, vom Hohen Ifen überragte Schwarzwassertal und links das hintere Kleinwalsertal mit seinen typischen, steilen Grasbergen und dem mächtigen Widderstein.
Nach diesem Abstecher beginnt unsere eigentliche Wan-

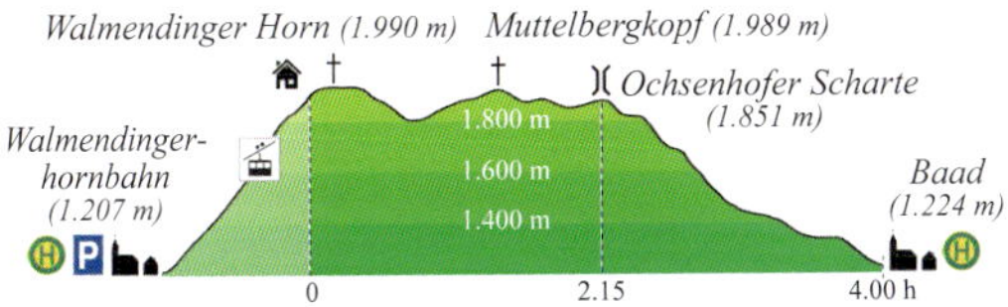

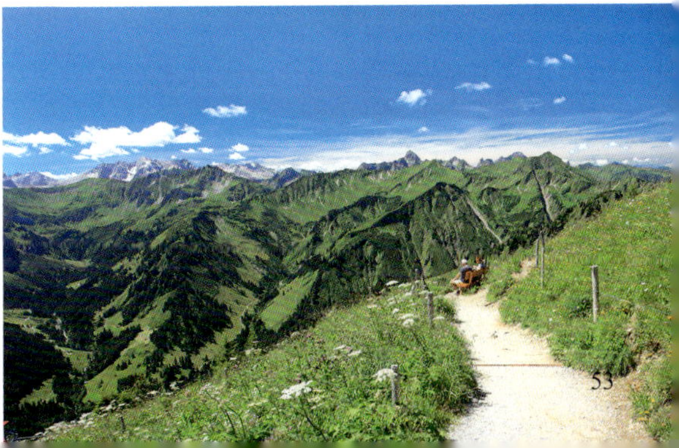

Am Walmendinger Horn

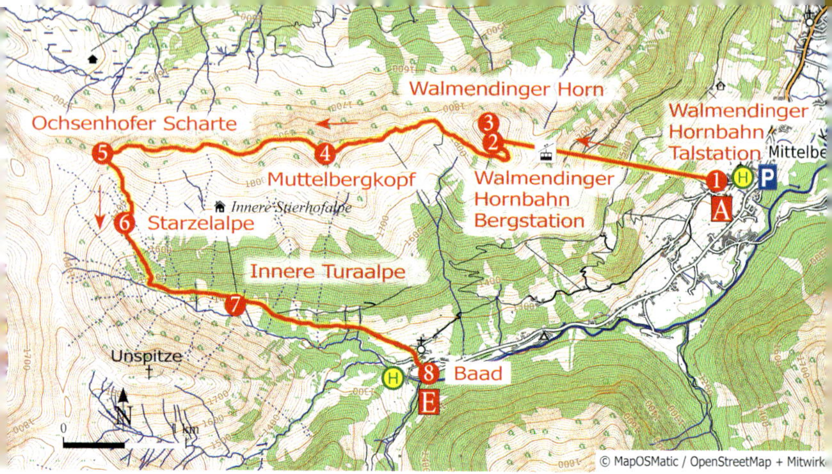

derung mit einem längeren Abstieg: In einem weiten Bogen steigen wir auf einem breiten Schotterweg gut 150 Höhenmeter ab. An einem kleinen Sattel (1800 m) verlassen wir den breiten Hauptweg und nehmen den Gegenanstieg in Angriff, der auf anfangs recht breitem Weg steil hinaufführt. Etwa 100 Meter vor einem Skilift-Gebäude zweigt rechts ein schmaler Pfad ab (weiß-blau-weiß markiert), der sich direkt auf dem Kamm hinauf zum **Muttelbergkopf** ④, 1989 m, zieht. Der Pfad verläuft mitunter sehr ausgesetzt direkt an der Abbruchkante hinunter ins Schwarzwassertal entlang und ist teils recht steinig. Trittsicherheit und Schwindelfreiheit sind also unbedingt erforderlich! In gemäßigtem Auf und Ab verläuft der Weg über den herrlich aussichtsreichen Grat hinüber bis zur **Ochsenhofer Scharte** ⑤, 1851 m, einem kleinen Pass zwischen Schwarzwassertal (rechts) und hinterem Kleinwalsertal (links). Hier haben wir den schwierigen Teil der Tour hinter uns.

Wir werfen noch einen letzten Blick hinüber ins Schwarzwassertal mit der gleichnamigen Hütte direkt unterhalb des Passes sowie dem markanten Hohen Ifen im Hintergrund und beginnen unseren Abstieg hinunter Richtung Baad. Mit dem wuchtigen

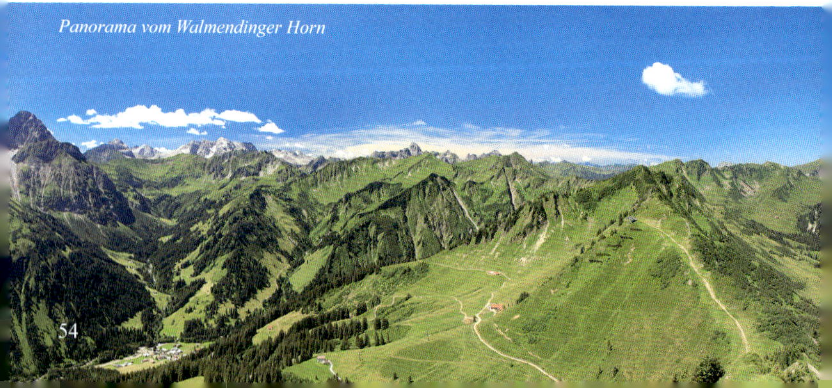
Panorama vom Walmendinger Horn

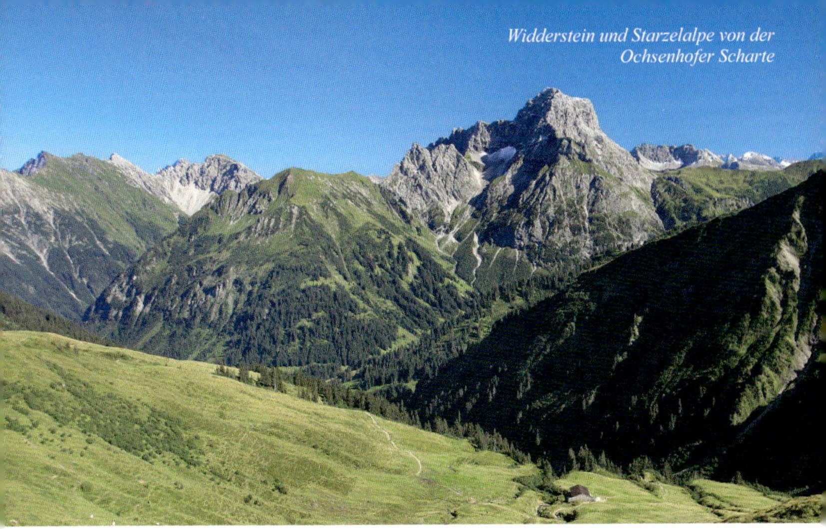

Widderstein und Starzelalpe von der Ochsenhofer Scharte

Widderstein genau vor uns steigen wir den steilen Wiesenhang hinab zur **Starzelalpe** ⑥, 1678 m. (Wer gerne »hier oben« noch einkehren möchte: etwa 500 Meter in östlicher Richtung erreicht man die Innere Stierhofalpe). Hinter der Starzelalpe verläuft der Weg noch kurz über Weideflächen und taucht dann in einen lichten Fichtenwald ein, in dem es in steilen Serpentinen hinabgeht bis zum Turabach (1445 m). Dort biegt der Weg nach links ab, geht bald in eine Forststraße über und leitet hinüber zur **Inneren Turaalpe** ⑦, 1386 m. Es ist ein angenehm zu gehender Weg, breit, mit leichtem Gefälle, über sonnige, von kleinen Baumgruppen durchsetzte Almwiesen. Dann weitet sich das Tal etwas, und vor uns breiten sich offene Wiesen und der kleine Ort aus. Ein letztes Steilstück, dann haben wir unser Ziel **Baad** ⑧, 1224 m, erreicht.

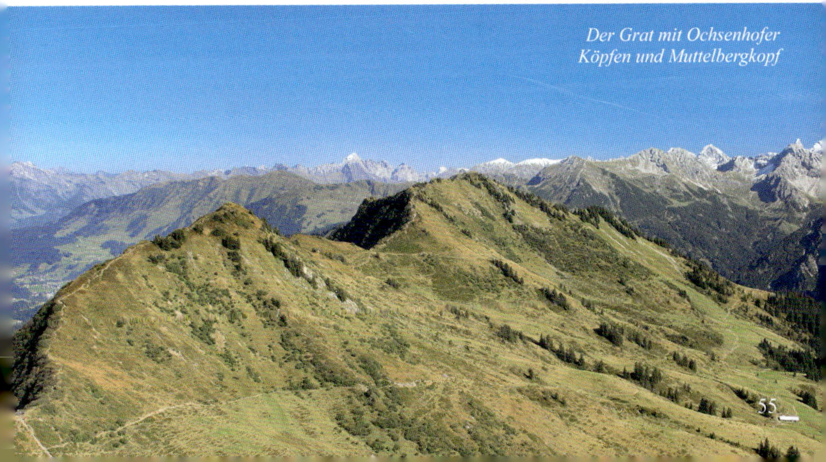

Der Grat mit Ochsenhofer Köpfen und Muttelbergkopf

15 Vom Walmendinger Horn nach Mittelberg

2.45 Std. | 50 / 800 | 7,3 km

Mittelberg, Walmendingerhornbahn, 1207 m. Ab Oberstdorf etwa 16 Kilometer weiter ins Kleinwalsertal bis nach Mittelberg. Parkplatz direkt neben der Talstation *(**Navi**: A-6993 Mittelberg, Moosstraße 4)*; Walserbus Oberstdorf–Baad im 10- bis 20-Min.-Takt, Haltestelle »Mittelberg«.

Walmendingerhornbahn: Großkabinenbahn, Betriebszeiten ca. Anfang Mai–Anfang November, 8.30–16.45 h, www.ok-bergbahnen.com, Talstation 1200 m, Bergstation 1948 m.

Überwiegend leichte, breite Wege, Abstiege teils sehr steil. Es geht beständig bergab.

Gipfelstuba ②; Stutzalpe ④; Bühlalpe ⑤; Sonna Alp ⑥

Bergab mit Aussicht und Alphütten

Diese aussichtsreiche Tour beginnt oben auf dem Walmendinger Horn, wohin wir uns bequem mit der Seilbahn bringen lassen. Das großartige Gipfel-Panorama reicht über das gesamte Kleinwalsertal sowie über das Schwarzwassertal, und auf dem gemütlichen, streckenweise etwas steilen Abstieg erwarten uns nette Alphütten, weite Ausblicke und immer wieder wechselnde Eindrücke.

Die Seilbahn bringt uns zügig von **Mittelberg** ①, 1207 m, hinauf zur **Bergstation** ②, 1948 m, von deren Aussichtsterrasse wir einen großartigen Ausblick genießen können: Das hintere Kleinwalsertal breitet sich unter uns aus, mittendrin die Häuser des kleinen Dorfes Baad, und genau gegenüber der wuchtige Widderstein. Einen noch ungestörteren Rundblick bietet nur noch der nahe Gipfel des **Walmendinger Horns**, der sich wenige Meter oberhalb der Station erhebt. Nur eine Handvoll Kehren hinauf, dann stehen wir am **Gipfelkreuz** ③, 1990 m, und genießen die schöne Aussicht, die von hier oben auch das Schwarzwassertal mit dem Hohen Ifen sowie das übrige Kleinwalsertal im Norden umfasst. Unsere eigentliche Wanderung beginnt mit einem breiten, streckenweise etwas unangenehm steilen Schotterweg, der im weiten Bogen den Südhang

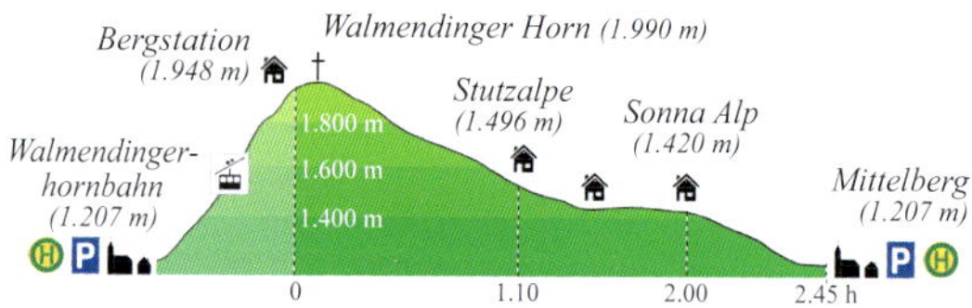

Am Walmendinger Horn

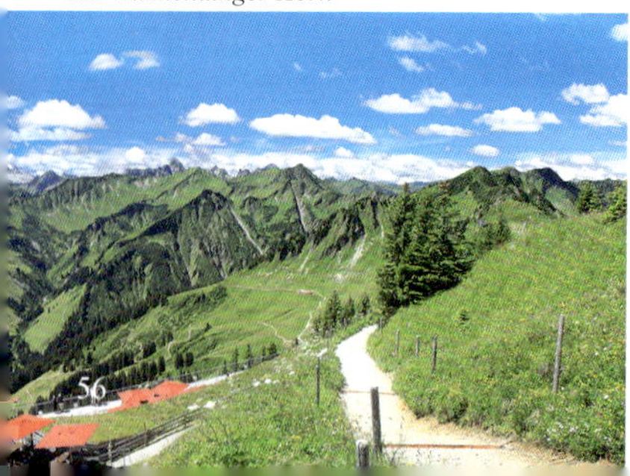

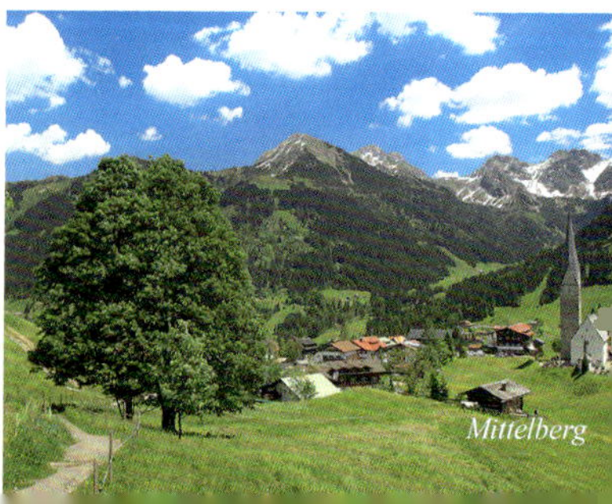

Mittelberg

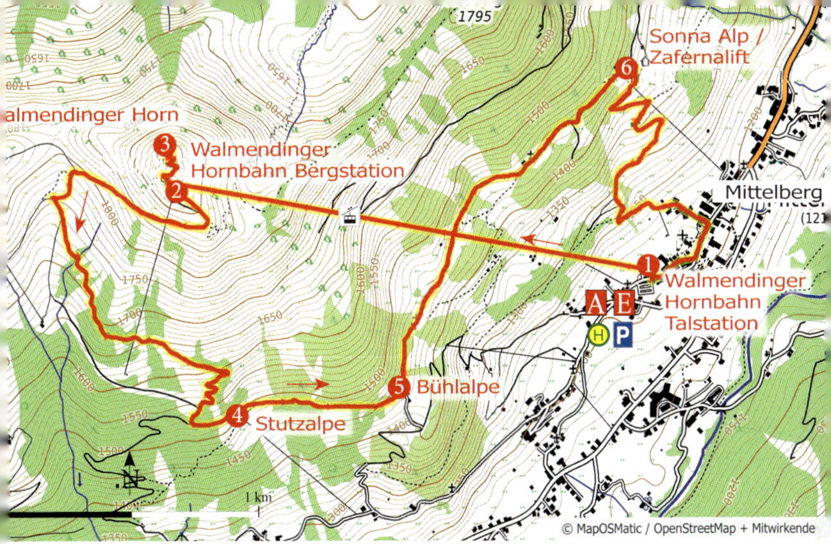

des Walmendinger Horns hinabführt. Nach einem knappen Kilometer gelangen wir in einen Sattel, wo der Grat wieder steil hinauf Richtung Muttelbergkopf ansteigt. Ein Höhenweg führt von hier hinüber zur Oberen Lüchlealpe und weiter ins Tal hinein; wir biegen jedoch hier links ab und setzen unseren Abstieg nach Mittelberg fort. Nach ca. 100 Metern teilt sich der Weg: Geradeaus führt ein breiter Wirtschaftsweg abwärts, wir wählen allerdings den links abzweigenden Wanderweg, der sich durch den steilen, locker bewaldeten Südhang abwärts zieht. Kurz, nachdem sich unser Wanderweg wieder mit dem Wirtschaftsweg vereint, erreichen wir die schöne **Stutzalpe** ④, 1496 m. Gegenüber haben wir einen freien Blick ins Gemsteltal, eingerahmt von den Gipfeln des Widdersteins sowie des Elferkopfes. Auf dem breiten Schotterweg geht es nun gemütlich hinunter zur nahen **Bühlalpe** ⑤, 1422 m. Hier biegt der Weg scharf nach links ab und führt als »Oberer Höhenweg« weitgehend eben zur **Sonna Alp** ⑥, 1420 m, direkt an der Bergstation des Zafernaliftes oberhalb von Mittelberg gelegen mit schönem Blick über das Kleinwalsertal. Gegenüber bildet das hübsche Wildental die eindrucksvolle Kulisse.

Wem die Wanderung bis hierher genügt, der kann gemütlich per Zaferna-Sessellift nach Mittelberg hinabschweben (das spart ca. 175 Hm). Ansonsten verlassen wir hier den Oberen Höhenweg und steigen Richtung Mittelberg ab: Der Fußweg führt in weiten Kehren aussichtsreich den steilen Wiesenhang hinab bis direkt in die Dorfmitte. Dort rechts und in wenigen Minuten zurück zur Walmendingerhornbahn-Talstation.

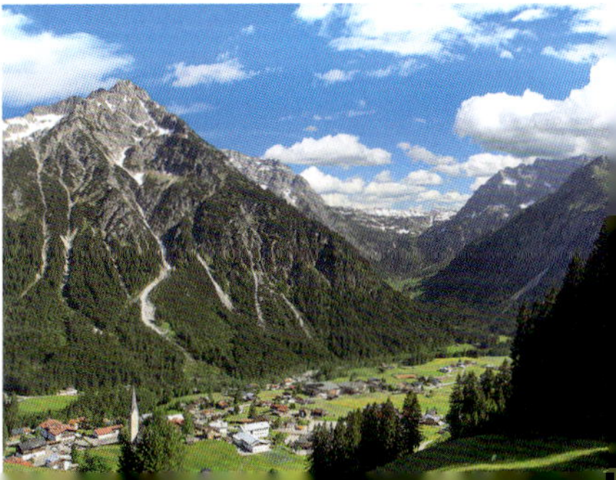

Mittelberg

16 Grünhorn und Turabachtal

4.30 Std. | 830 Hm | 10,8 km

Baad, 1224 m, ganz am Ende des Kleinwalsertals. Ab Oberstdorf etwa 19 Kilometer weiter ins Kleinwalsertal hinein bis nach Baad ganz am Talende. Parkplatz direkt unterhalb des Ortes am Kreisel *(**Navi**: A-6993 Mittelberg, Baad)*;
Walserbus Oberstdorf–Baad im 10- bis 20-Min.-Takt bis Haltestelle »Baad«.

Teils recht steile Wege auf meist ordentlichen Wegen. Im oberen Bereich schmale Pfade über alpine Matten, nach Regen teils matschig.

Innere Stierhofalpe (Abstecher)

Aussichtsreicher Grasberg oberhalb von Baad

Zwischen Schwarzwassertal und hinterem Kleinwalsertal erstreckt sich ein langer, schmaler, mehrere Kilometer langer Wiesengrat. Während auf dem Walmendinger Horn, dem östlichsten Gipfel dieses Kammes, wegen der Seilbahn ziemlich viel Betrieb herrscht, ist der Grünhorn-Gipfel an seinem westlichen Ende nur zu Fuß zu erreichen und sehr viel einsamer. Zudem wird man mit einer phantastischen Rundsicht bis weit hinein in den Bregenzerwald belohnt.

Vom Parkplatz bzw. der Bushaltestelle in **Baad** ①, 1224 m, folgen wir der leicht ansteigenden Hauptstraße durch das Dorf hindurch. Am oberen Dorfende biegt die Straße schräg nach links und führt in das Turabachtal hinein. Bald lassen wir die letzten Häuser und die offenen Wiesen hinter uns und wandern am rechten Talhang weit oberhalb des Turabaches taleinwärts. Der breite Fahrweg durchzieht einen lockeren Mix aus Wald- und Weideflächen und passiert schließlich die Hütte der **Inneren**

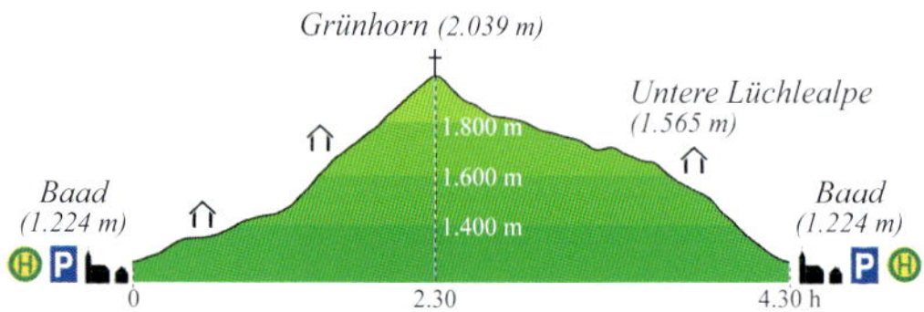

Blick zum Widderstein beim Abstieg

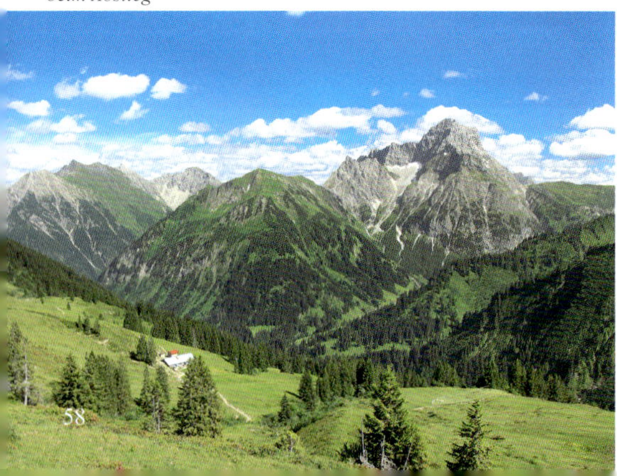

Turaalpe ②, 1386 m. Der Fahrweg geht in einen schmaleren Wanderweg über, der sich kurz darauf rechts den steilen, bewaldeten Hang hinaufzieht, um bei der **Starzelalpe** ③, 1678 m, wieder offenes Gelände zu erreichen. Die Hütte liegt in einem weiten Wiesenkessel, eingerahmt von hoch aufragenden Steilgrasflanken. Wir halten uns an der

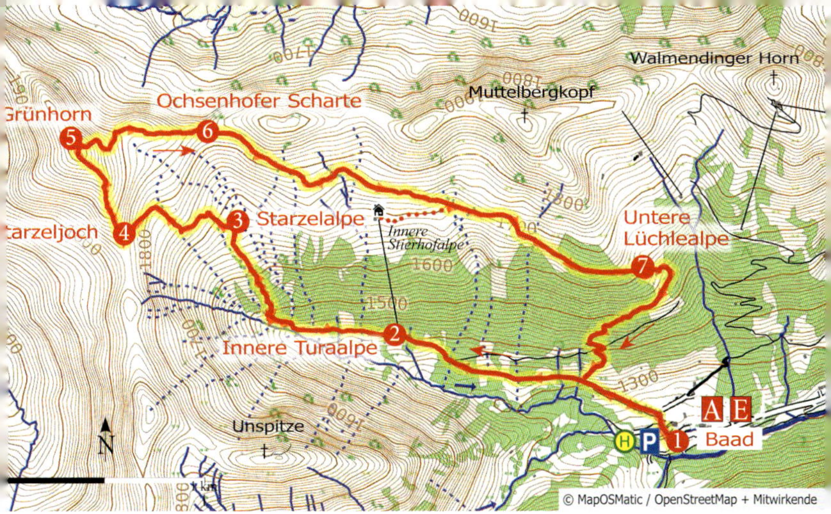

Hütte links und steigen weiter bergan bis zum **Starzeljoch** ④, 1867 m, auf dessen gegenüberliegender Seite sich ein schöner Blick in den Bregenzerwald öffnet. Vom Joch führt ein schmaler, steiler Trampelpfad direkt auf dem Grat weiter bergwärts bis zum **Grünhorn** ⑤, 2039 m. Dessen Gipfel mit seinen steilen Grashängen bietet ein wunderbares Panorama über den Bregenzerwald, das hintere Kleinwalsertal sowie hinüber ins Schwarzwassertal mit dem markanten Hohen Ifen. Der Abstieg erfolgt über einen weiteren schmalen Kamm, diesmal allerdings in östlicher Richtung hinab zur **Ochsenhofer Scharte** ⑥, 1851 m, einem Übergang zum Schwarzwassertal. Wir bleiben diesseits des Sattels und folgen einem Trampelpfad, der sich in östlicher Blickrichtung am Hang gut sichtbar unterhalb des langen Kammes der Ochsenhofer Köpfe entlangzieht. Mit freiem Blick auf den mächtigen Widderstein gegenüber zieht sich der Weg über offene Wiesenhänge und verliert dabei allmählich an Höhe. An einem Querweg besteht die Möglichkeit, einen kurzen Abstecher zur bewirtschafteten Inneren Stierhofalpe einzuschieben, ansonsten halten wir uns dort links. Am kurz darauf folgenden Abzweig biegen wir rechts ab, tauchen in den Wald ein und gelangen zur **Unteren Lüchlealpe** ⑦, 1565 m. Der folgende, längere Abstieg bringt uns schließlich wieder hinab zum Ausgangspunkt in Baad.

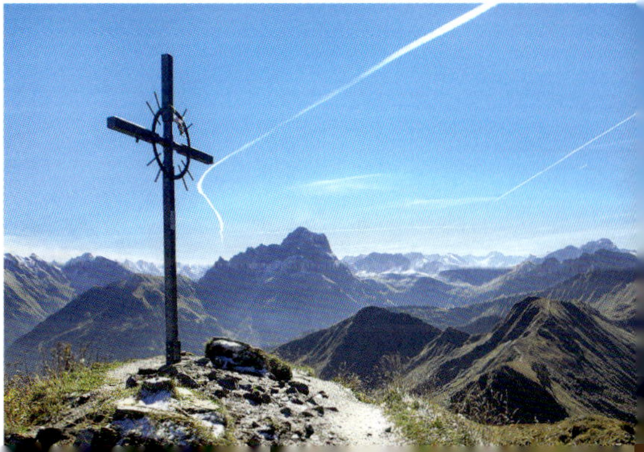

Grünhorn-Gipfel

17 Derrenjoch und Hochstarzel

5 Std. | 750 Hm | 11,6 km

Baad, 1224 m, ganz am Ende des Kleinwalsertals. Ab Oberstdorf etwa 19 Kilometer weiter ins Kleinwalsertal hinein bis nach Baad ganz am Talende. Parkplatz direkt unterhalb des Ortes am Kreisel *(**Navi**: A-6993 Mittelberg, Baad)*; Walserbus Oberstdorf–Baad im 10- bis 20-Min.-Takt bis Haltestelle »Baad«.

Generell bei starker Nässe und Nebel nicht zu empfehlen. Steile An- und Abstiege, nach Regen etwas matschig. Am Hochstarzel Pfade auf schmalem Wiesengrat, einige leichte Kraxelstellen. Teleskopstöcke sind sehr zu empfehlen!

Mittlere Spitalalpe ②

Spannende Tour auf schmalen Wiesengraten

Das hintere Kleinwalsertal wird – abgesehen vom wuchtigen Dolomitblock des Widderstein – von imposanten Grasbergen dominiert, deren steile Flanken bis in Höhen von über 2000 Meter streben und in teils messerscharfen Graten enden. Auf dieser Tour steigen wir hinauf auf diese Kämme, genießen prächtige Ausblicke bis hinüber in den Bregenzerwald und kommen einigen der spitzen Gipfel – Unspitze, Üntschenspitze u.a. – sehr nahe.

Ausgehend von Parkplatz/Bushaltestelle in **Baad** ①, 1224 m, folgen wir für gut 150 Meter der Hauptstraße aufwärts und verlassen auf dem zweiten Sträßchen links das Dorf schon wieder. Wir erreichen eine kleine Brücke und wechseln aufs gegenüberliegende Bachufer. Hier vereinen sich zwei Täler: Von rechts kommt der Turabach, von links der Derrenbach; wir bleiben genau dazwischen und beginnen unseren Anstieg den zwischen diesen beiden Tälern liegenden Bergsporn hinauf. Es geht steil bergan, anfangs durch Wald, dann quer über offene, steile Wiesen bis zur **Mittleren Spitalalpe** ②, 1560 m, die sich in den Hang duckt. Es geht weiter bergwärts durch

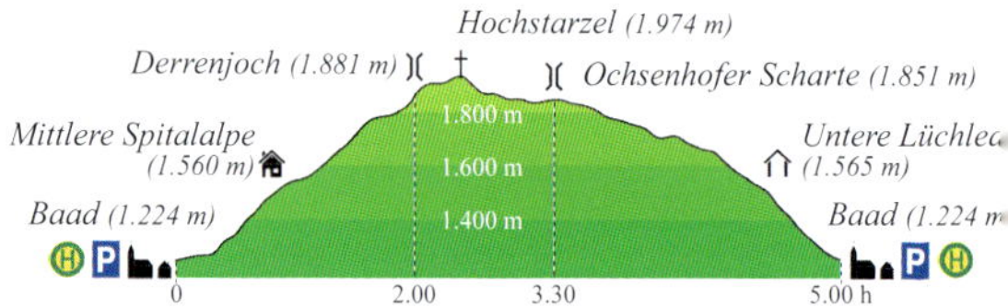

Blick vom Hochstarzel-Grat nach Baad

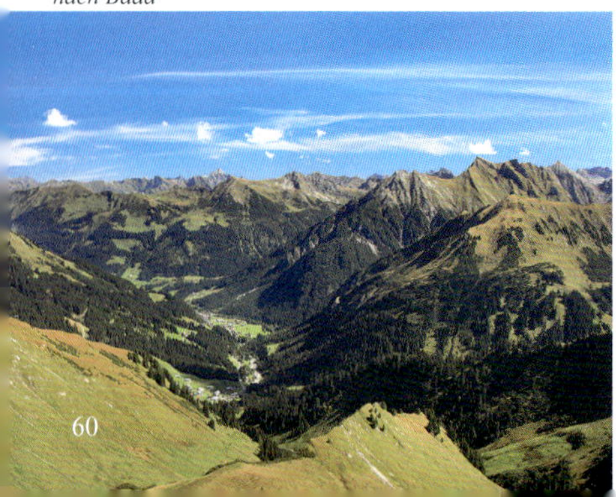

den von hohen grasbedeckten Bergflanken eingerahmten Einschnitt bis zu der schon von weitem sichtbaren Hütte der **Oberen Spitalalpe** ③, 1780 m. Dort biegt der Pfad nach links ab und führt am Hang entlang hinüber zur Derrenalpe, die von der majestätischen, grasbewachsenen Pyramide der Güntlespitze überragt wird. In wenigen Minuten gelangen wir von hier leicht ansteigend hinauf zum **Derrenjoch** ④, 1881 m, einen Übergang hinüber zum Bregenzerwald. In der Ferne ist der etwas klobige Diedamskopf zu entdecken. (***Variante***: Gipfelsammler können von hier hinauf zur Güntlespitze – 2092 m – steigen; plus 200 Höhenmeter und 45 min. hoch und runter. Der anfangs gemächliche Pfad wird immer steiler und die Hänge sind teils extrem abschüssig. Das Gipfelpanorama ist allerdings großartig!)

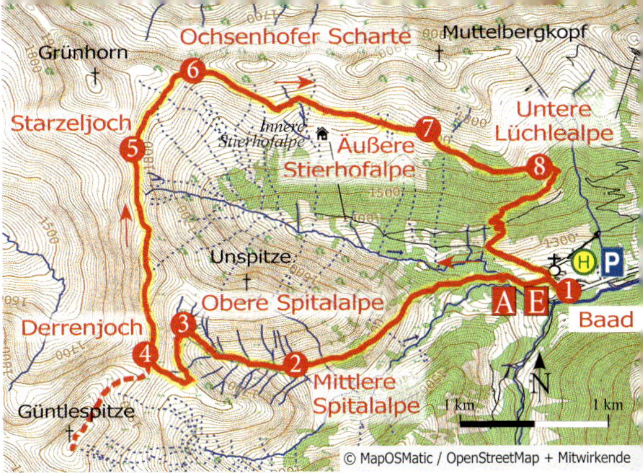

Am Derrenjoch erwartet uns die Gratwanderung zum Starzeljoch. Laut Schild steht uns ein »Leichter Klettersteig« bevor, was etwas übertrieben ist, aber in Teilabschnitten setzt der Pfad über den messerscharfen Grat sehr gute Trittsicherheit voraus. An einigen wenigen, etwas felsigen Passagen geben Seile zusätzliche Sicherheit. Bei trockenen Bedingungen und mit Teleskopstöcken ist die Strecke für »normale« Wanderer problemlos zu bewältigen. Abgesehen davon bietet der herrliche Weg prächtige Ausblicke. Es geht auf dem schmalen Wiesengrat insgesamt knapp 100 Höhenmeter bergauf bis zum Hochstarzel – wo wir die Unspitze mit ihren unglaublich steilen Grashängen passieren – und anschließend wieder bergab zum **Starzeljoch** ⑤, 1867 m. Dort halten wir uns schräg rechts/geradeaus und wandern – den steilen Osthang des Grünhorns querend – gemütlich hinüber zur **Ochsenhofer Scharte** ⑥, 1851 m, wo wir einen eindrucksvollen Blick hinüber ins Schwarzwassertal werfen können mit der gleichnamigen Hütte und dem alles überragenden Hohen Ifen.

An der Scharte gilt es kurz gut aufzupassen: Die Beschilderung weist uns den Weg steil rechts hinunter nach Baad via Starzelalpe. Wir wählen allerdings den Trampelpfad, der sich in östlicher Blickrichtung am Hang gut sichtbar unterhalb des langen Kammes der Ochsenhofer Köpfe entlangzieht.

Allmählich an Höhe verlierend verläuft dieser Weg über die offenen Wiesenhänge, während sich schräg gegenüber der wuchtige Widderstein erhebt. Bald treffen wir auf einen Querweg (hier kann man rechts in wenigen Minuten zur Inneren Stierhofalpe hinüberwandern), halten uns links und stoßen auf die Grundmauern der ehemaligen **Äußeren Stierhofalpe** ⑦, 1708 m. Hier beginnt unser Abstieg. Durch lichten Wald gelangen wir zur **Unteren Lüchlealpe** ⑧, 1565 m, und schließlich mit einem letzten, schönen Blick auf den Widderstein und das Bärgunttal hinunter nach Baad, 1224 m.

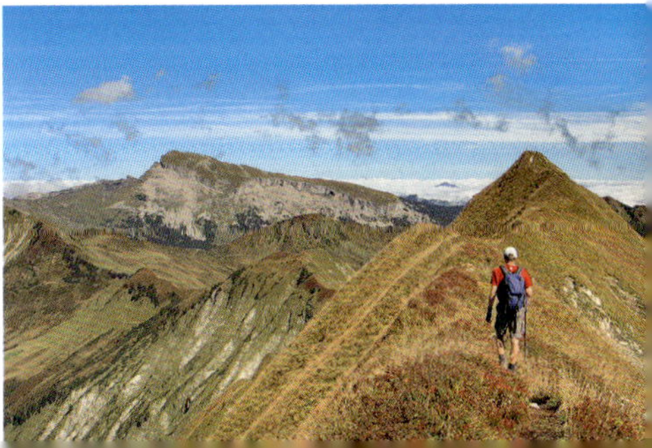

Auf der Güntlespitze

18 Ins Bärgunttal

2 Std. | 180 Hm | 4,7 km

Baad, 1224 m, ganz am Ende des Kleinwalsertals. Ab Oberstdorf etwa 19 Kilometer ins Kleinwalsertal *(**Navi**: A-6993 Mittelberg, Baad)*; Walserbus Oberstdorf–Baad im 10- bis 20-Min.-Takt.

Gute, breite Wege, kürzere steilere Anstiege, insgesamt eher leicht.

Innere Widdersteinalpe ③; Bärgunthütte ④

Stilles Nebental am Südende des Kleinwalsertals

Ganz am Ende des Kleinwalsertals liegt das kleine Dorf Baad, umgeben von hoch aufragenden, steilen Grasbergen und dem mächtigen Widderstein. Drei weitere Nebentäler führen von hier in die Bergwelt hinein: die beiden sehr engen Täler des Tura- bzw. des Derrenbaches sowie das Bärgunttal, das wir auf dieser Tour kennen lernen. Verglichen mit dem Gemsteltal auf der Ostseite des Widdersteins (s. Tour 19) ist es sehr viel enger und wirkt dadurch auch etwas wilder und urtümlicher. Dominiert wird es vom hoch aufragenden Felsklotz des Widdersteins, den steilen grünen Berggipfeln der umgebenden Flyschberge und dem wilden Bärguntbach, der auf dieser Wanderung unser ständiger Begleiter ist.

Bushaltestelle und Parkplatz in **Baad** ①, 1224 m, befinden sich direkt am Beginn des Bärgunttales. Wir queren die Breitach und wandern am Ufer des Bärguntbaches taleinwärts. Der breite Weg steigt stetig an und führt anfangs durch Wald, ehe sich das Gelände etwas weitet und wir einen ersten Blick auf die hoch aufragenden Westabstürze des Widdersteins genießen können. Hier teilt sich der

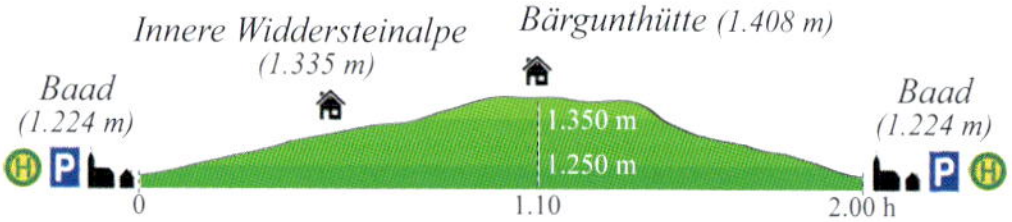

Im Bärgunttal

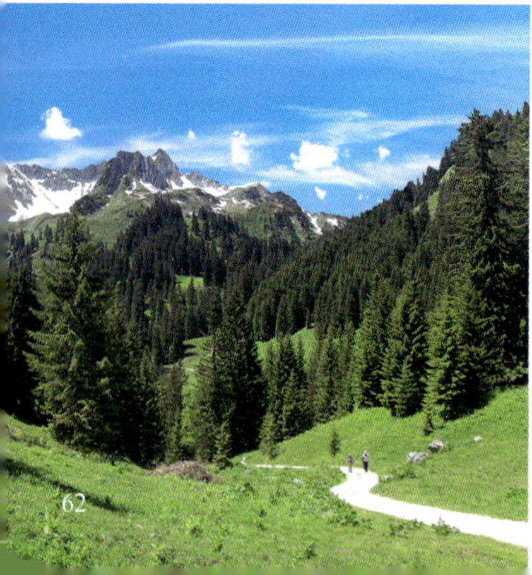

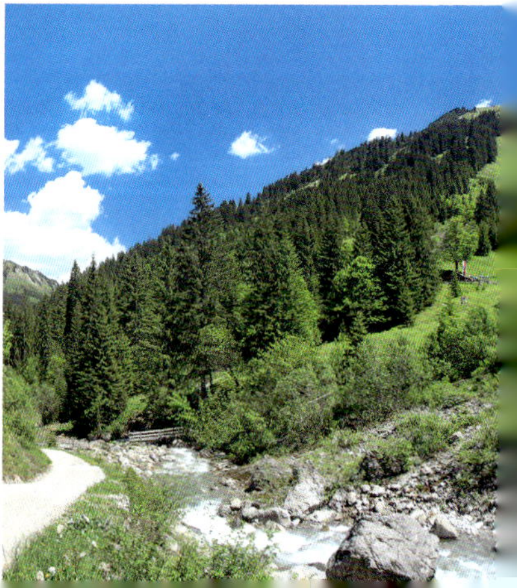

Weg: Geradeaus führt der »Talweg« zur Bärgunthütte (unser Rückweg), wir wählen jedoch den linken »Panoramaweg«, der uns gleich einen kurzen, steilen Anstieg vorbei an der **Äußeren Widdersteinalpe** ②, 1290 m, abverlangt. Dafür bietet der Weg einen herrlichen, freien Blick auf die umliegenden Berggipfel. Auf dem angenehmen Weg, begleitet vom Rauschen des Baches tief unter uns und überragt vom Widderstein, erreichen wir nach wenigen Minuten die schön gelegene **Innere Widdersteinalpe** ③, 1335 m. Hinter der Alpe gewinnt der Weg erneut an Höhe, durchquert ein kleines Waldstück und hat schließlich den höchsten Punkt der Wanderung mit einem schönen Blick in den Talschluss erreicht. Wir wandern allmählich wieder abwärts, überqueren den Bärguntbach und gelangen kurz darauf zur **Bärgunthütte** ④, 1408 m, mit ihrer einladenden Sonnenterrasse. Auf dem Rückweg geht es nun nur noch bergab. Der »Talweg« führt am linken Bachufer talauswärts, der Weg ist breit und angenehm zu gehen, das Tal selbst teilweise sehr eng. Anders als im benachbarten Gemsteltal fehlen hier die weiten, ebenen Almweiden. Auf halbem (Abstiegs-)Weg besteht die Möglichkeit, den Bach zu überqueren und in wenigen Minuten zur Inneren Widdersteinalpe hinaufzusteigen. Wer mit Kindern unterwegs ist, kann an dieser Stelle am Bach auf einer kleinen Felseninsel zwischen zwei Brücken noch einen Spiel-Stopp einlegen. Danach geht es weiter am Bach entlang, bis wir unseren Ausgangspunkt in Baad erreicht haben.

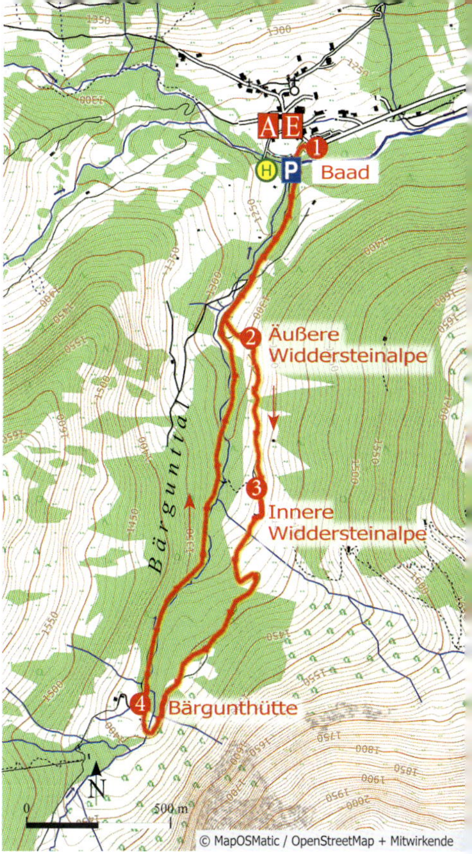

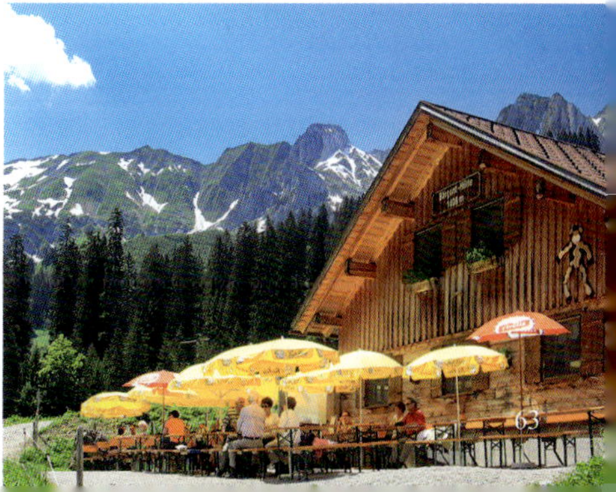

Bärgunthütte

19 Ins schöne Gemsteltal

2.45 Std. | 175 / 250 | 5,4 km

Baad, 1224 m, ganz am Ende des Kleinwalsertals. Ab Oberstdorf etwa 19 Kilometer ins Kleinwalsertal (***Navi***: *A-6993 Mittelberg, Baad)*; Walserbus Oberstdorf–Baad im 10- bis 20-Min.-Takt

Endpunkt: Mittelberg, Bushaltestelle »Bödmen«; von dort Walserbus zurück nach Baad im 10- bis 20-Min.-Takt.

Überwiegend breite, angenehm zu gehende Schotterwege; ins Gemsteltal mäßig steiler Aufstieg.

Gemstel-Schönesbodenalpe; Hintere Gemstelalpe ③; Bernhards Gemstelalpe ④

Herrliches Tal im Schatten des Widdersteins

Vom Haupttal des Kleinwalsertals, das durch die recht dichte Besiedlung und die unzähligen verstreut liegenden Gehöfte sehr gezähmt wirkt, zweigen einige Nebentäler ab, die tief in die beeindruckende Bergwelt hineinführen und in weiten Teilen einen recht ursprünglichen Charakter aufweisen. Eines davon ist das wunderschöne Gemsteltal, das sich südlich von Mittelberg zwischen die hoch aufragenden Gipfel von Widderstein und Geißhorn schiebt. Gemütliche Almhütten, offene Almwiesen, rauschende Bäche, spektakuläre Felswände und eine leicht hochalpine Note warten auf den Besucher dieses Tales.

Wir starten ganz am Ende des Kleinwalsertals im kleinen Ort **Baad** ①, 1224 m. Vom Parkplatz (Bushaltestelle) gehen wir wenige Schritte entlang der Straße talauswärts und biegen dann rechts auf den Breitach-Uferweg ein. Ein leichter, angenehmer Weg leitet uns entlang des rauschenden Flusses unmerklich bergab. Bald öffnet sich das Tal ein wenig, und die ersten Häuser von Mittelberg tauchen inmitten weiter Wiesen und Weiden auf. Hier queren wir die Breitach und biegen nach Süden ins Gemsteltal ein. Bald zweigt links ein Weg ab (»Schönesbodenalpe«), der

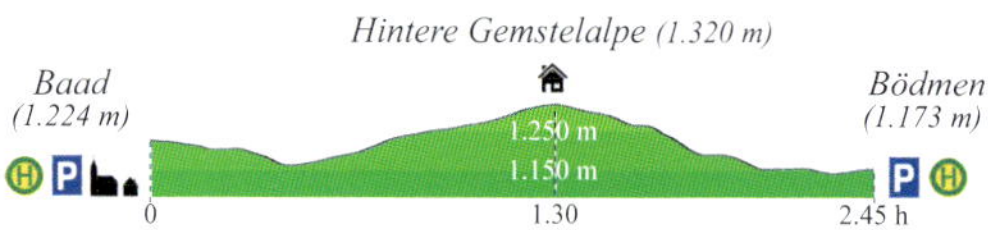

Im Gemsteltal

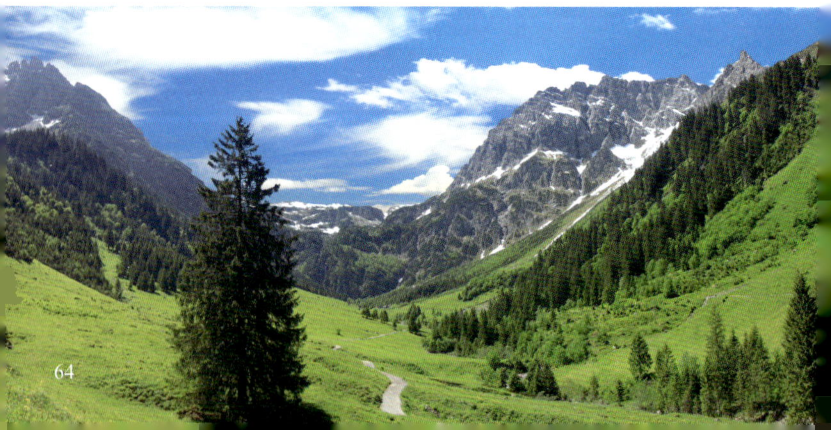

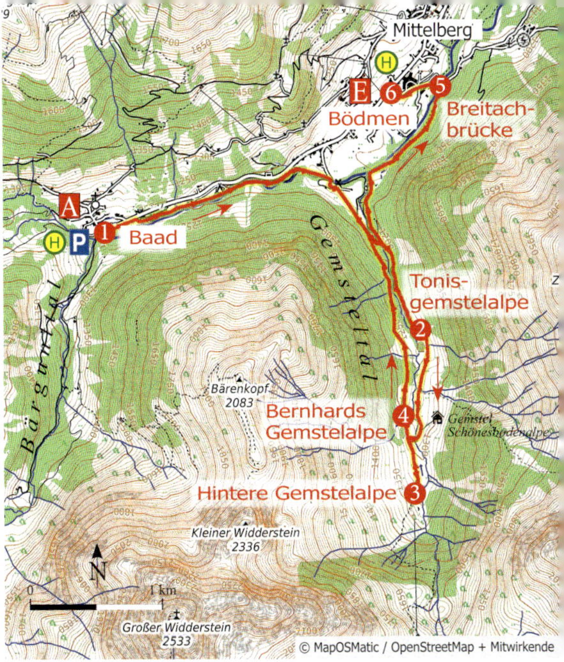

über den Gemstelbach führt und sich an dessen linker Seite weiter taleinwärts zieht. Auf ihm geht es durch dichten Wald allmählich aufwärts, bis sich bei der unbewirtschafteten **Tonisgemstelalpe** ②, 1244 m, das Tal weitet und den Blick auf eine herrliche Almlandschaft freigibt: offene Wiesen, ein paar Almhütten, im Talschluss eine senkrechte Felswand und rechts darüber die schroffen Dolomitwände des Widdersteins – eine wunderschöne Landschaft, durch die wir weiter taleinwärts wandern. Nach etwa 15 Minuten kommen wir an der Gemstel-Schönesbodenalpe vorbei (1298 m, etwas links oberhalb des Weges), dann überqueren wir erneut den Gemstelbach und wandern auf der anderen Seite in wenigen Minuten zur **Hinteren Gemstelalpe** ③, 1320 m. Hier verabschieden sich die Gipfelaspiranten von uns Talwanderern, denn direkt hinter der Hütte wird das Gelände steiler und alpiner, und der Weg zieht sich hinauf Richtung Gemstelpass und Widdersteinhütte.

Wir genießen die schöne Szenerie von der Sonnenterrasse, ehe wir den Rückweg antreten. Talauswärts bleiben wir auf der linken, westlichen Bachseite, passieren die **Bernhards Gemstelalpe** ④, 1298 m, und tauchen am Ende der Almwiesen-Ebene wieder in den Wald ein. Nach etwa 10 Minuten, kurz bevor sich das Tal öffnet, überqueren wir – auf der vom Hinweg bekannten Brücke – wieder den Bach und laufen an seinem rechten Ufer weiter, bis wir nach rund 500 Metern auf die Breitach stoßen. Auf einem schönen Waldweg direkt am klaren Wasser entlang wandern wir flussabwärts, bis wir zu einer größeren **Brücke** ⑤, 1140 m, gelangen. Dort links über den Fluss und in wenigen Minuten an der Straße entlang hinauf zur Hauptstraße und **Bushaltestelle Bödmen** ⑥, 1173 m.

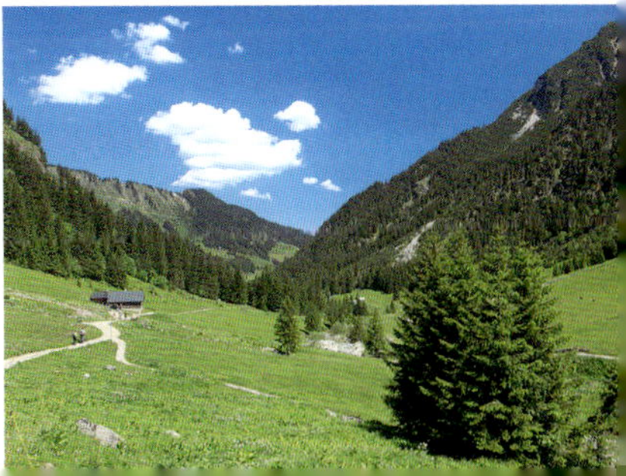

Gemsteltal mit der Bernhards Gemstelalpe

20 Auf (oder rund um) den Widderstein

8 Std. | 1400 Hm | 16,2 km

Mittelberg, Ortsteil Bödmen, 1173 m. Ab Oberstdorf etwa 17 km ins Kleinwalsertal (ca. 2 km hinter Mittelberg), Parkplätze an der Straße *(**Navi**: A-6993 Mittelberg, Bödmerstraße 89)*; Walserbus Oberstdorf–Baad im 10- bis 20-Min.-Takt, Haltestelle »Weiher«.

Endpunkt: Baad, 1224 m; Bus Baad–Bödmen–Oberstdorf alle 10–20 min.

Eine lange Tour, die (auch ohne Gipfel) gute Kondition voraussetzt. Am Beginn und am Ende jeweils breite, einfache Talwege, ansonsten alpines Gelände. Beim Anstieg im oberen Gemsteltal kurze seilgesicherte Passagen in einer Klamm, der Abstieg hinunter ins Bärgunttal ist steil und teilweise rutschig. Gipfelanstieg zum Widderstein: fast 400 Hm durch Fels; technisch nicht besonders schwer, aber steil und grusig; am Gipfelgrat sehr ausgesetzt.

(**Variante**: Ohne Widderstein-Gipfelbesteigung 1000 Hm / 6.30 Std.)

Gemstel-Schönesbodenalpe; Hintere Gemstelalpe ②; Obergemstelalpe ③; Widdersteinhütte ④; Bärgunthütte ⑥

Traumtour über dem Hochtannbergpass

Die Besteigung des Widdersteins ist sicherlich eine der Königstouren im Kleinwalsertal. Aber auch wer den eigentlichen Gipfel auslässt und »nur« einmal um den Berg herumwandert, wird von dieser Tour begeistert sein: Zwei schöne Täler am Anfang und Ende der Wanderung, und im Mittelteil – jeweils durch steile An- bzw. Abstiege getrennt – die wunderschönen, freien Wiesenschultern auf der Südabdachung des Widdersteins. Dazu fantastische Ausblicke auf die hohen Gipfel der Lechtaler Alpen und des Bregenzerwaldes sowie die weiten Hochflächen des Hochtannbergpasses – eine Traumtour!

Vom Ausgangspunkt **Parkplatz/Bushaltestelle Bödmen** ①, 1173 m, steuern wir geradewegs den tiefen Einschnitt des Gemsteltales an, der sich vor uns im Süden öffnet. Nach ca. 500 Metern gelangen wir zu einer Weggabelung, an der wir die Wahl haben zwischen zwei etwa gleich langen Wegen hinein ins Gemsteltal. Wir halten uns links (»Schönesbodenalpe«) und steigen auf der gegenüberliegenden Seite des Gemstelbaches allmählich durch lichten Wald an. Dieser öffnet sich bald und gibt den Blick frei auf die vor uns liegenden Almwiesen. Im Hintergrund ziehen

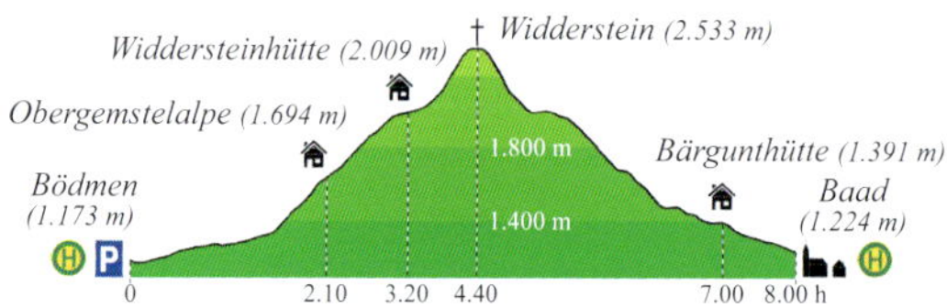

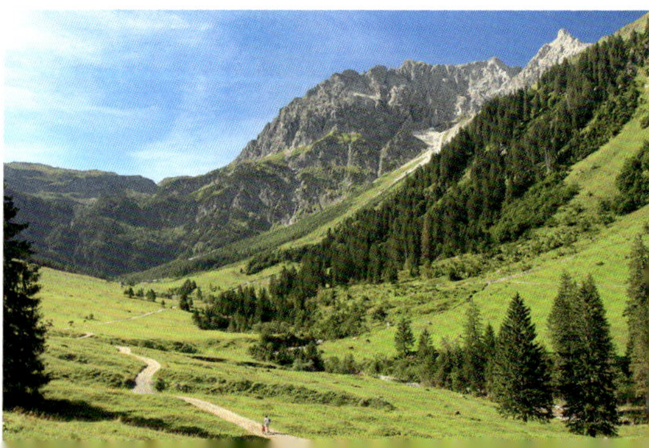

Im Gemsteltal

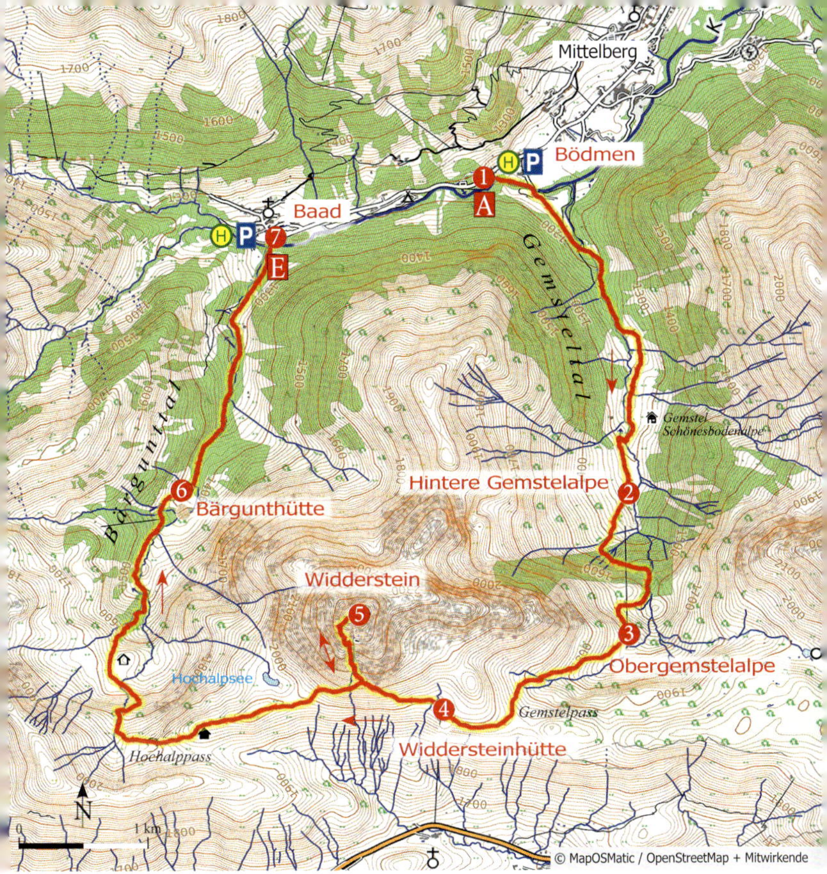

sich markante Felswände bis hinauf zu unserem heutigen Ziel, dem Widderstein. Vorbei an der – links etwas abseits liegenden – urigen Gemstel-Schönesbodenalpe wandern wir weiter taleinwärts, queren erneut den Bach und gelangen kurz darauf zur **Hinteren Gemstelalpe** ②, 1321 m, am südlichen Ende des flacheren Talbereichs. Bis hier ist das Tal ein gut besuchter Rundweg für Spaziergänger, jenseits der Hütte wird es sehr viel einsamer.

Der Weg windet sich einen mit Latschen bestandenen Schuttkegel hinauf, dann steil an einer Felswand entlang. Oberhalb einer tiefen Klamm, die der Gemstelbach in das Dolomitgestein gefräst hat, ist der Weg in den Fels gehauen (Seilsicherungen geben etwas Unterstützung) und erreicht einen weiten Kessel. Über eine weitere Felsstufe gelangen wir schließlich zur recht abgeschiedenen **Obergemstelalpe** ③, 1694 m. Sie

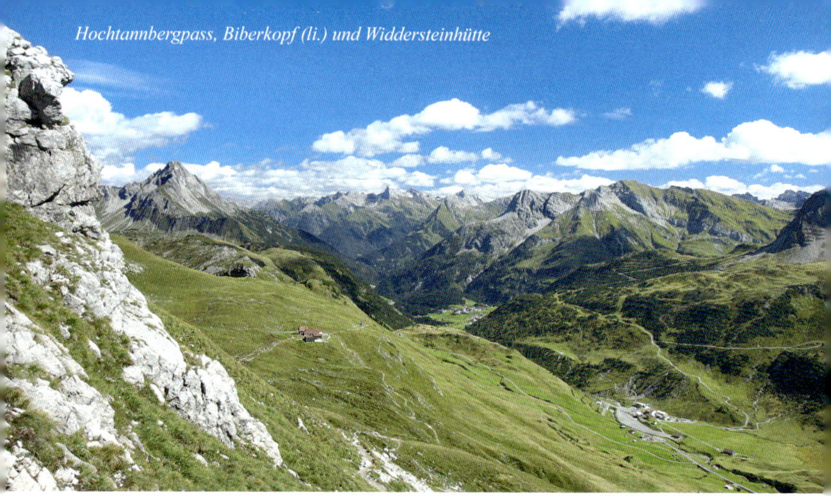

Hochtannbergpass, Biberkopf (li.) und Widdersteinhütte

gehört zu den wenigen Alphütten der Region, die trotz fehlender Straßenanbindung noch immer bewirtschaftet werden.

An der Hütte halten wir uns rechts, steigen weiter an, queren die grasbewachsenen unteren Ausläufer des Widdersteins und erreichen schließlich den Gemstelpass (1972 m), hinter dem sich ein großartiges Panorama öffnet: Zur Rechten rücken die Gipfel des Bregenzerwaldes mit der markanten Braunarlspitze ins Blickfeld, direkt vor uns erhebt sich das Karhorn, und im Westen schließt sich die lange Gipfelparade der Lechtaler Alpen an. Direkt unter uns breitet sich die weite Hochebene des Hochtannbergpasses aus. Wir halten uns rechts und wandern auf dem herrlichen Höhenweg in wenigen Minuten hinüber zur kleinen, gemütlichen **Widdersteinhütte** ④, 2009 m.

Kurz hinter der Hütte gabelt sich der Weg: Wer die Rundtour ohne Gipfelbesteigung unternimmt, hat an dieser Stelle den halben Weg sowie den gesamten Aufstieg hinter sich – und hält sich nun geradeaus. Gipfelaspiranten halten sich hier rechts und steigen über den Steilhang zum eigentlichen Beginn des Gipfelanstiegs hinauf (2120 m). Auf sehr markante Weise geht hier der schotterdurchsetzte Hang in den nackten Dolomitfels über. Die ersten Minuten sind beispielhaft für das, was uns auf den folgenden 400 Höhenmetern erwartet; Unsichere Wanderer können also recht schnell entscheiden, ob sie sich den Aufstieg zutrauen oder nicht. Einen richtigen Weg gibt es nicht. Vielmehr geht es in einer sehr steilen, etwa 10 bis 30 Meter breiten, zum Gipfel immer offener werdenden Rinne hinauf. Der »Pfad« beschreibt zahllose Serpentinen; oft hat man das Gefühl, sich verstiegen zu haben, ehe blau-weiße Markierungen auf den Felsen die Orientierung wieder herstellen. Der Anstieg sollte für trittsichere Normalwanderer kein Problem darstellen, trotzdem ist absolute Konzentration gefragt: Der auf den Felsplatten herumliegende Grus macht den Untergrund manchmal etwas rutschig, dazu besteht immer etwas Steinschlaggefahr durch über uns gehende Wanderer, weshalb man auch selber darauf achten sollte, keine Steine loszutreten. Also: Vorsicht nach oben

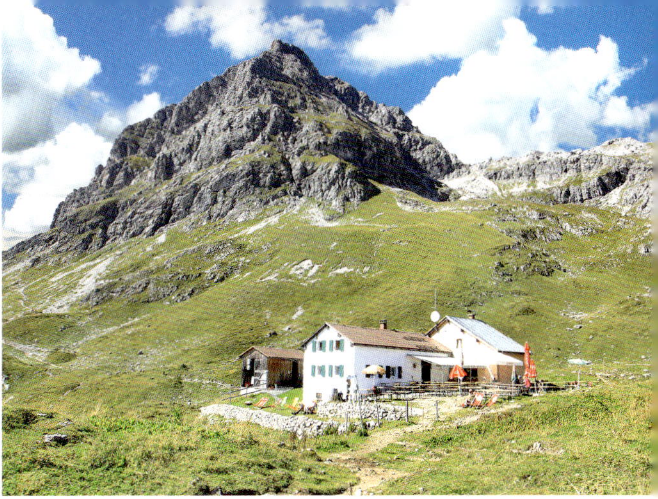

und unten, und möglichst nicht unter Zeitdruck hinauf!
Ganz oben weitet sich schließlich die Rinne, und es geht direkt am Rand der senkrecht abfallenden Nordwand im Bogen auf den Gipfel des **Widderstein** ⑤, 2533 m. Insbesondere hier sollte man über eine ausgeprägte Schwindelfreiheit verfügen. Wer es bis ganz oben geschafft hat, kommt in den Genuss eines der schönsten Aussichtsgipfel im Kleinwalsertal! Der Abstieg erfolgt auf demselben Weg: Zwar ist es durch den rutschigen Grus teilweise etwas unangenehmer als bergauf, dafür ist von oben der Wegverlauf leichter zu erkennen. Schließlich haben wir den Fuß der Felswand erreicht und können durchatmen. Über den folgenden Hang wandern wir rechts – westwärts – bergab, bis wir auf den Weg stoßen, der direkt von der Widdersteinhütte herüberführt (2000 m). Wer mag, kann an dieser Stelle einen kurzen, 10-minütigen Abstecher zum abgeschiedenen Hochalpsee unternehmen, der sich hinter einem kleinen Grasbuckel in einer Wiesenmulde versteckt.
Wir bleiben noch für einige Minuten auf den weiten Wiesen des Hochalppasses, dann schwindet allmählich das alpine Panorama im Süden aus dem Blickfeld. Wir passieren noch eine Hütte, dann beginnt unser langer Abstieg hinunter ins Bärgunttal. Es geht eine steile Geländestufe hinab und dann in zahllosen Serpentinen hinunter bis zu einer Lichtung, wo der Weg wieder etwas knieschonender wird. Rechts über uns reckt sich, schier unbezwingbar erscheinend, der felsige Widderstein in den Himmel. Kurz darauf haben wir auch die **Bärgunthütte** ⑥, 1391 m, erreicht. Ab hier ist unser verbleibender Rückweg nur noch ein gemütliches Auslaufen, allerdings herrscht wegen der zahlreichen Tal-Spaziergänger auch wieder etwas mehr Betrieb. Meist direkt am munter rauschenden Bärguntbach entlang, wandern wir durch lichten Wald abwärts, bis wir schließlich den kleinen Ort **Baad** ⑦,1224 m, erreichen (Bushaltestelle gleich am Ortsanfang). Wer mit dem Auto angereist ist, noch Restkondition hat und unbedingt ohne Bus zurück zum Ausgangsort gelangen möchte, kann dies auf einem einfachen Weg entlang der Breitach tun (ca. 2 km, 40 Min., leicht bergab).

Bild oben: Widdersteinhütte und Widderstein-Gipfel

21 Geißhorn und Mindelheimer Hütte

8 Std. | 1350 Hm | 17,4km

Mittelberg, Ortsteil Bödmen, 1173 m. Ab Oberstdorf etwa 17 km ins Kleinwalsertal (ca. 2 km hinter Mittelberg), Parkplätze an der Straße *(**Navi**: A-6993 Mittelberg, Bödmerstraße 89)*; Walserbus Oberstdorf–Baad im 10- bis 20-Min.-Takt, Haltestelle »Weiher«.

Endpunkt: Mittelberg, Ortsteil Schwendle; Bushaltestelle »Abzweig Schwendle«; halbstündlich nach Mittelberg, dort Anschluss an Walserbus Baad–Oberstdorf (alle 10–20 Min.).

Eine lange Tour, die gute Kondition voraussetzt. Am Beginn und am Ende einfache Wege durch Seitentäler, ansonsten Wege in hochalpinem, offenem Gelände. Der sehr steile, etwas knifflige Abstieg von der Kemptner Scharte ins Wildental setzt unbedingt Trittsicherheit und Schwindelfreiheit voraus. Der – fakultative – anstrengende Anstieg zum Geißhorn ist ebenfalls steil, aber technisch einfach (ohne Gipfel minus 240 Hm / 50 min.).

Bernhards Gemstelalpe ②; Hintere Gemstelalpe ③; Obergemstelalpe ④; Mindelheimer Hütte DAV ⑦; Fluchtalpe ⑩; Innere Wiesalpe ⑪ u.a.

Hochalpine Ganztagestour der Extraklasse

Im schroffen, vom Dolomit-Gestein geprägten Südosten des Kleinwalsertals finden sich einige der beeindruckendsten Touren in diesem Buch. Auf dieser Wanderung geht es durch das hübsche Gemsteltal steil hinauf auf die Karstebene des Koblat sowie auf den Gipfel des Geißhorns, der uns mit einem sensationellen Panorama belohnt. Der herrliche Höhenweg durch das hintere Rappenalptal hinüber zur Mindelheimer Hütte mit den Gipfeln des Allgäuer Hauptkamms vor Augen bildet den zentralen Abschnitt der Tour. Der Abstieg durch das schöne Wildental schließt den Kreis.

Von der **Bushaltestelle/Parkplatz Bödmen** ①, 1173 m, wandern wir wenige Minuten entlang der Breitach flussabwärts, queren dann den Fluss und halten auf den Einschnitt des Gemsteltales zu, das sich im Süden vor uns öffnet. Nach etwa 500 Metern gelangen wir zu einer Weggabelung, die zwei Alternativen hinein ins Gemsteltal anbietet. Wir nehmen den rechten Weg, der uns auf der westlichen Seite des Gemstelbaches allmählich durch Wald anstei-

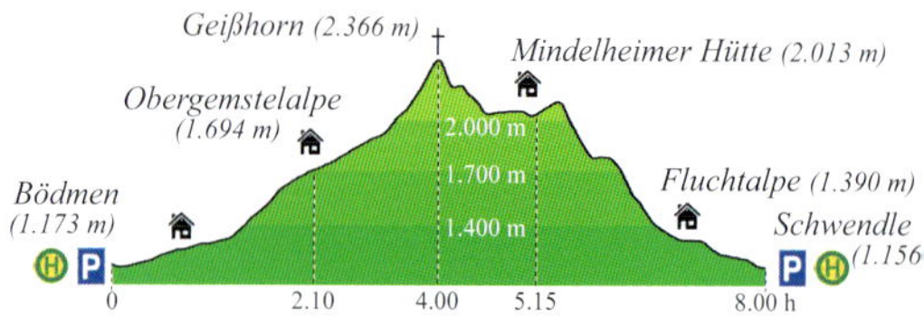

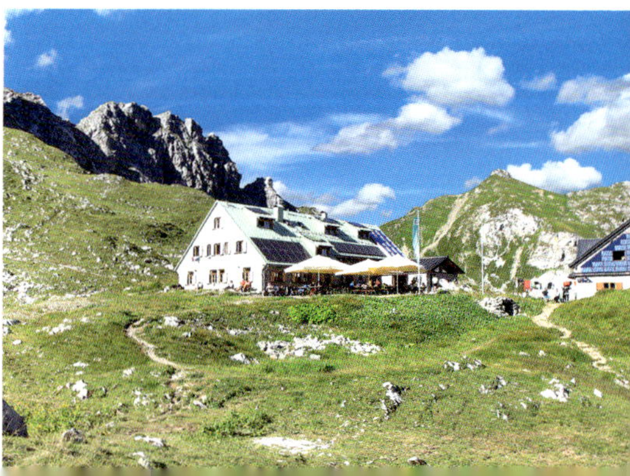

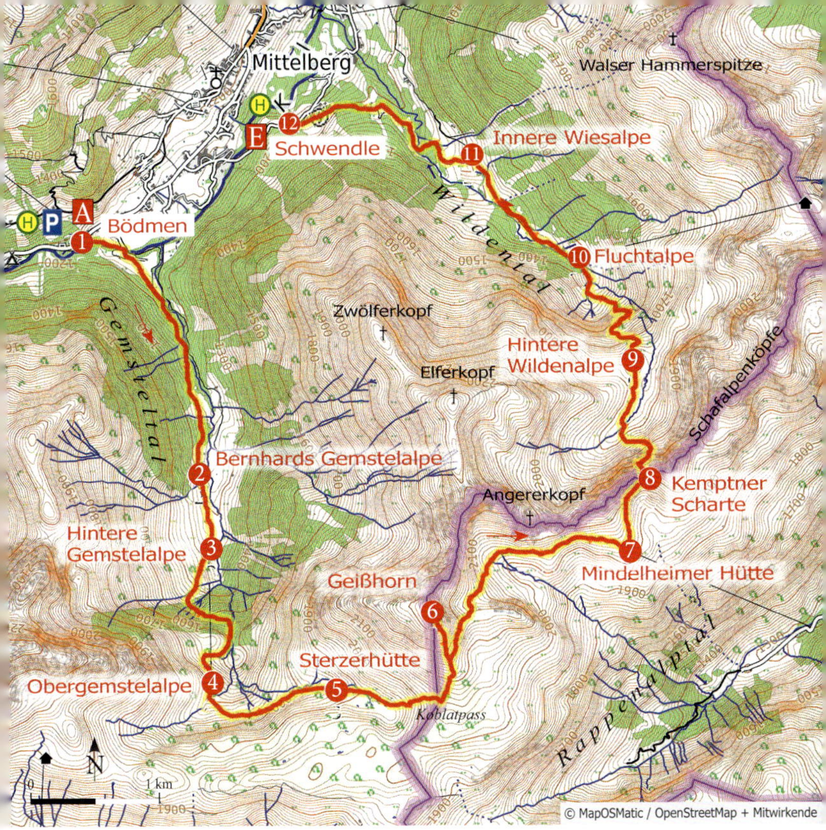

gend taleinwärts leitet. Bald öffnet sich der Wald und gibt den Blick frei auf die vor uns liegenden offenen Almwiesen, die das Gemsteltal prägen, sowie auf die steilen Felswände im Hintergrund.

Vorbei an der **Bernhards Gemstelalpe** ②, 1298 m, wandern wir weiter taleinwärts und gelangen am südlichen Ende des flachen Talbereichs zur **Hinteren Gemstelalpe** ③, 1320 m. Bis hierher ist das Tal gut besucht, jenseits der Hütte wird es schlagartig ruhiger.

Der Weg windet sich einen mit Latschen bestandenen Schuttkegel hinauf, dann steil an einer Felswand entlang. Oberhalb einer tiefen Klamm ist der Weg in den Fels gehauen (teilweise geben Seile mentale Unterstützung) und erreicht schließlich einen weiten Kessel. Über eine weitere Felsstufe gelangen wir zur **Obergemstelalpe** ④, 1694 m. Hinter der Hütte teilt sich der Weg: rechts geht es hinauf zur Widdersteinhütte und zum Widderstein, der sich majestätisch über der Hütte erhebt, während links

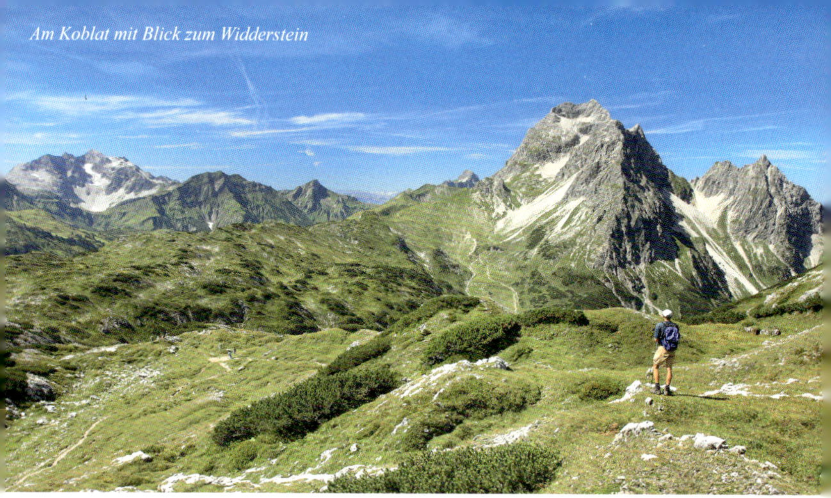

Am Koblat mit Blick zum Widderstein

unser Anstieg Richtung Geißhorn beginnt. Im weiten Bogen zieht sich der Weg den Nordhang des Kessels hinauf bis zur einsam gelegenen **Sterzerhütte** ⑤, 1859 m. Ein Blick zurück gewährt uns einen prächtigen Blick auf den Widderstein. Wir queren ein kleines Kar mit einem winzigen Tümpel und erreichen in einem letzten Anstieg die Passhöhe des Koblat (2040 m), eine urtümliche, bucklige, grasbewachsene Karsthochfläche, die den Übergang zum Hochtannbergpass und zum Rappenalptal bildet.
Für uns ist mit diesem Pass allerdings der Anstieg noch nicht beendet. Wir folgen dem Wegweiser zur Mindelheimer Hütte und steigen über Wiesenhänge steil hinauf bis zu einer Weggabelung (2130 m). Hier beginnt der Aufstieg hinauf zum Geißhorn. In zahllosen Serpentinen windet sich der Weg den steilen südseitigen Berghang hinauf, technisch zwar leicht, aber recht anstrengend – insbesondere wenn die Sommersonne auf den Rücken brennt. Wer sich den Aufstieg hinauf zum Gipfel des **Geißhorn** ⑥, 2366 m, gönnt, kommt in den Genuss eines fantastischen Panoramas: vom Widderstein im Westen über den Hochtannbergpass und den Bregenzerwald bis zu den Lechtaler Alpen weit im Osten. Etwas näher im Osten steht die beeindruckende Kette des Allgäuer Hauptkamms, die im Biberkopf mit seinen auffallenden Felsplatten ihren südlichsten Punkt erreicht. Und tief unter uns liegt, noch in Spielzeugformat, unser nächstes Ziel, die Mindelheimer Hütte *(ohne Geißhorn-Gipfel ca. 240 Hm und 50 Min. weniger)*.
Nach dem Gipfelabstecher halten wir uns, zurück an der Weggabelung, nordwärts, queren die Schutthänge unterhalb des Geißhorns und gelangen zu einer kleinen Scharte (2172 m), hinter der uns ein kurzer Abstieg durch leicht schrofiges Gelände erwartet. Dann geht es in einem weiten Bogen mit allmählichem Höhenverlust unterhalb der Felswände des Angererkopfes hinüber zur weithin sichtbaren **Mindelheimer Hütte** ⑦, 2013 m, einer gemütlichen Hütte mit schöner Sonnenterrasse und großartigem Panorama.
Nach einer ausgiebigen Rast liegt nun noch der letzte, allerdings recht gemächliche

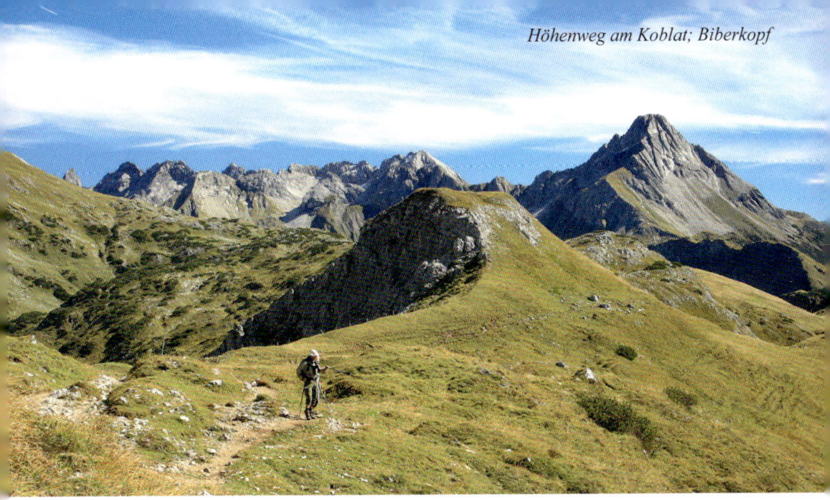
Höhenweg am Koblat; Biberkopf

Anstieg der heutigen Tour vor uns – und zwar hinauf zur **Kemptner Scharte** ⑧, 2108 m. Der Name hat übrigens nichts mit der Stadt Kempten zu tun, sondern leitet sich vom alten Namen des Gipfels her, der von der Hütte aus gesehen der Silhouette eines Kamins (= Kempterle) ähnelt. (Hier beginnt der Mindelheimer Klettersteig über die Schafalpenköpfe hinüber zur Fiderepasshütte.)

Auf uns hingegen wartet – nach einem letzten Blick über die Szenerie hinter uns – ein Abstieg, der es in sich hat! Direkt hinter der extrem schmalen Scharte geht es erschreckend steil hinunter ins Wildental. Trittsicherheit und Schwindelfreiheit sind hier unbedingt erforderlich, Teleskopstöcke sehr hilfreich. Der Abstieg ist zum Glück harmloser, als er auf den ersten Blick wirkt.

In zahllosen Serpentinen windet sich der Pfad die Steilwand hinab, an schrofigen Passagen geben Drahtseile zusätzlich Sicherheit. Schließlich erreichen wir den flachen, von einem kleinen, mäandrierenden Bach durchzogenen Almboden der **Hinteren Wildenalpe** ⑨, 1788 m, schreiten über die offenen Weideflächen zügig voran und gönnen unseren Knien ein wenig Erholung. Beim Blick zurück dürfen wir uns selbst anerkennend auf die Schulter klopfen – angesichts des gelungenen Abstiegs durch diese so undurchsteigbar wirkende Felswand.

Direkt hinter der Alphütte beginnt der zweite Teil des Abstiegs, der uns erneut in unzähligen Serpentinen durch Latschenhänge steil hinunter ins Wildental und zur schönen **Fluchtalpe** ⑩, 1390 m, bringt. Ab dort erwartet uns ein gemütliches Auslaufen auf einem breiten Weg entlang des Wildenbaches und durch hübsche Almwiesen, vorbei an der **Inneren Wiesalpe** ⑪, 1290 m, und kurz darauf der Unteren Wiesalpe. Dort geht der Wanderweg in eine breite Forststraße und schließlich in eine Teerstraße über, auf der wir – vorbei am Bergheim Moser (1201 m) und dem Gasthof Schwendle (1168 m) – zur **Bushaltestelle »Abzw. Schwendle«** ⑫, 1156 m, gelangen. Wer zu Fuß zurück zum Parkplatz möchte, folgt weiter der Straße bergab und gelangt auf einem hübschen, fast steigungslosen Waldweg entlang der Breitach in etwa 45 Minuten zum Ausgangspunkt zurück.

22 Gemsteltal und Koblat

7.30 Std. | 1000 Hm | 18,3 km

Mittelberg, Ortsteil Bödmen, 1173 m. Ab Oberstdorf etwa 17 km ins Kleinwalsertal (ca. 2 km hinter Mittelberg), Parkplätze an der Straße *(**Navi**: A-6993 Mittelberg, Bödmerstraße 89)*; Walserbus Oberstdorf–Baad im 10- bis 20-Min.-Takt, Haltestelle »Mittelberg-Weiher«.

Im Tal breite Wege mit mäßigen Steigungen, im oberen Teil steilere Wegpassagen, teils holprig und steinig; dazu ein etwas ausgesetzter, seilgesicherter Felsabschnitt.

Gemstel-Schönesbodenalpe; Hintere Gemstelalpe ②; Obergemstelalpe ③; Widdersteinhütte ⑤; Bernhards Gemstelalpe ⑦

Zur Hochebene über dem Hochtannbergpass

Das Gemsteltal ist eines der schönsten Nebentäler des Kleinwalsertals mit idyllischen Almwiesen und einladenden Alphütten. Diesem Talspaziergang kann man noch eine alpine Note hinzufügen, indem man vom Talschluss hinauf auf die Hochebene des Koblat steigt, wo sich eine ganz andere Szenerie entfaltet: die weite Landschaft des Hochtannbergpasses, eingerahmt von mächtigen Gipfeln des Lechquellengebirges. Eine anstrengende, aber sehr lohnende Tour.

Vom Parkplatz – bzw. der Bushaltestelle – **Bödmen** ①, 1173 m, folgen wir einige Minuten dem Breitach-Ufer, queren dann den Fluss und tauchen in den Einschnitt des Gemsteltales ein. Bald darauf erreichen wir eine Weggabelung, wo wir uns links halten (Richtung »Schönesbodenalpe«) und auf der linken Seite des Gemstelbaches allmählich durch lichten Wald ansteigen. Bis sich plötzlich ein schöner Blick öffnet auf das sich vor uns ausbreitende Tal mit seinen offenen Almwiesen sowie den hohen Felsgipfeln von Geißhorn und Widderstein im Talschluss. Wir passieren einen Abzweig zur urigen Gemstel-Schö-

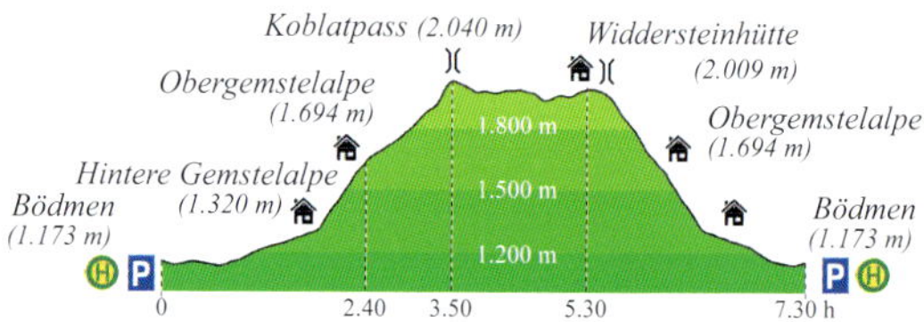

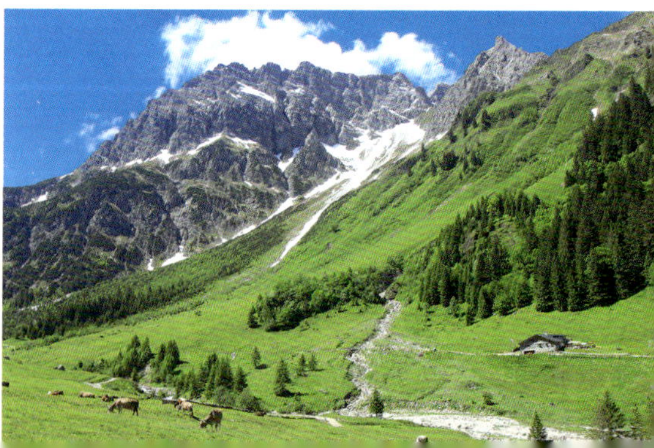

Im Gemsteltal

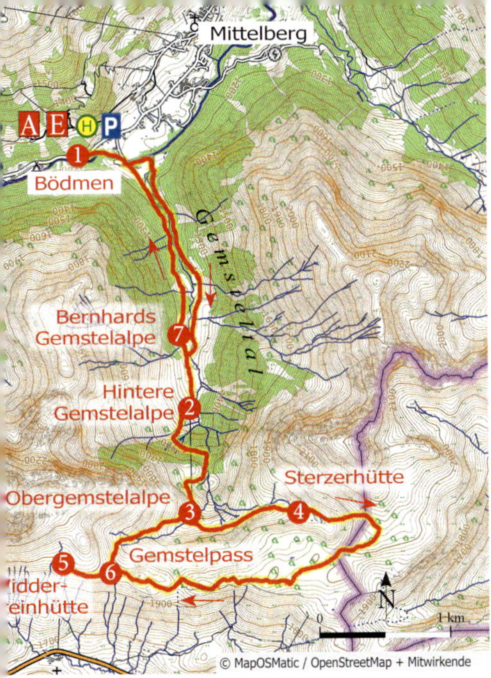

nesbodenalpe (1298 m; etwas oberhalb des Weges), wandern weiter taleinwärts, queren erneut den Gemstelbach und gelangen so zum südlichen Ende des flacheren Talbereichs mit der **Hinteren Gemstelalpe** ②, 1320 m.

Hier wird das Gelände schlagartig steiler und alpiner, und auch für die meisten Wanderer ist an dieser Stelle der Wendepunkt. Unser weiterer Weg windet sich einen mit Latschen bestandenen Schuttkegel hinauf, dann steil an einer Felswand entlang, wobei er teilweise ausgesetzt in den Fels gehauen ist (hier geben Seile etwas Unterstützung). Über zwei kleinere Felsstufen und einen weiten Kessel gelangen wir schließlich zur **Obergemstelalpe** ③, 1694 m. Hinter der Hütte teilt sich der Weg: Rechts geht es hinauf zur Widdersteinhütte – unser Rückweg –, während wir uns links halten. Im weiten Bogen zieht sich der Weg den Nordhang des Kessels hinauf bis zur einsam gelegenen **Sterzerhütte** ④, 1859 m, wo wir – rückblickend – einen beeindruckenden Blick auf den Widderstein genießen können. Nach einem letzen, steileren Anstieg stehen wir schließlich an einer Passhöhe, 2040 m, dem Beginn einer hübschen, offenen Landschaft aus Fels und Gras. Während links der Weg weiter hinauf Richtung Geißhorn führt, halten wir uns rechts und folgen dem schmalen Pfad, der sich im Rechtsbogen allmählich wieder westwärts orientiert und sich für die nun folgende Stunde mit leichtem Auf und Ab und hin und her durch die bucklige Landschaft windet; begleitet von schönsten Ausblicken hinab ins Gemsteltal, aber vor allem über die weite Passebene des Hochtannbergpasses im Süden. Dann erreichen wir den Gemstelpass und können in

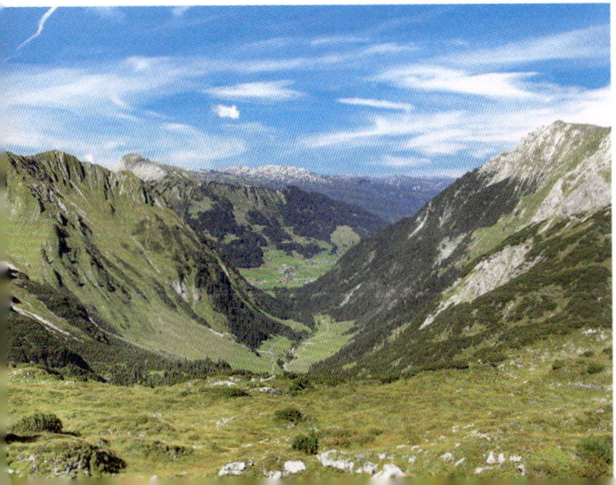

Das Gemsteltal vom Koblat

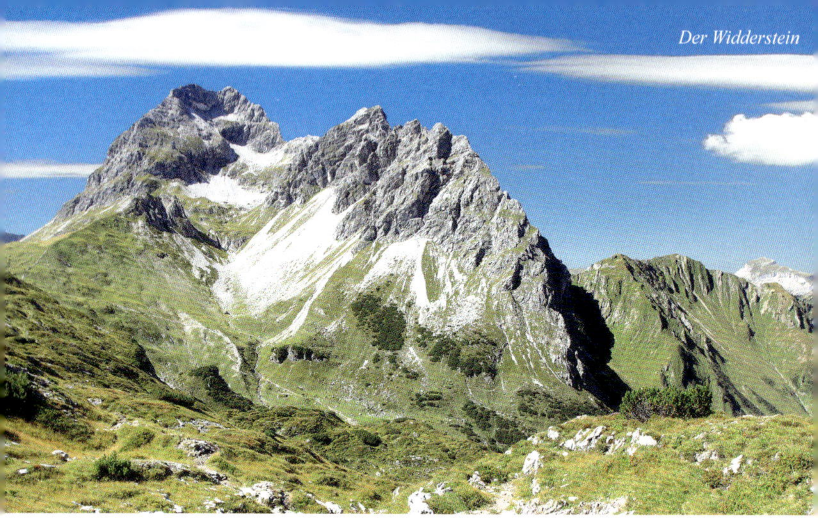

knapp 10 Minuten zur kleinen, wunderschön gelegenen und vom gewaltigen Widderstein überragten **Widdersteinhütte** ⑤, 2009 m, hinüberwandern.

Zurück am **Gemstelpass** ⑥, 1972 m, steigen wir wieder hinab in den Kessel der Obergemstelalpe, die wir nach gut 20 Minuten erreichen. Von hier führt der bereits vom Hinweg bekannte Pfad weiter hinab in den flacheren Talbereich, den wir bei der Hinteren Gemstelalpe unter die Füße bekommen.

Unser weiterer Rückweg erfolgt nun auf der westlichen Talseite: Wir passieren die **Bernhards Gemstelalpe** ⑦, 1298 m, lassen dann auch die offenen Almwiesen hinter uns und tauchen wieder in den Wald ein. Immer geradeaus auf der linken Bachseite bleibend, erreichen wir so schließlich den Talausgang und unseren Ausgangspunkt.

Wanderweg auf dem Koblat mit Biberkopf

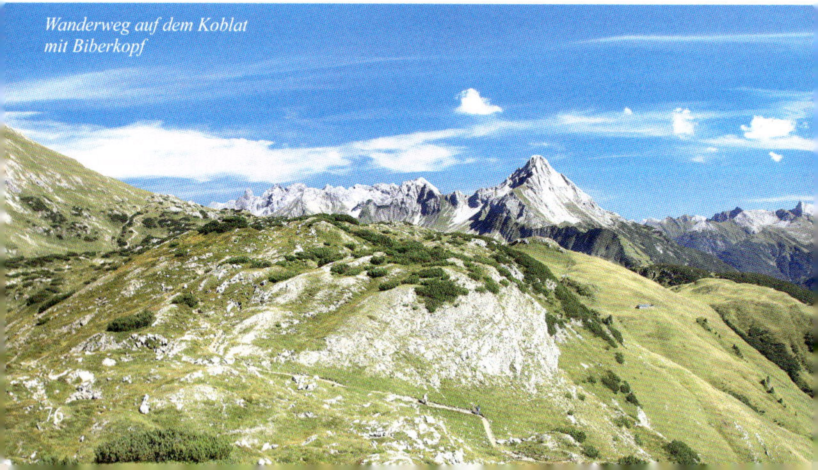

Über den Fiderepass ins Stillachtal 23

.45 Std. | 900 / 1150 | 13,7 km

Mittelberg, Ortsteil Schwendle, 1173 m. Ab Oberstdorf etwa 17 km ins Kleinwalsertal; ca. 1 km hinter Mittelberg links und ca. 1,5 km Richtung Wildental; Parkplätze entlang der Straße *(**Navi**: A-6993 Mittelberg, Schwendlestraße 5)*; Walserbus Oberstdorf–Baad im 10- bis 20-Min.-Takt bis Haltestelle »Mittelberg-Bödmen«, dort umsteigen in Linie 4 bis Haltestelle »Abzw. Schwendle« (halbstündlich).

Endpunkt: Talstation der Fellhornbahn im Stillachtal; von dort halbstündlich Busse nach Oberstdorf (Bhf.), dort Anschluss an Walserbus Oberstdorf–Baad im 10- bis 20 Min.-Takt.

Eine lange Tour, die gute Kondition voraussetzt. In den Tälern breite, gute (Fahr-)wege, oben hochalpines Gelände, oft grober Schutt auf den Wegen, teils sehr steile Passagen zum/vom Fiderepass.

Innere Wiesalpe ②; Fluchtalpe ③; Fiderepasshütte ④

Zwischen Wildental und hohen Felsgipfeln

Dank der guten Busverbindungen können wir auf dieser Wanderung Kleinwalsertal und Stillachtal zu einer schönen Streckenwanderung kombinieren. Durch das hübsche Wildental steigen wir hinauf auf den Fiderepass und kommen den mächtigen Dolomitgipfeln ganz nahe, um im Anschluss über das recht stille Warmatsgundtal abzusteigen. Eine spannende Tour voller unterschiedlicher Eindrücke.

Vom **Parkplatz Schwendle** ①, 1160 m, folgen wir der Straße bergan, passieren das Bergheim Moser und queren kurz darauf den Wildenbach. Dahinter macht der Wald Platz für freie Wiesen, durch die wir zur nahen Unteren und kurz darauf zur **Inneren Wiesalpe** ②, 1290 m, gelangen. Richtung Osten haben wir einen schönen Blick auf den Talschluss mit den hoch aufragenden Dolomitgipfeln der Schafalpenköpfe. Von der Wiesalpe wandern wir weiter auf dem breiten Fahrweg taleinwärts und erreichen bald darauf die hübsche **Fluchtalpe** ③, 1390 m. Hier endet der gemächliche Teil der Tour, denn vor uns liegt der lange Anstieg zum Fiderepass. In unzähligen Kehren windet sich

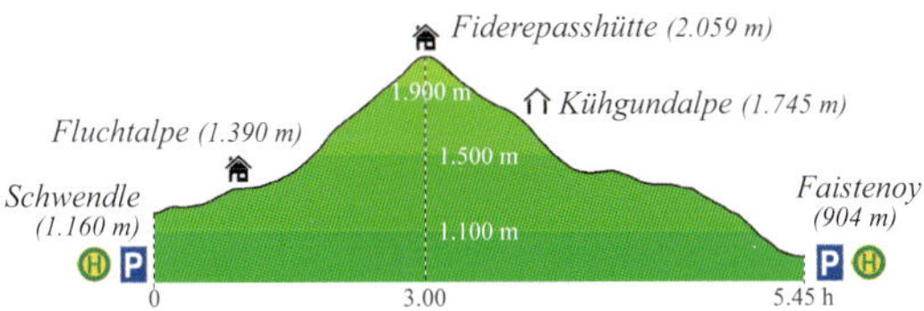

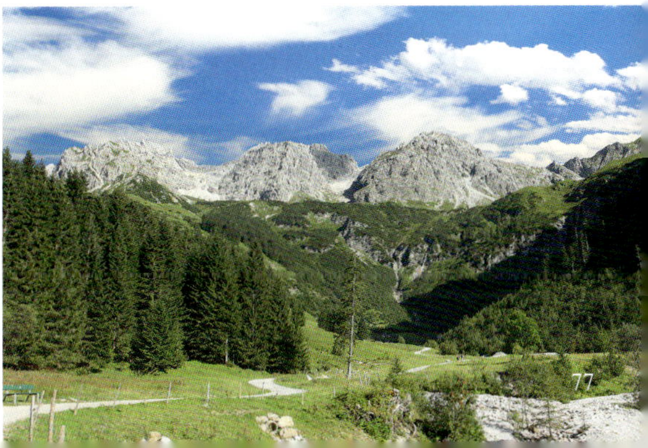

Im Wildental

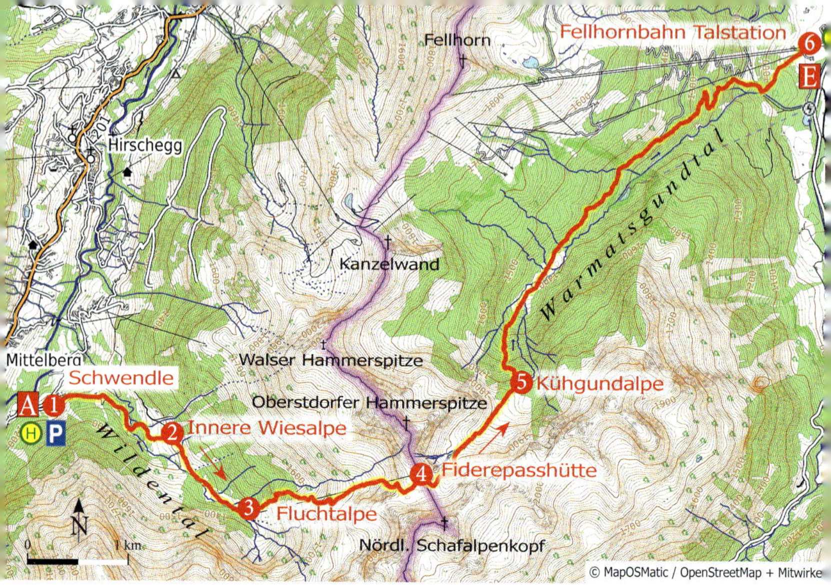

der Pfad den Wiesenhang hinauf bis zu den Hütten der Vorderen Wildenalpe, wo wir kurz durchschnaufen, ehe die zweite Etappe – nach gemächlichem Beginn – erneut steil und in vielen Kehren bergwärts zieht, während sich rechts über uns hohe Felswände erheben. Dann endlich haben wir den breiten Sattel des Fiderepasses erreicht, noch wenige Meter über die buckligen Wiesen, dann stehen wir an der **Fiderepasshütte** ④, 2059 m. Die Szenerie ist wahrlich atemberaubend. Im Norden ragt die zerklüftete Oberstdorfer Hammerspitze in den Himmel, während die südliche Begrenzung des Passes von den steilen Felswänden der Schafalpenköpfe gebildet wird. Und mittendrin die ausgedehnten Wiesen der Passhöhe. Der Abstieg erfolgt Richtung Osten durch ein wannenförmiges, von mächtigem Geröll übersätes Tal. Die steilen Serpentinen gehen bald in gemächlicheres Gefälle über, und kurz darauf haben wir die Gebäude der **Kühgundalpe** ⑤, 1745 m, erreicht. Wir ignorieren Abzweige nach rechts und links und steigen geradeaus – durch ausgedehnte Krummholzbestände – weiter ins

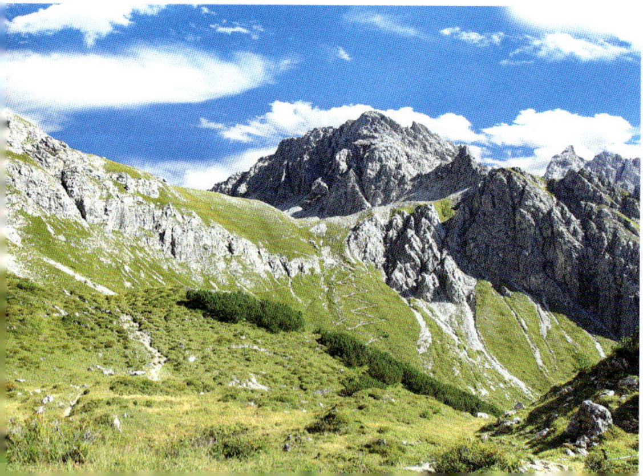

Aufstieg zum Fiderepass

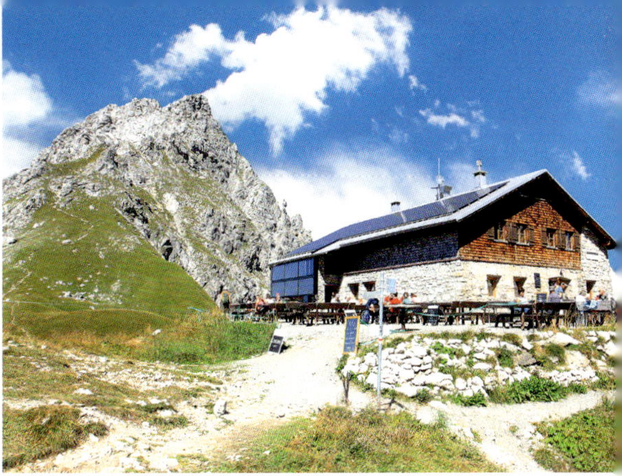

Fiderepasshütte

Warmatsgundtal ab bis zu einem hübschen Wiesengrund mitten im Tal, durch den der kleine Warmatsgundbach mäandert. In unserem Rücken ragen die dunklen Nordostwände der Hammerspitzen in die Höhe. Nachdem der Wanderweg in eine Forststraße übergegangen ist, passieren wir die Reste der Wankalpe und tauchen erneut in den Wald ein. Die Straße verliert ganz allmählich an Höhe und quert dabei die unteren Ausläufer des Fellhorngrates, bis ca. 1,5 Kilometer nach der Wiese rechts ein Wanderweg abzweigt. Auf diesem steigen wir – nun steiler – den bewaldeten Hang abwärts, kommen dem tief eingeschnittenen Warmatsgundbach wieder näher und haben bald darauf unser Ziel erreicht, die Talstation der Fellhornbahn. Nun muss nur noch der gewaltige Parkplatz überquert werden auf dem Weg zur Bushaltestelle an der **Stillachbrücke** ⑥, 904 m.

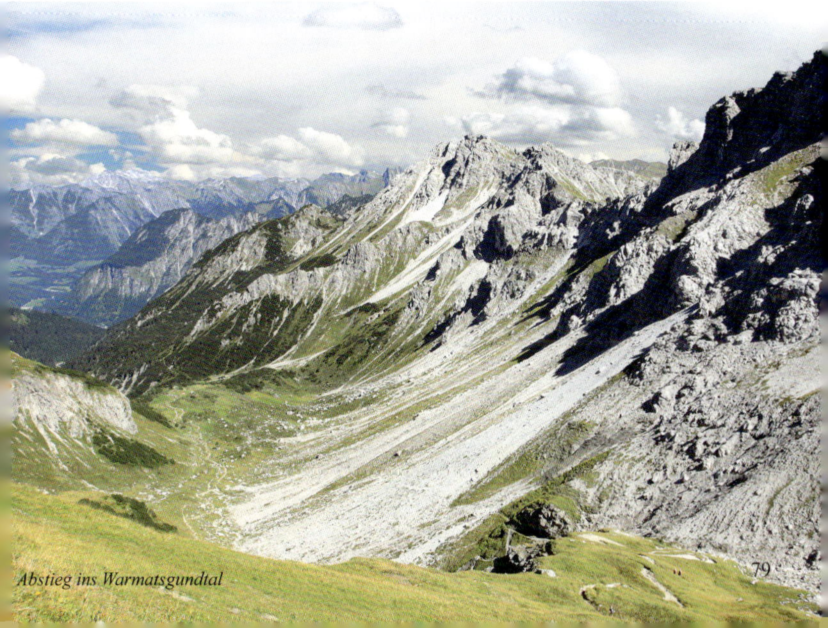

Abstieg ins Warmatsgundtal

24 Ins Wildental

3 Std. | 320 / 250 | 9,3 km

Riezlern, 1087 m. Ab Oberstdorf etwa 11 km ins Kleinwalsertal, Parkplätze am südlichen Ortsende bei der Kanzelwandbahn *(**Navi**: A-6991 Riezlern, Walserstraße 68)*; Bus Oberstdorf–Baad im 10- bis 20-Min.-Takt, Haltestelle »Kanzelwandbahn«.

Endpunkt: Mittelberg-Schwendle; Bushaltestelle »Abzweig Schwendle«; halbstündlich nach Mittelberg, dort Anschluss an Walserbus Baad–Oberstdorf (alle 10–20 Min.).

Trotz einiger Steigungen insgesamt eine eher leichte Wanderung; breite Wege, überwiegend Schotter.

Innere Wiesalpe ②; Fluchtalpe ③; Untere Wiesalpe ④ u.a.

Almwanderung unterhalb der Schafalpenköpfe

Ein weiteres schönes Seitental des Kleinwalsertals ist das Wildental, das sich gegenüber von Mittelberg zwischen die hohen Gipfel schiebt. Wir nähern uns dem Tal über offene, sonnendurchflutete Wiesenhänge und wandern – vorbei an urigen Almhütten und entlang des Wildenbaches – bis zur schmucken Fluchtalpe am Talende. Die Dolomitgipfel der Schafalpenköpfe, die Walser Hammerspitze und der Zwölferkopf bilden den beeindruckenden Rahmen. Eine abwechslungsreiche Tour, ganz ohne Gipfelerlebnis, aber mit schönen Ausblicken und viel Almidylle.

Genau gegenüber dem Parkplatz am Rand von **Riezlern** ①, 1087 m, folgen wir der 'Zwerwaldstraße' südwärts. Auf der ebenen Teerstraße passieren wir vereinzelte Wohnhäuser sowie einen Campingplatz, ehe wir uns nach etwa einem Kilometer an einem Abzweig links halten. In einem kurzen, aber steilen Anstieg lassen wir den Ort hinter uns und erreichen bald weite, offene Wiesenhänge; vereinzelt taucht ein Bauernhaus am Weg auf. An verschiedenen Abzweigungen halten wird uns immer mehr oder weniger

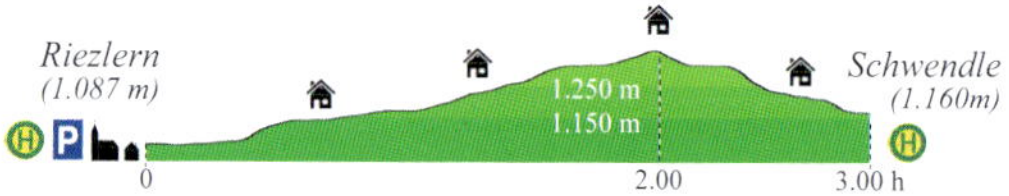

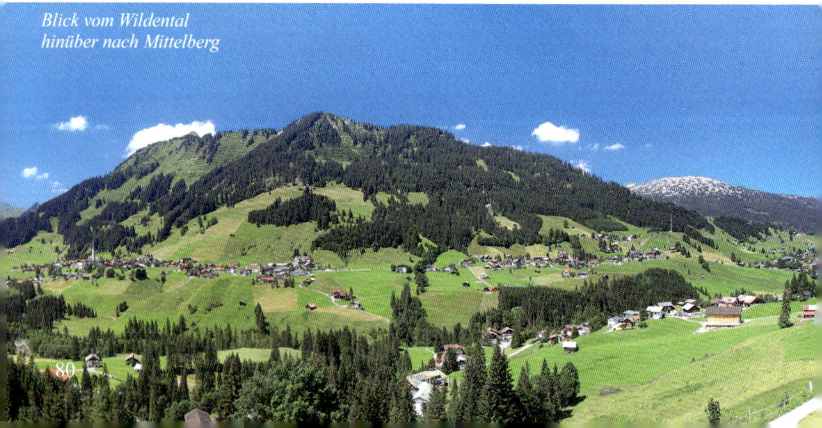

Blick vom Wildental hinüber nach Mittelberg

geradeaus und gewinnen so allmählich an Höhe. Bald rückt rechts vor uns auf der anderen Talseite der Ort Mittelberg ins Blickfeld, überragt von den steilen Osthängen des Walmendinger Horns. Ganz im Süden dominiert der wuchtige Widderstein die Szenerie. Fast unmerklich biegt unser Weg schließlich allmählich nach Südosten ein und verläuft mit einigen kurzen steilen Passagen in Richtung Wildental. Während rechts unter uns im bewaldeten Talboden der Wildenbach talwärts fließt, bleibt unser Weg immer auf den sonnendurchfluteten Wiesenhängen. Ein letzter steiler Anstieg ist zu bewältigen, dann haben wir die schöne **Innere Wiesalpe** ②, 1290 m, erreicht. Das Tal wird nun zusehends wilder, ohne dass sich auf dem breiten Schotterweg etwas am Spaziergang-Charakter der Wanderung ändert. Der Talboden wird enger, und auch der Wildenbach verläuft bald direkt neben dem Weg. Schließlich erreichen wir die hübsche **Fluchtalpe** ③, 1390 m. Hoch über uns erhebt sich der zackige Felsgrat der drei Scha-

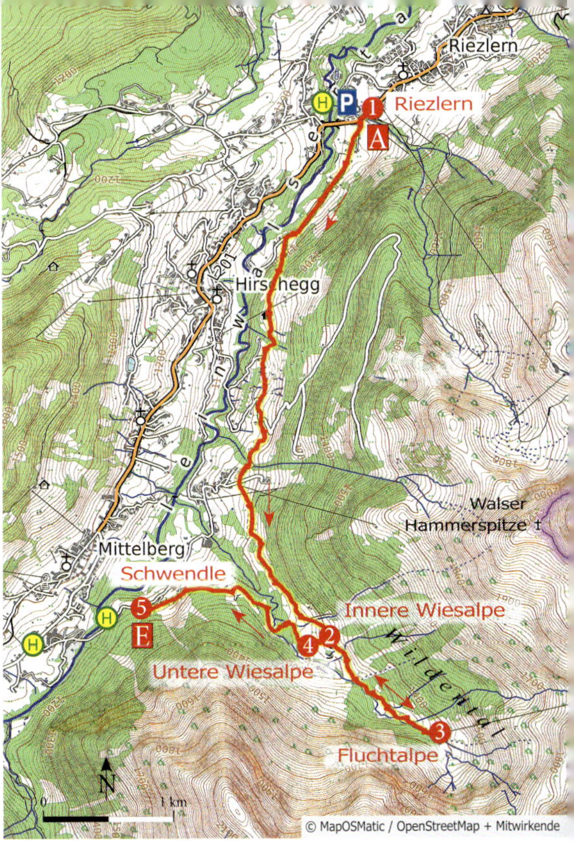

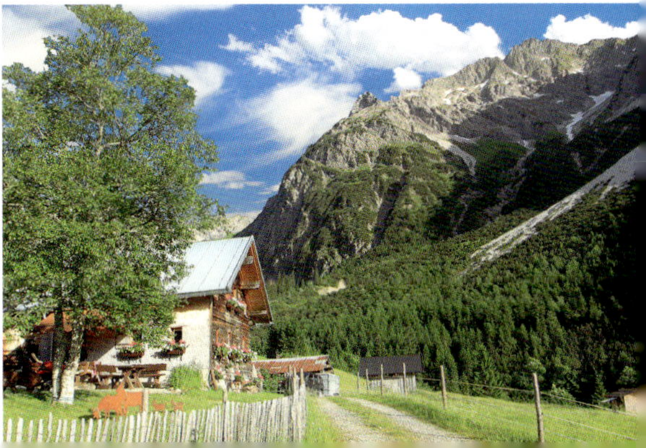

Untere Wiesalpe

falpenköpfe, über deren Kammlinie der Mindelheimer Klettersteig verläuft.

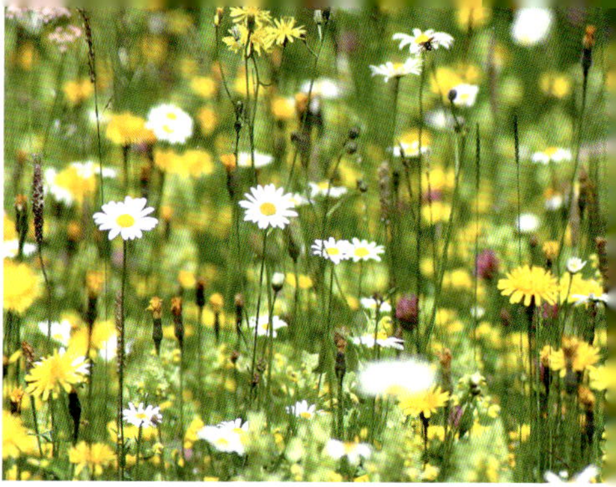

Jenseits der Hütte wird das Gelände steiler, sodass wir hier umkehren. Wir wandern zurück zur Inneren Wiesalpe, halten uns dort links und steigen hinab zur nahegelegenen **Unteren Wiesalpe** ④, 1257 m, einer alten, urigen Hütte mit gemütlichem Biergarten.

Unterhalb der Hütte folgen wir einem breiten Wirtschaftsweg, queren den Wildenbach und wandern schließlich auf der südlichen Talseite durch dichten Wald talauswärts. Beim Bergheim Moser (1201 m) geht der Forstweg in eine Teerstraße über, auf der wir schließlich – am Gasthof Schwendle vorbei – zur **Bushaltestelle »Abzweig Schwendle«** ⑤, 1160 m, gelangen. Wer ohne weiteres Umsteigen direkt zu den Bussen der Hauptlinie 1 gelangen möchte, kann alternativ noch einen weiteren Kilometer zu Fuß entlang der wenig befahrenen Straße dranhängen und gleich bis zur Hauptstraße jenseits der Breitach laufen (Bushaltestelle »Bödmen«).

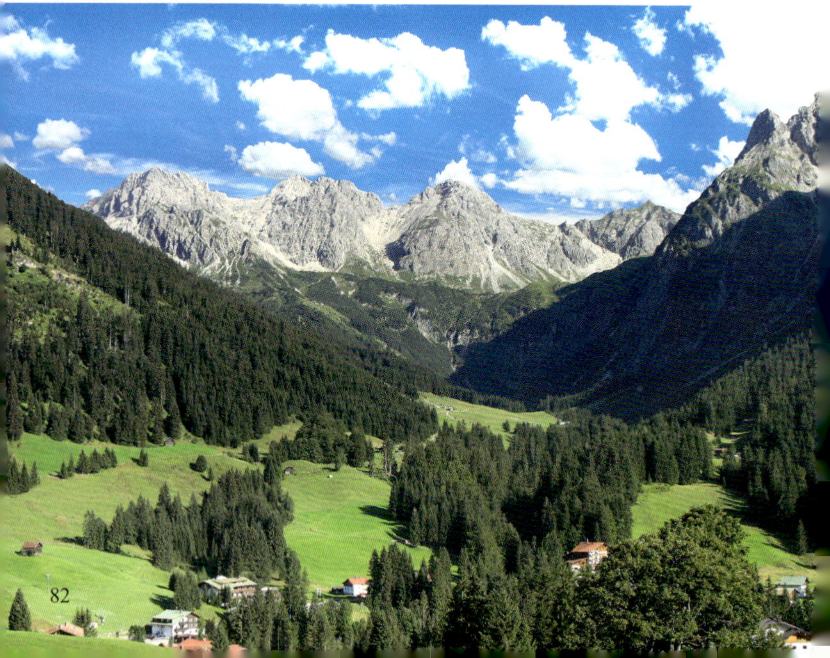

Walser Hammerspitze und Kuhgehrenspitze 25

5 Std. | 450 Hm | 5,7 km

Riezlern, Kanzelwandbahn, 1087 m. Ab Oberstdorf etwa 11 km ins Kleinwalsertal, Talstation und Parkplätze am südlichen Ortsende von Riezlern *(**Navi**: A-6991 Riezlern, Walserstraße 68)*; Walserbus Oberstdorf–Baad im 10- bis 20-Min.-Takt, Haltestelle »Kanzelwandbahn«.

Kanzelwandbahn: Kleinkabinenbahn, Betrieb ca. Mitte Mai–Ende Oktober, 8.30–16.45 Uhr, www.ok-bergbahnen.com, Talstation 1087 m, Bergstation 1957 m.

Alpines Gelände; der teils recht schmale Felsgrat zur Walser Hammerspitze setzt unbedingt Trittsicherheit und Schwindelfreiheit voraus. Der Abstieg Richtung Kuhgehrenspitze ist auch steil, aber leichter.

Variante: Wer sich die Kletterei über den Grat nicht zutraut, kann die Hammerspitze auch über den im Text beschriebenen Rückweg (via Westflanke) besteigen.

Panoramarestaurant Kanzelwand ②; Adlerhorst ⑥

82 Wildental und chafalpenköpfe

Leichte Kletterei mit wunderschöner Aussicht

Die Kanzelwandbahn bringt die Urlauber in Scharen hinauf zur Bergstation, aber dank des umfangreichen Tourenangebots verläuft es sich oben etwas. Insbesondere auf dieser hier vorgestellten Tour geht es recht ruhig zu, was an dem etwas ausgesetzten Gratweg beim Aufstieg liegt, für den man eine gewisse Kraxel-Begeisterung mitbringen sollte. Auf schmalen, Pfaden geht es hinauf auf die Walser Hammerspitze, einen der herrlichsten Aussichtsberge des Kleinwalsertals. Und auf dem Rückweg kommen wir noch in den Genuss der stillen Kuhgehrenspitze. Eine recht kurze Tour mit großen Panoramen!

Nach Auffahrt mit der Seilbahn von **Riezlern** ①, 1087 m, wandern wir von der **Bergstation** ②, 1957 m, auf dem breiten Kamm geradeaus auf die Felskuppe der Kanzelwand zu. In weiten Kehren steigen wir zu einer kleinen Scharte hinauf, von der wir in wenigen Minuten links zum eigentlichen Gipfel der **Kanzelwand** ③, 2058 m, gelangen (etwas schrofiges Gelände, aber seilgesichert) und den

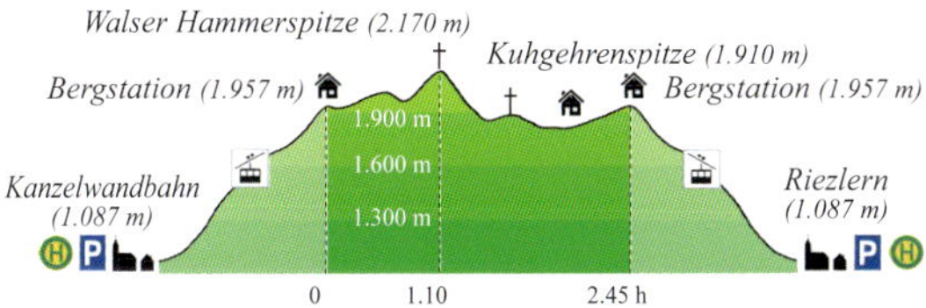

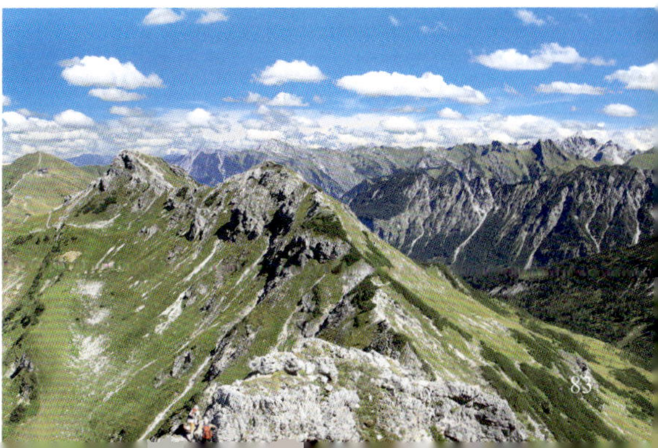

Der Gratweg zur Walser Hammerspitze

herrlichen Rundumblick genießen.

Jenseits der Scharte breitet sich unter uns das Warmatsgundtal aus, im Hintergrund überragt von den Allgäuer Alpen. Wir folgen für wenige Meter dem Weg Richtung Fiderepasshütte, umrunden einen kleinen Felssporn, wenden uns gleich dahinter nach rechts und beginnen den Aufstieg über den Grat. Es gibt keinen Wegweiser am Einstieg, aber letztlich ist der Weg nicht zu verfehlen, weil er sich immer am Kamm orientiert.

Man muss kein ausgewiesener Kletterer sein für diesen Aufstieg, aber der Grat ist schmal und felsig, der Weg nicht ganz einfach, und oft muss man die Hände einsetzen, um sich über größere Felsstufen hinaufzuziehen. Trittsichere Wanderer dürfte das aber vor keine Probleme

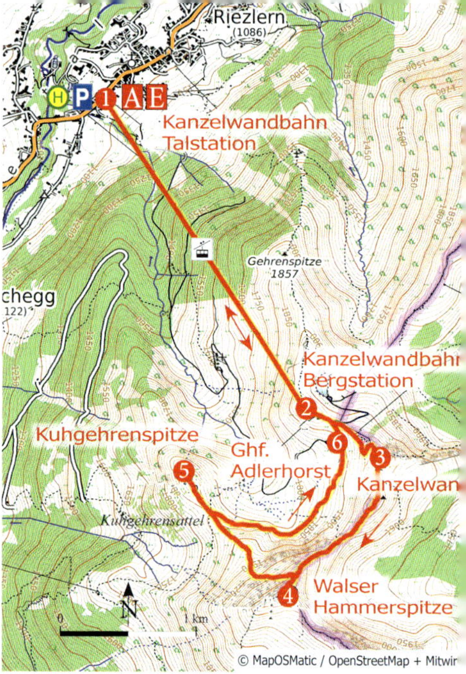

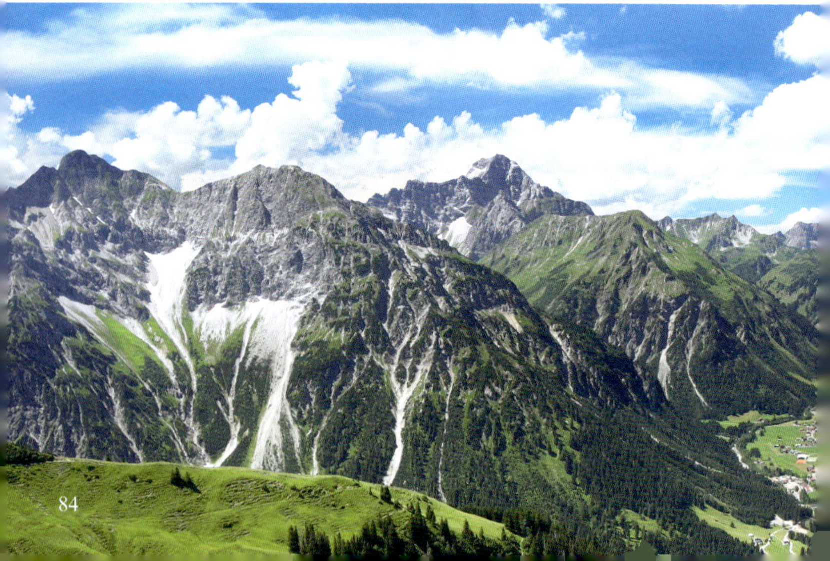

stellen. Das erste Drittel über eine kleinere Erhebung ist recht einfach; erst hinter einer kleinen Senke beginnt der knifflige Teil, bei dem man etwas mehr als sonst auf seine Schritte achten sollte. Kurz vor dem Gipfel stößt von rechts der Normalweg zu uns (unser Rückweg), dann haben wir den Gipfel der **Walser Hammerspitze** ④, 2170 m, erreicht. Ein phantastischer Rundumblick über das Kleinwalsertal erwartet uns. Und während sich die Nordostseite des Berges als jäh abstürzende Felswand präsentiert, überrascht sein steiler Südhang mit einer sonnigen Wiese.

Vom Gipfel wandern wir ungefähr 150 Meter auf dem Herweg zurück und biegen am ersten Abzweig links ab. Mit dem Hohen Ifen vor Augen, dessen schräges Gipfelplateau auf der gegenüberliegenden Talseite die Szenerie beherrscht, geht es in vielen Serpentinen einen sehr steilen und streckenweise felsigen Hang zum Kuhgehrensattel (1860 m) hinab. Hier führt links ein Weg hinunter zur Inneren Kuhgehrenalpe, während uns rechts der Rückweg Richtung Kanzelwandbahn erwartet. Vorher allerdings gönnen wir uns noch den kurzen Abstecher auf den Gipfel der **Kuhgehrenspitze** ⑤, 1910 m, einen grasbewachsenen Flyschgipfel, der sich direkt vor uns erhebt – und auf den sich trotz der schönen Aussicht nur wenige Wanderer verirren. Vom Gipfel wandern wir wieder zurück zum Kuhgehrensattel, wo wir uns links halten. Es folgt ein kurzer Abstieg durch einen von Latschen bestandenen Hang, dann steigen wir allmählich im weiten Bogen wieder Richtung Bergstation an, während rechts die steilen Felswände der Walser Hammerspitze hoch in den Himmel ragen. Zum Schluss passieren wir noch die Hütte des **Adlerhorstes** ⑥, 1880 m, dann sind es nur noch wenige Minuten auf einem breiten Schotterweg hinauf zur Bergstation. Mit der Bahn gelangen wir zurück zu unserem Ausgangspunkt in Riezlern.

Panorama von der Kuhgehrenspitze

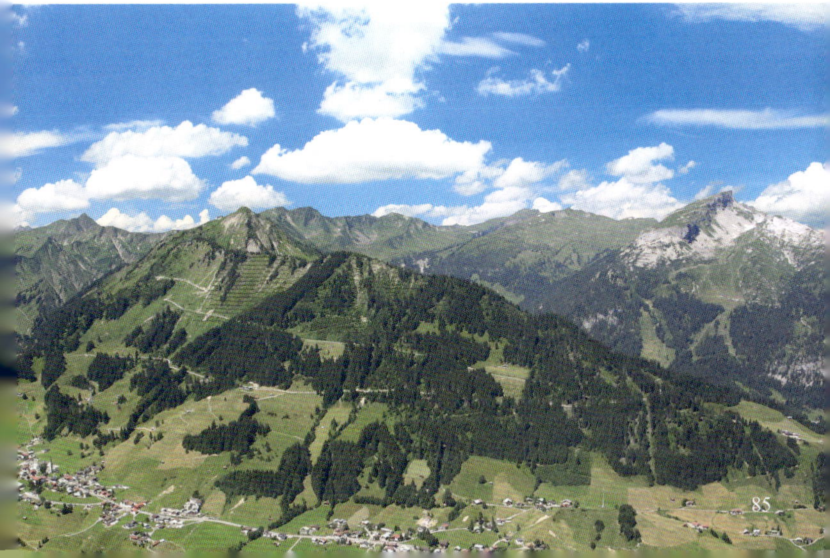

26 Von der Kanzelwand zum Fiderepass

5.45 Std. | 480 / 1380 | 14,2 km

Riezlern, Kanzelwandbahn, 1087 m. Ab Oberstdorf etwa 11 km ins Kleinwalsertal, Talstation und Parkplätze am südlichen Ortsende von Riezlern *(**Navi**: A-6991 Riezlern, Walserstraße 68);* Walserbus Oberstdorf–Baad im 10- bis 20-Min.-Takt, Haltestelle »Kanzelwandbahn«.

Kanzelwandbahn: Kleinkabinenbahn, Betrieb ca. Mitte Mai–Ende Oktober, 8.30–16.45 Uhr, www.ok-bergbahnen.com, Talstation 1087 m, Bergstation 1957 m.

Alpines Gelände; ordentliche Wege zur Fiderepasshütte und auf dem Höhenweg über dem Wildental, die Abstiege hinter dem Fiderepass und von der Kuhgehrenalpe hinab nach Höfle sind teilweise recht steil.

Panoramarestaurant Kanzelwand ②; Fiderepasshütte DAV ⑤; Innere Kuhgehrenalpe ⑦

Auf stillen Wegen zu schroffen Dolomitgipfeln

Die Kanzelwandbahn erschließt ein ungemein abwechslungsreiches Tourengebiet. Während der Gratweg zum Fellhorn und auch der direkte Weg zur Inneren Kuhgehrenalpe ziemlich überlaufen sind, erwartet uns hier eine etwas ruhigere Tour durch das obere Warmatsgundtal hinüber zur Fiderepasshütte, die zwischen schroffen Dolomitgipfeln auf der gleichnamigen Passhöhe thront. Der Rückweg erfolgt auf einem aussichtsreichen Höhenweg hoch über dem Wildental und schließlich steil bergab ins Tal zum Ausgangspunkt.

Zunächst geht es von **Riezlern** ①, 1087 m, mit der Seilbahn nach oben. Auf dem kleinen Plateau vor der **Bergstation** ②, 1957 m, herrscht meist ein ziemlicher Betrieb, den wir auf dieser Tour aber recht schnell hinter uns lassen. Wir steuern den felsigen Gipfel der Kanzelwand an, der sich direkt vor uns erhebt. Es sind nur wenige Serpentinen, und schon haben wir eine Scharte erreicht; der eigentliche Gipfel der **Kanzelwand** ③, 2057 m, liegt links über uns und ist in wenigen Minuten über etwas schrofiges Gelände mit Seilsicherung zu erklimmen. Ein Aufstieg ist unbe-

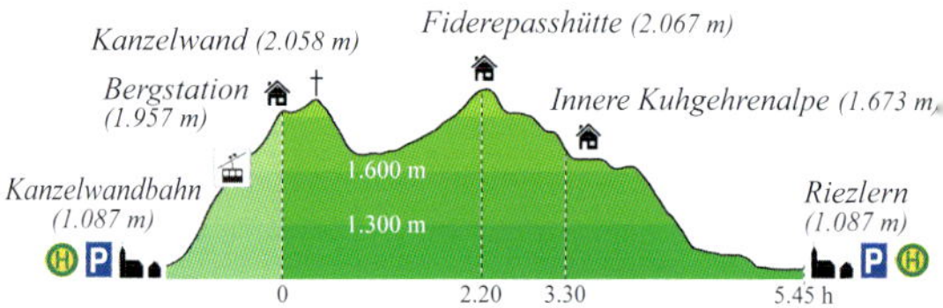

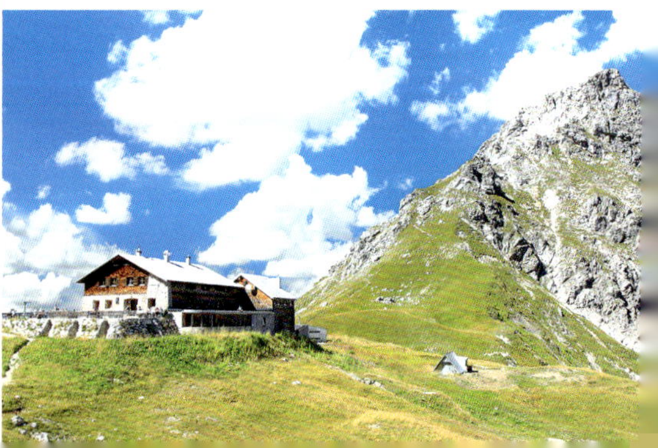

Fiderepasshütte und Oberstdorfer Hammerspitze

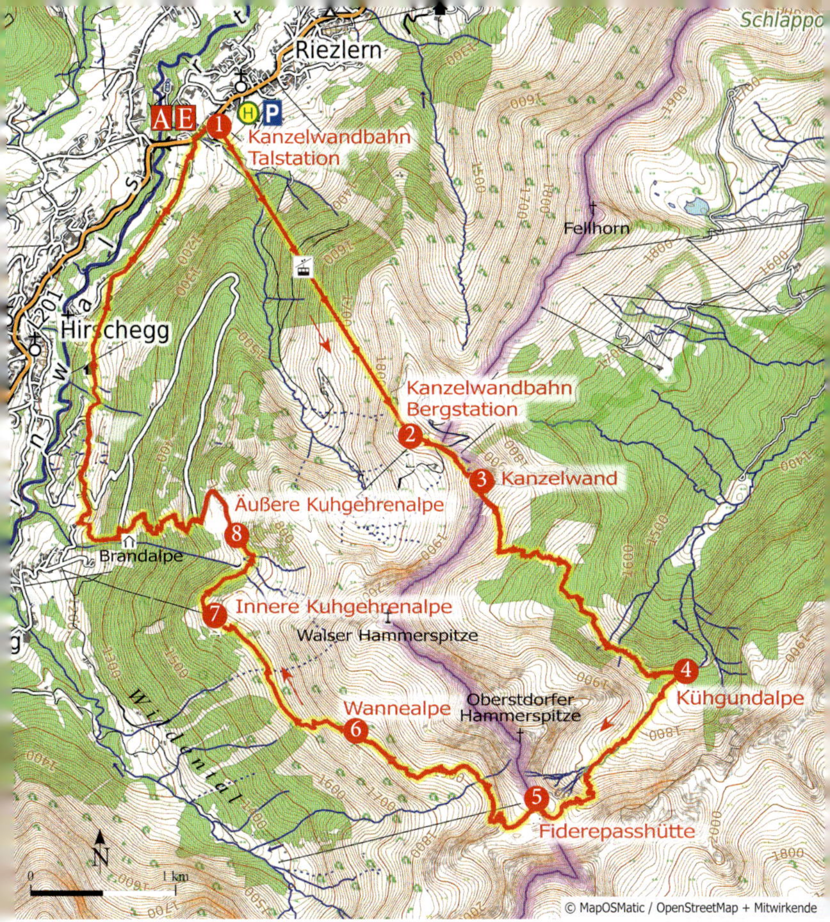

dingt lohnenswert, denn von oben bietet sich ein herrliches Panorama über das gesamte Kleinwalsertal. Direkt hinter der Scharte beginnt der Abstieg ins Warmatsgundtal, ein Seitental des Stillachtales (Wegweiser »Fiderepasshütte«). Es geht steil gut 250 Höhenmeter bergab, bis wir auf einen breiteren Weg stoßen, der von links (vom Fellhorn) herüberführt. Hier halten wir uns rechts und wandern mit nur leichtem Auf und Ab südostwärts über die offenen Hänge, die nur hier und da von lichtem Latschengestrüpp bedeckt sind. Rechts über uns recken sich die abweisenden Dolomitwände von Walser und Oberstdorfer Hammerspitze in die Höhe. Schon bald haben wir die beiden (aufgegebenen) Hütten der **Kühgundalpe** ④, 1744 m, erreicht.

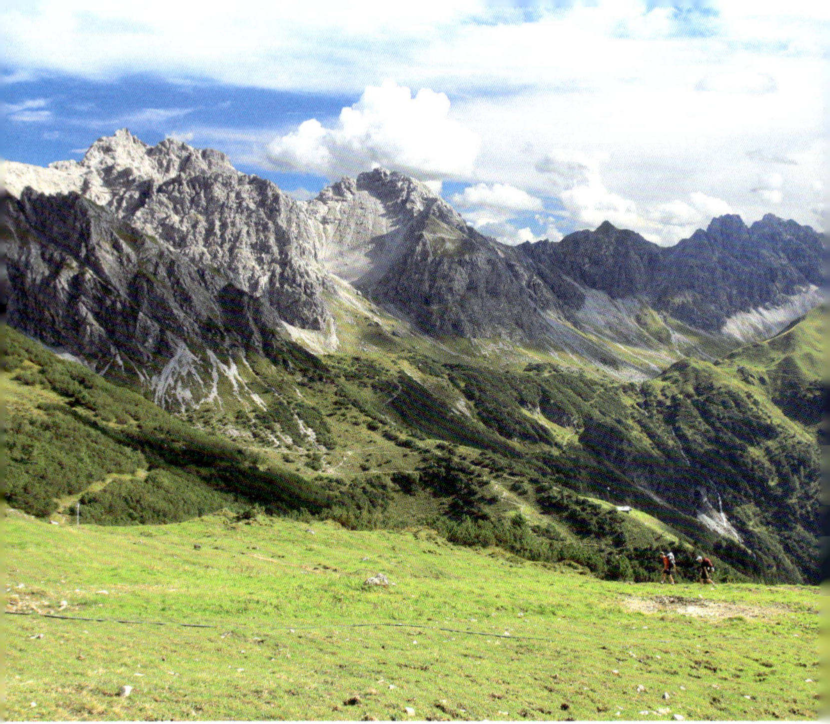

Hier beginnt unser Aufstieg durch ein enges, geröllübersätes Tal. Gegen Ende des Anstiegs erwarten uns noch ein paar steilere Serpentinen, dann haben wir die weite, bucklige Wiesenschulter des Passes erreicht, auf der die **Fiderepasshütte** ⑤, 2065 m, thront, überragt von den mächtigen Felsgipfeln der Oberstdorfer Hammerspitze und des Nördlichen Schafalpenkopfs. Mit scharfen Augen kann man auf Letzterem oft Bergsteiger entdecken, die von dort die Überschreitung der Schafalpenköpfe auf dem Mindelheimer Klettersteig in Angriff nehmen.

Wir haben nun allerdings einen Abstieg vor uns. Vom Fiderepass geht es in westlicher Richtung einige Minuten steil und teilweise auf etwas unangenehm gerölligem Untergrund bergab bis zu einem Abzweig, der uns rechts den Weg Richtung »Innere Kuhgehrenalpe« weist. Vor uns liegt ein wunderschöner Höhenweg mit freiem Blick über das Wildental und die umgebenden Berggipfel. Anfangs sind noch einige Schuttfächer zu queren, dann haben wir die Latschen-Höhenstufe erreicht. Gemütlich geht es oberhalb des Wildentales hinüber zur **Wannealpe** ⑥, 1821 m (hier stößt von rechts der steile Abstieg von der Hammerspitze zu uns). Wir halten uns geradeaus und wandern – anfangs kurz steil bergab, dann wieder angenehm flach – knapp oberhalb der Baumgrenze hinüber zur **Inneren Kuhgehrenalpe** ⑦, 1673 m, die aussichtsreich am

Bild oben: Die Schafalpenköpfe hoch über dem Wildental

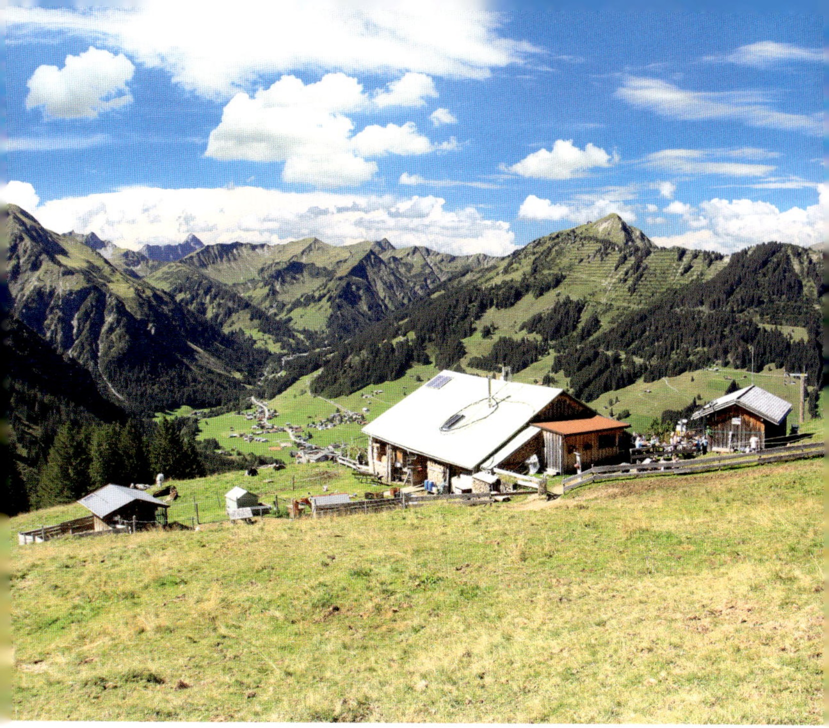

unteren Rand eines offenen Wiesenhanges liegt. Von dort folgen wir dem Schild **»Äußere Kuhgehrenalpe«** ⑧, 1600 m, die wir nach etwa 20 Minuten über einen zwar weitgehend ebenen, aber manchmal etwas feuchten Pfad erreichen. Hier beginnt die letzte Etappe des langen, steilen Abstiegs: In weiten Serpentinen, abwechselnd durch Wald und offene Wiesenhänge, bewältigen wir rund 400 Höhenmeter und stoßen kurz unterhalb der Brandalpe auf eine Teerstraße und vereinzelte Häuser. Ab hier hat der weitere Rückweg eher den Charakter eines Spaziergangs. Wir wenden uns nach rechts und 400 Meter weiter an einem Abzweig erneut nach rechts. Von hier ist es noch eine knappe Stunde Fußweg zurück zum Ausgangspunkt. (Wer einfach nur zur nächstgelegenen Bushaltestelle gelangen möchte, kann auch hinunter zur Breitach und auf der anderen Talseite leicht bergauf in etwa 30 Minuten nach Hirschegg wandern.)
Um zum Ausgangspunkt in Riezlern zu gelangen, verlassen wir schließlich die Teerstraße und biegen rechts in den Wanderweg nach Riezlern ein. Ein breiter, angenehm zu gehender Weg mit einigen kurzen, knackigen Steilstrecken, der uns durch Wald und offene Wiesen nordwärts führt, erwartet uns. Bald nähern wir uns dem Ort Riezlern, passieren einen Campingplatz und haben schließlich die Runde vollendet.

Bild oben: Die Innere Kuhgehrenalpe

27 Von der Kanzelwand zur Mindelheimer Hütte

7.15 Std. | 725 / 1610 | 15,9 km

Riezlern, Kanzelwandbahn, 1087 m. Ab Oberstdorf etwa 11 km ins Kleinwalsertal, Talstation und Parkplätze am südlichen Ortsende von Riezlern *(**Navi**: A-6991 Riezlern, Walserstraße 68)*;
Bus Oberstdorf–Baad im 10- bis 20-Min.-Takt, Haltestelle »Kanzelwandbahn«.

Kanzelwandbahn: Kleinkabinenbahn, Betrieb ca. Mitte Mai–Ende Oktober, 8.30–16.45 Uhr, www.ok-bergbahnen.com, Talstation 1087 m, Bergstation 1957 m.

Endpunkt: Mittelberg, Ortsteil Schwendle, Bushaltestelle »Abzweig Schwendle«; halbstündlich nach Mittelberg, dort Anschluss an Walserbus Baad–Oberstdorf (alle 10–20 Min.).

Eine lange Tour für ausdauernde und konditionsstarke Wanderer; hochalpines Gelände mit überwiegend guten Wegen im Übergang zwischen alpinen Matten und Schotter. Abstieg von der Kemptner Scharte hinab ins Wildental sehr steil und ausgesetzt; nur für sehr geübte Wanderer!

Panoramarestaurant Kanzelwand ②; Mindelheimer Hütte DAV ⑦; Fluchtalpe ⑩; Innere Wiesalpe ⑪ u.a.

Traumtour hinüber ins Rappenalptal

Eine sehr lange Wanderung – und sicherlich eine der schönsten in diesem Buch. Von der Kanzelwand geht es entlang hoch aufragender Dolomit-Felswände durch die oberen Ausläufer des Warmatsgundtales, das sich im Vergleich zum Trubel auf dem Gratweg zwischen Kanzelwand und Fellhorn überraschend still präsentiert. Über die Roßgundscharte führt der Weg hinüber ins Rappenalptal, wo uns der großartige Krumbacher Höhenweg hinüber zur Mindelheimer Hütte leitet – immer die prächtigen Gipfel des Allgäuer Hauptkamms vor Augen. Der Abstieg hinunter ins schöne Wildental ist steil und setzt unbedingt Trittsicherheit voraus.

Nach der Auffahrt von **Riezlern** ①, 1087 m, mit der Seilbahn hinauf zur **Kanzelwand-Bergstation** ②, 1957 m, haben wir bereits unser erstes Gipfelziel nah vor Augen und folgen dem Weg, der sich vor uns in einigen Serpentinen zu einer Scharte hinaufzieht. Von dort sind es nur wenige Schritte – allerdings etwas felsig und grusig – zum **Kanzelwand-Gipfel** ③, 2057 m, der mit einer großartigen Rundsicht belohnt. Direkt hinter der Scharte beginnt

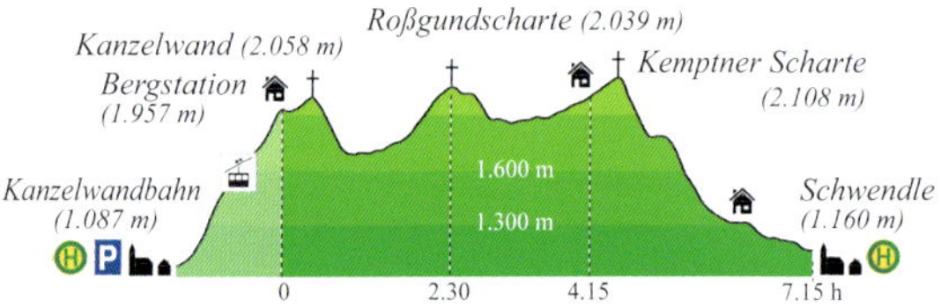

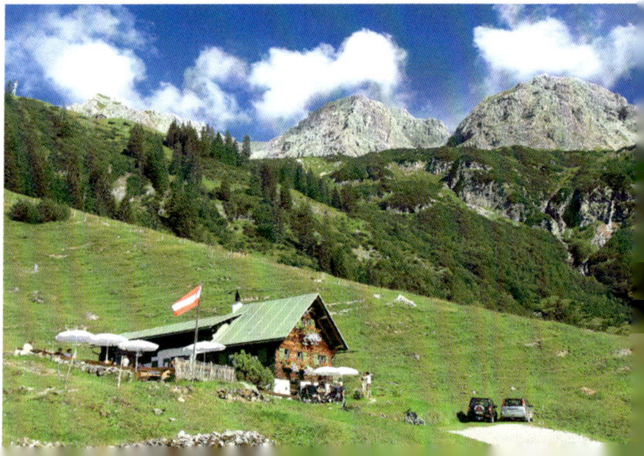

 Fluchtalpe im Wildental

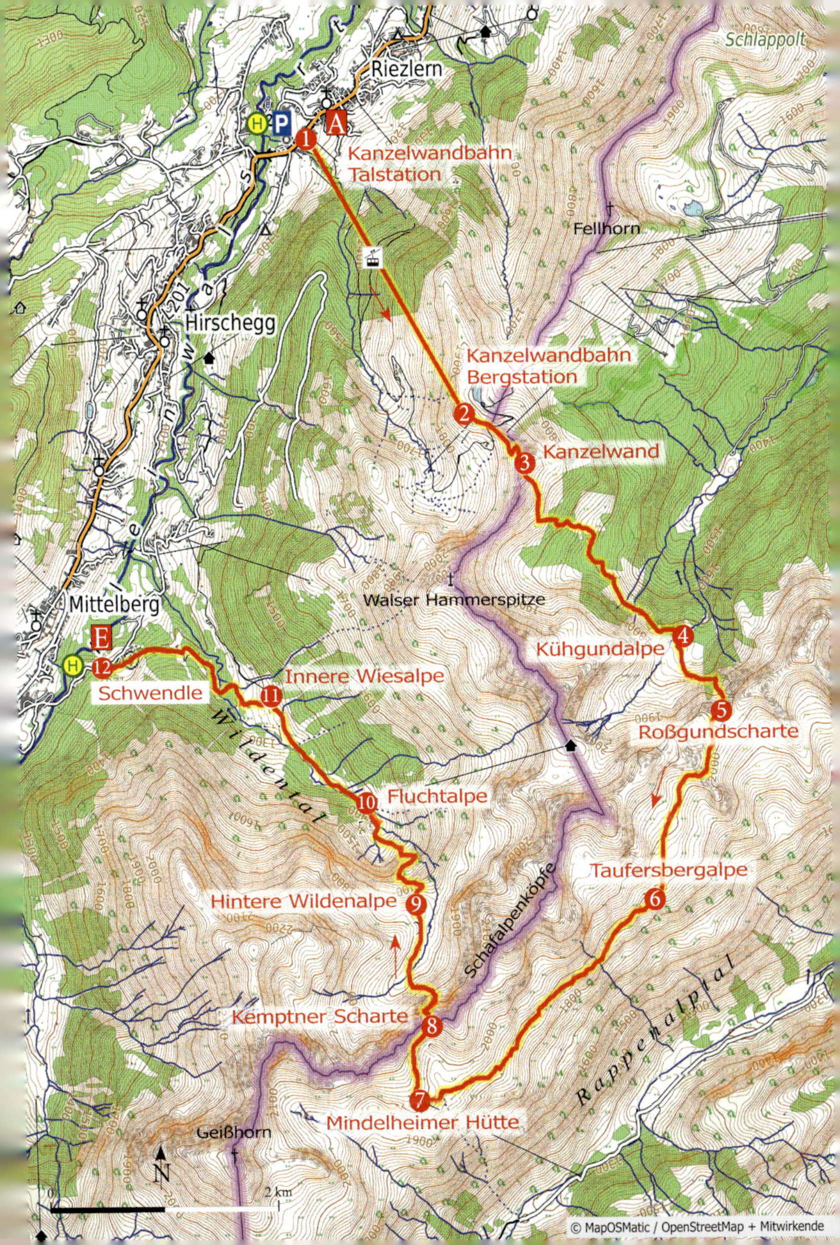

Schlappolt
Riezlern
A
Kanzelwandbahn Talstation
Fellhorn
Hirschegg
Kanzelwandbahn Bergstation
Kanzelwand
Walser Hammerspitze
Mittelberg
E
Kühgundalpe
Schwendle
Innere Wiesalpe
Roßgundscharte
Wildental
Fluchtalpe
Taufersbergalpe
Schafalpenköpfe
Hintere Wildenalpe
Rappenalptal
Kemptner Scharte
Mindelheimer Hütte
Geißhorn
N
2 km
© MapOSMatic / OpenStreetMap + Mitwirkende

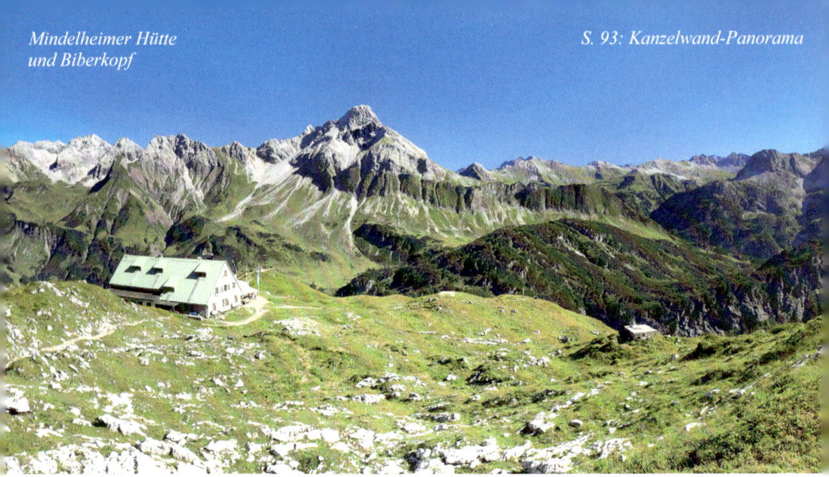

S. 93: Kanzelwand-Panorama

der Abstieg ins Warmatsgundtal (Wegweiser »Fiderepasshütte«). Es geht steil über 250 Höhenmeter bergab, bis von links ein breiterer Weg – vom Fellhorn kommend – zu uns stößt. Hier wenden wir uns nach rechts und queren ohne größere Höhenunterschiede die steilen, offenen Hänge, die rechts von den schattigen Dolomitwänden von Walser und Oberstdorfer Hammerspitze überragt werden. Bald haben wir einen kleinen Alpboden mit den beiden (aufgegebenen) Hütten der **Kühgundalpe** ④, 1744 m, erreicht, wo wir einem Wegweiser rechts in Richtung Fiderepasshütte und Mindelheimer Hütte folgen; um aber gleich hinter den Hütten an der nächsten Gabelung wieder links abzubiegen. Unser Weg windet sich einen steilen, von einzelnen Felsbrocken übersäten Hang hinauf, ehe das letzte Stück in engen Serpentinen durch felsiges Terrain hinauf zur **Roßgundscharte** ⑤, 2039 m, ansteigt.

Angesichts der schroffen und steilen Dolomitwände rechts und links überrascht die Scharte als breiter, buckliger Wiesenrücken unterhalb des Roßgundkopfes. Auf der gegenüberliegenden Seite öffnet sich ein wunderbares Panorama mit der beeindruckenden Kette des Allgäuer Hauptkammes und den markanten Felsgipfeln von Trettachspitze und Mädelegabel.

Es folgt noch ein kurzer Anstieg, dann passieren wir ein breites Felsentor und haben freien Blick auf das imposante hintere Rappenalptal. Vor uns, überragt von den hoch aufragenden Ostwänden der Schafalpenköpfe, liegt ein weites, schuttgefülltes Kar, durch das wir in weitem Bogen allmählich bis zu einem Abzweig in der Nähe der einsam gelegenen Hütte der **Taufersbergalpe** ⑥, 1880 m, absteigen. Dort halten wir uns rechts und steuern – über den herrlichen Krumbacher Höhenweg – die Mindelheimer Hütte an. Auf den folgenden zwei Kilometern verläuft der Weg ohne größeres Auf und Ab südwestwärts, immer oberhalb der Baumgrenze und mit einem wunderschönen Panorama. Rechts über uns zieht sich die lange, felsige Kette der Schafalpenköpfe entlang, über die der Mindelheimer Klettersteig verläuft, und auf der gegenüberliegenden Seite des Rappenalptales erfreuen uns die gewaltigen Gipfel des Allgäuer Hauptkamms, der im markanten Biberkopf sein südliches Ende findet. Zum

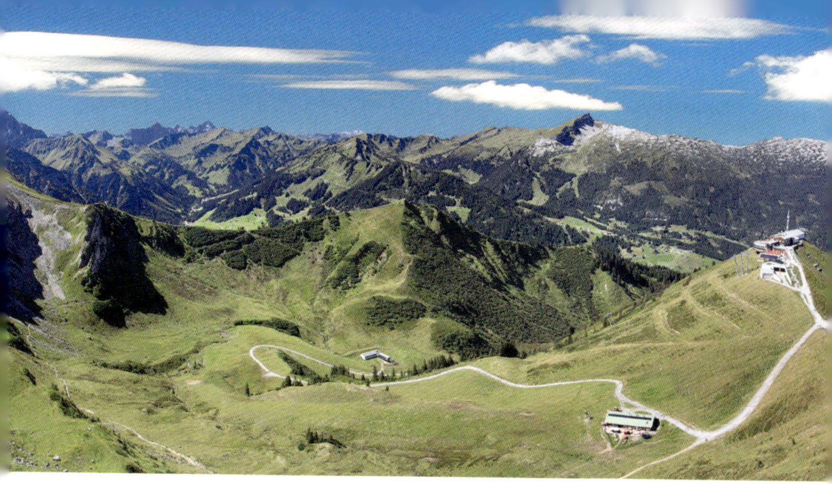

Schluss folgt noch ein etwas steilerer Anstieg, dann haben wir die **Mindelheimer Hütte** ⑦, 2013 m, erreicht.
Zwar stellt die Hütte so etwas wie den Wendepunkt der Tour dar, allerdings haben wir den höchsten Punkt noch nicht erreicht. Dazu steuern wir den sich nördlich über uns erhebenden, nahen Felsgrat an und wandern hinauf zur **Kemptner Scharte** ⑧, 2108 m. Für viele Bergsteiger markiert sie den südlichen Einstieg zum Mindelheimer Klettersteig, der über die Schafalpenköpfe hinüber zur Fiderepasshütte verläuft. Wir hingegen beginnen hier unseren Abstieg, der auf den ersten Blick allerdings kaum einfacher aussieht als ein Klettersteig. Direkt hinter der extrem schmalen Scharte geht es geradezu erschreckend steil hinunter ins Wildental. Trittsicherheit und Schwindelfreiheit sind hier unbedingt erforderlich, Teleskopstöcke hilfreich. Der Abstieg ist letztlich allerdings harmloser, als man auf den ersten Blick befürchten mag.
In zahllosen Serpentinen windet sich der Pfad die Steilwand hinunter, an schrofigen Passagen geben Drahtseile zusätzlich Sicherheit. Schließlich erreichen wir den flachen Almboden der **Hinteren Wildenalpe** ⑨, 1777 m, durch den sich ein kleiner Bach schlängelt, und schreiten über die offenen Weideflächen zügig voran.
Direkt hinter der Alphütte beginnt der zweite Teil des Abstiegs, der uns erneut in unzähligen Serpentinen durch Latschenhänge steil hinunter ins Wildental und zur schön herausgeputzten **Fluchtalpe** ⑩, 1390 m, bringt. Ab hier geht es gemütlich auf einem breiten Weg entlang des Wildenbaches durch hübsche Almwiesen talauswärts, vorbei an der **Inneren Wiesalpe** ⑪, 1290 m, und kurz darauf an der Unteren Wiesalpe. Dort geht der Wanderweg in eine breite Forststraße und schließlich in eine Teerstraße über, auf der wir – vorbei am Bergheim Moser und dem Gasthof Schwendle – zur **Bushaltestelle »Abzw. Schwendle«** ⑫, 1160 m, gelangen.

Variante: Wer lieber zu Fuß zum Ausgangspunkt zurückwandern möchte, der geht ab der Inneren Wiesalpe nicht Richtung Schwendle, sondern bleibt auf der rechten Talseite und wandert nordwärts auf einfachem Weg knapp 5 km Richtung Riezlern; (ab dort 1.30 Std., 230 Hm bergab und insgesamt etwa 1 Std. länger als der Weg zur Bushaltestelle »Abzw. Schwendle« */ s. Wanderkärtchen Tour 28 / S. 95)*.

28 Von der Kanzelwand ins Wildental

5 Std. | 230 / 1100 | 13,9 km

Riezlern, Kanzelwandbahn, 1087 m. Ab Oberstdorf etwa 11 km ins Kleinwalsertal, Talstation und Parkplätze am südlichen Ortsende von Riezlern *(**Navi**: A-6991 Riezlern, Walserstraße 68)*; Walserbus Oberstdorf–Baad im 10- bis 20-Min.-Takt, Haltestelle »Kanzelwandbahn«.

Kanzelwandbahn: Kleinkabinenbahn, Betrieb ca. Mitte Mai–Ende Oktober, 8.30–16.45 Uhr, www.ok-bergbahnen.com, Talstation 1087 m, Bergstation 1957 m.

Endpunkt: Mittelberg, Ortsteil Schwendle, Bushaltestelle »Abzweig Schwendle«; halbstündlich nach Mittelberg, dort Anschluss an Walserbus Baad–Oberstdorf (alle 10–20 Min.).

Meist ordentliche Wege, teils Trampelpfade über Wiesen, teils Geröll, im Tal breiter Fahrweg; einige längere, steile Abstiege.

Panoramarestaurant Kanzelwand ②; Adlerhorst ②, Innere Kuhgehrenalpe ④, Fluchtalpe ⑤; Innere Wiesalpe ⑥

Höhenwege unterhalb der Walser Hammerspitze

Bei dem großartigen Tourenangebot rund um die Kanzelwand hat man die Qual der Wahl. Auf dieser Wanderung halten sich die Anstiege in Grenzen, es geht auf aussichtsreichen Höhenwegen zur Kuhgehrenspitze und zur Inneren Kuhgehrenalpe sowie tief ins schöne Wildental hinein, ehe ein längerer, gemütlicher Spaziergang entlang schmucker Alphütten die Tour abrundet.

Nach der Seilbahnfahrt von **Riezlern** ①, 1087 m, hinauf zur **Bergstation** ②, 1957 m, stehen wir auf einem breiten Sattel mit dem Kanzelwand-Gipfel direkt vor uns. Wir halten uns allerdings gleich rechts, folgen einem Schotter-Fahrweg für ca. 150 Meter zur Berghütte Adlerhorst, wo wir links in einen schmaleren Wanderweg einbiegen. Mit den hoch aufragenden Felswänden der Walser Hammerspitze links über uns, wandern wir auf diesem Weg in sanftem Rechtsbogen hinüber zu einem Grat, dem Kuhgehrensattel (1860 m). Von dort erreichen wir über einen schmalen Wiesengrat den Gipfel der **Kuhgehrenspitze** ③, 1910 m, mit schönem Blick über das Kleinwalsertal.

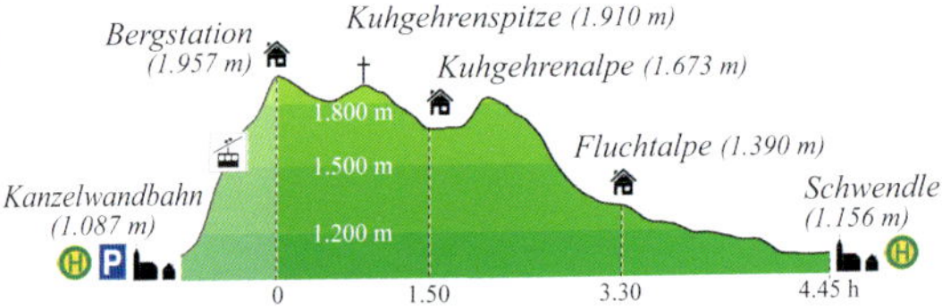

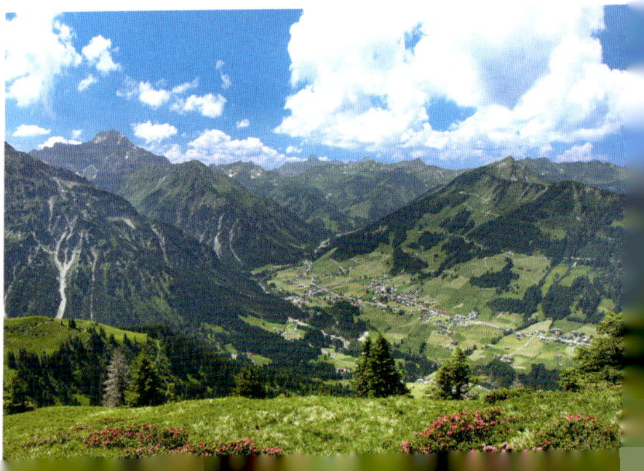

Blick von der Kuhgehrenspitze

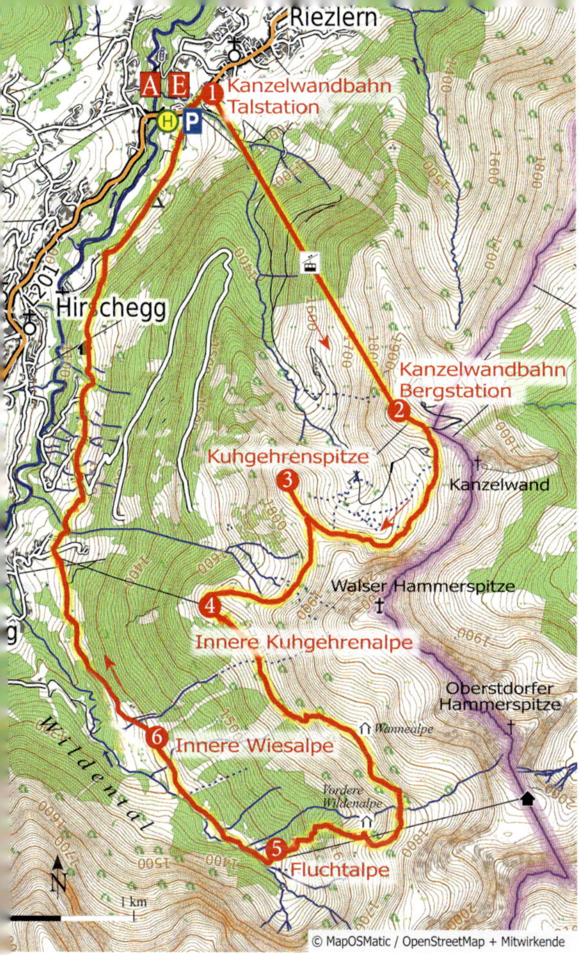

Zurück am Sattel halten wir uns südwärts, queren – leicht absteigend durch offenes Gelände – die unteren Ausläufer der Walser Hammerspitze, um schließlich recht steil über eine Wiese zur aussichtsreich gelegenen **Inneren Kuhgehrenalpe** ④, 1673 m, hinabzusteigen. Von der immer gut besuchten Hütte folgen wir einem breiten Wanderweg, der mit nur leichtem Auf und Ab ostwärts ins Wildental hineinführt. Durch Wiesen und lockere Fichten- und Latschenbestände hindurch – mit einem kurzen, aber recht kräftigen Anstieg zwischendurch – führt der schöne Wanderweg hinüber zur Wannealpe, von dessen Wiesen wir einen herrlichen Blick in den Talschluss mit seinen zahlreichen schroffen Felsgipfeln haben. Kurz hinter der Hütte zweigt rechts ein schmaler Pfad ab. Überwiegend durch dichte Latschenbestände hindurch quert der – mitunter etwas holprige und steinige – Weg die steilen Nordflanken des Tales und erreicht schließlich die Hütten der Vorderen Wildenalpe auf einer kleinen Wiesenschulter. Von hier gelangen wir auf einem serpentinenreichen Pfad über steile Wiesen hinab zur **Fluchtalpe** ⑤, 1390 m. Der weitere Rückweg im Tal erfolgt nun auf breitem Fahrweg bei gemütlichem Gefälle. Entlang des Wildenbaches wandern wir talauswärts zu den Wiesen und Hütten der **Inneren Wiesalpe** ⑥, 1298 m.

(Wer die Tour etwas abkürzen möchte, kann hier links abbiegen und in gut 30 min. die Bushaltestelle »Abzweig Schwendle« erreichen und von dort einen Bus über Mittelberg zurück nach Riezlern nehmen; zu Fuß zurück nach Riezlern wie hier beschrieben dauert etwa 90 Minuten) Wir wandern – auf der rechten Talseite – weiter über offene Wiesen talauswärts, bis bei den ersten Häusern von Höfle der Weg und das Gelände allmählich nach rechts einbiegen. Mal auf Straße, mal auf geschotterten Fußwegen geht es weiter allmählich abwärts, an einigen Kreuzungen/Abzweigen halten wir uns immer nordwärts Richtung »Riezlern«, passieren unterwegs einen Campingplatz und erreichen schließlich unseren Ausgangspunkt nahe der Kanzelwandbahn-Talstation.

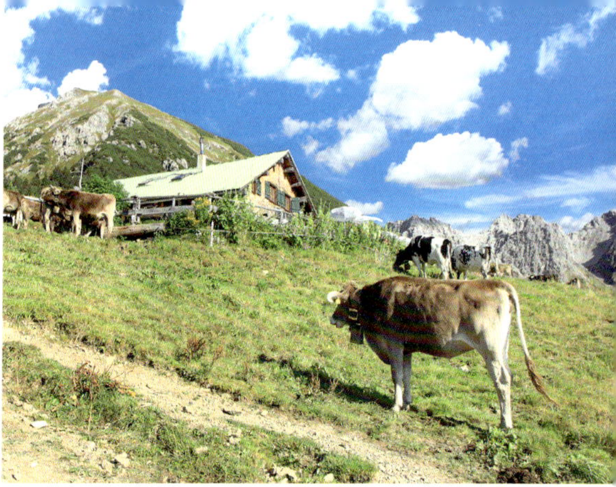

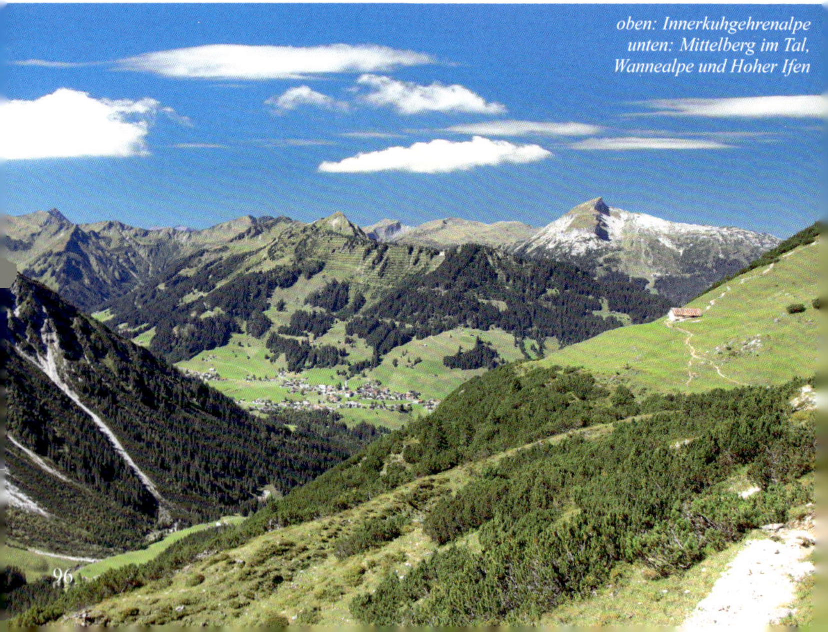

oben: Innerkuhgehrenalpe
unten: Mittelberg im Tal, Wannealpe und Hoher Ifen

5 Std. | 760 Hm | 11,3 km

Riezlern, Kanzelwandbahn, 1087 m. Ab Oberstdorf etwa 11 km ins Kleinwalsertal, Talstation und Parkplätze am südlichen Ortsende von Riezlern *(**Navi**: A-6991 Riezlern, Walserstraße 68)*; Walserbus Oberstdorf–Baad im 10- bis 20-Min.-Takt, Haltestelle »Kanzelwandbahn«.

Kanzelwandbahn: Kleinkabinenbahn, Betrieb ca. Mitte Mai–Ende Oktober, 8.30–16.45 Uhr, www.ok-bergbahnen.com, Talstation 1087 m, Bergstation 1957 m.

Alpines Gelände mit meist ordentlichen Wegen, aber auch einigen recht steilen, steinigen Passagen.

Panoramarestaurant Kanzelwand ②; Fiderepasshütte ⑤; Innere Kuhgehrenalpe ⑦; Adlerhorst ②

Großartige Tour im Schatten mächtiger Felswände

Sicherlich eine der Königstouren im Umfeld der Kanzelwand-Bergbahn. Wir wandern eine große Runde und steigen hinauf zur Fiderepasshöhe unterhalb von Oberstdorfer Hammerspitze und Schafalpenköpfen. Erkunden auf einem herrlichen Höhenweg das obere Wildental. Und genießen wunderschöne Ausblicke von den Wiesen der Inneren Kuhgehrenalpe sowie vom Gipfel der Kuhgehrenspitze. Eine ungemein abwechslungsreiche Tour!

Wir lassen uns gemütlich von **Riezlern** ①, 1087 m, hinauf zur **Seilbahn-Bergstation** ②, 1957 m, transportieren und haben gleich beim Verlassen der Gondel unser erstes Etappenziel vor Augen: Direkt vor uns erhebt sich der nahe Felsgipfel der Kanzelwand. Es sind nur wenige Kehren hinauf zu einer Scharte, wo wir uns links halten und in wenigen Minuten – über etwas schrofiges Gelände mit Seilsicherung – zur **Kanzelwand** ③, 2057 m, hinaufsteigen. Von oben bietet sich ein herrliches Panorama über das gesamte Kleinwalsertal sowie ins Stillachtal im Osten. Zurück an der Scharte erwartet uns ein längerer Abstieg

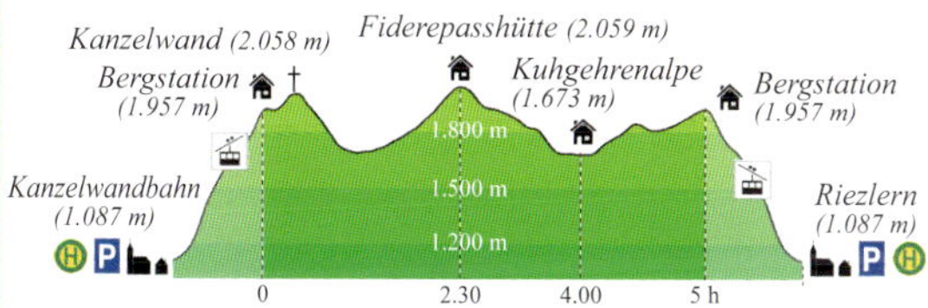

ins Warmatsgundtal, wie dieses Seitental des Stillachtales heißt (Wegweiser »Fiderepasshütte«). Es geht recht steil gut 250 Höhenmeter die Ostflanke des Berges hinab, bis wir schließlich auf einen breiteren Querweg stoßen, der von links vom Fellhorn herüberführt. Hier halten wir uns rechts

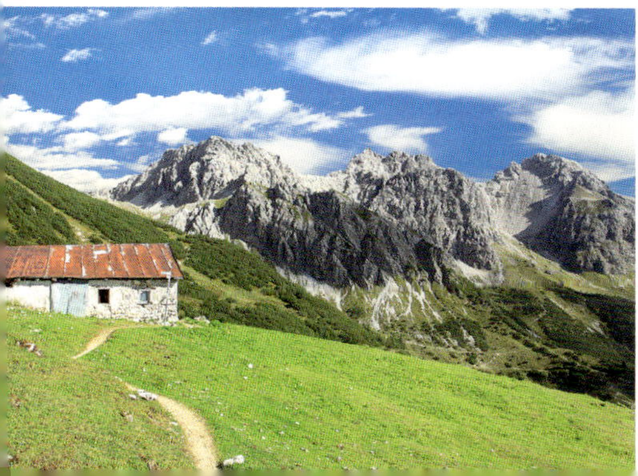

Wannealpe im Wildental

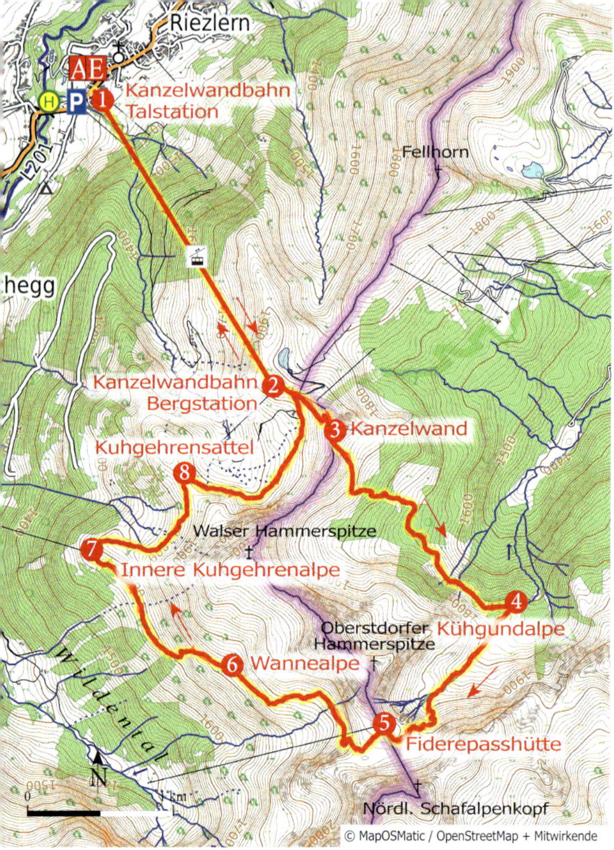

und wandern auf dem schönen Höhenweg über die offenen Hänge ostwärts. Während sich links das weite Tal öffnet, erheben sich rechts über uns etwas drohend die abweisenden Dolomitwände von Walser und Oberstdorfer Hammerspitze. Schließlich erreichen wir die beiden (aufgegebenen) Hütten der **Kühgundalpe** ④, 1744 m. Vor uns öffnet sich ein enges, mit viel Geröll übersätes Tal, durch das wir hinauf Richtung Fiderepass steigen. Gegen Ende des Anstiegs sind noch einige steilere Serpentinen zu bewältigen, dann haben wir die **Fiderepasshütte** ⑤, 2059 m, erreicht, die oben auf der weiten, buckligen Wiesenschulter des Fiderepasses thront. Eingerahmt wird die Passhöhe von mächtigen Dolomitgipfeln wie der Oberstdorfer Hammerspitze und dem Nördlichen Schafalpenkopf. Letzterer ist der nördliche Eckpfeiler des Mindelheimer Klettersteigs, der über die Schafalpenköpfe hinüber Richtung Mindelheimer Hütte verläuft. Den überlassen wir allerdings den Kletterern, denn wir haben nun einen Abstieg vor uns.

Wir verlassen die Passhöhe in westlicher Richtung, wo das Gelände steil ins Wildental abfällt. Unser Blick fällt auf schier endlose Serpentinen, die talwärts führen, wobei wir uns bereits nach wenigen Kehren am ersten Abzweig rechts halten und einen Weg Richtung »Innere Kuhgehrenalpe« einschlagen. Auf dem nun vor uns liegenden Höhenweg queren wir anfangs die steilen, geröllübersäten Ausläufer der Oberstdorfer Hammerspitze, dann haben wir die Latschen-Höhenstufe erreicht. Gemütlich wandern wir in der oberen Etage des hübschen Wildentales hinüber zur **Wannealpe** ⑥, 1813 m. Dahinter geht es kurz steil auf einem etwas gerölligen Wegabschnitt bergab, dann wieder angenehm flach durch die nur licht bewaldeten Hänge hinüber zur **Inneren Kuhgehrenalpe** ⑦, 1673 m, die aussichtsreich am unteren Rand eines offenen Wiesenhangs liegt. Nun erwartet uns ein etwas längerer Anstieg. Auf einem Trampelpfad steigen wir den recht steilen Wiesenhang hinauf bis zu einem kleinen Kamm. Dahinter zieht sich der Weg in weitem Linksbogen – und dabei die unteren Ausläufer des Südwesthanges der Walser Hammerspitze querend – allmählich ansteigend zum **Kuhgehrensattel** ⑧, 1860 m, hinauf. (Von hier kann man links einen kurzen Abstecher zum Gipfel der Kuhgehrenspitze, 1910 m, machen.) Am Kuhgehrensattel stehend, breitet sich vor uns ein weiter Kessel aus mit der Walser Hammerspitze hoch über uns zur Rechten sowie dem Kanzelwand-Gipfel und der Seilbahn-Bergstation direkt vor uns. Nach einem kurzen Abstieg auf der mit Erlengestrüpp gesäumten Nordseite des Sattels zieht sich der weitere Weg in weitem Bogen auf der rechten Seite dieses Kessels nordwärts, passiert dabei einige Schuttfächer, die von der Hammerspitze herunterführen, und stößt schließlich bei der Adlerhorst-Berghütte (1880 m), wieder auf einen Fahrweg. Dieser bringt uns in wenigen Minuten zur Bergstation der Kanzelwandbahn.

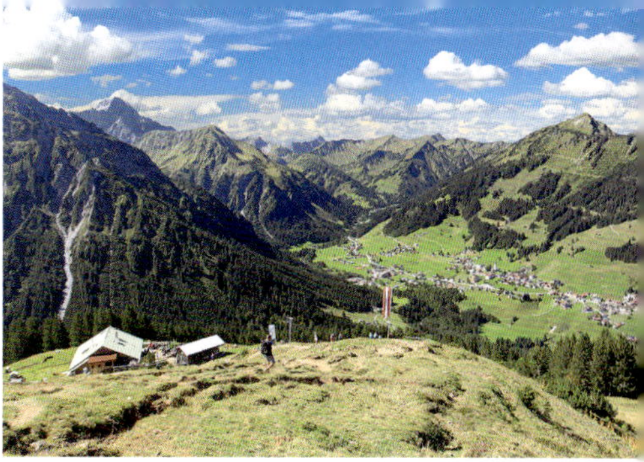

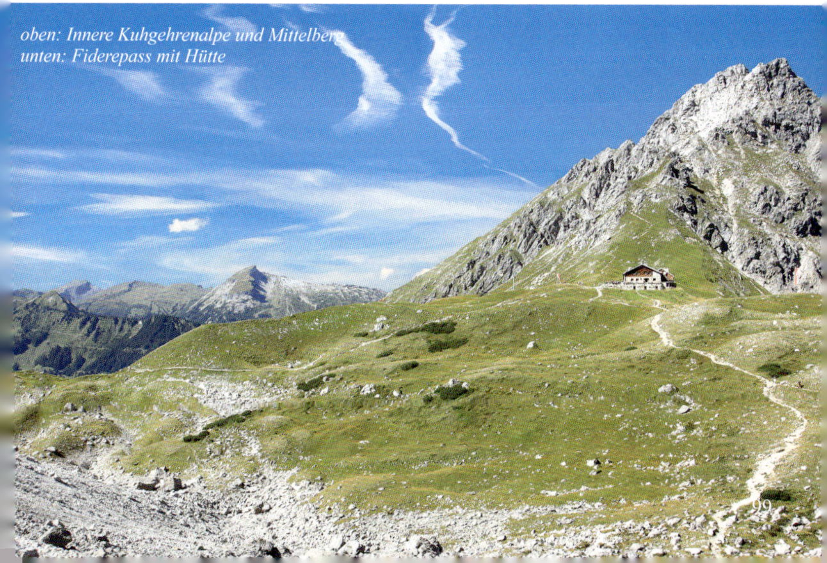

oben: Innere Kuhgehrenalpe und Mittelberg
unten: Fiderepass mit Hütte

30 Fellhorn-Runde mit Schlappoltsee

3.30 Std. | 500 Hm | 8,6 km

Riezlern, Kanzelwandbahn, 1087 m. Ab Oberstdorf etwa 11 km ins Kleinwalsertal, Talstation und Parkplätze am südlichen Ortsende von Riezlern *(**Navi**: A-6991 Riezlern, Walserstraße 68)*; Walserbus Oberstdorf–Baad im 10- bis 20-Min.-Takt, Haltestelle »Kanzelwandbahn«.

Kanzelwandbahn: Kleinkabinenbahn, Betrieb ca. Mitte Mai–Ende Oktober, 8.30–16.45 Uhr, www.ok-bergbahnen.com, Talstation 1087 m, Bergstation 1957 m.

Alpines Gelände, aber insgesamt der familientauglichste Abschnitt des gesamten Kammes. Der Gratweg zwischen Kanzelwand und Fellhorngipfel und der Rückweg über die Obere Bierenwangalpe sind leicht, zwischen Fellhorn und Schlappoltsee teils ausgesetzt und steil.

Panoramarestaurant Kanzelwand ②; Gipfelrestaurant Fellhornbahn ④; Bergrestaurant Mittelstation Schlappoltsee ⑦; Obere Bierenwangalpe ⑧

Kammwege zwischen Kanzelwand und Fellhorn

Das Fellhorn ist – dank der Seilbahn aus dem Stillachtal – sicherlich einer der meistbesuchten Gipfel im Allgäu. Und die benachbarte Kanzelwandbahn sorgt aus dem Kleinwalsertal für Betrieb. Einsam wird es dort oben also nie, allerdings hat die Beliebtheit auch gute Gründe, denn die Ausblicke von den Kammwegen und Gipfeln hier oben sind phantastisch. Wir wandern auf dem aussichtsreichen Grat hinüber zum Fellhorn, besuchen den hübschen Schlappoltsee und genießen die weiten Matten rund um die Bierenwangalpe.

Nach der zügigen Auffahrt von **Riezlern** ①, 1087 m hinauf zur **Bergstation** ②, 1957 m haben wir gleich freien Blick auf die nahe Felsspitze der Kanzelwand direkt vor uns. Wir verlassen allerdings den breiten Sattel gleich wieder und wandern links – vorbei an den Stationen eines Wasser-Erlebnispfades – in weiten Kehren hinunter zum **Gundsattel** ③, 1800 m. Dahinter beginnt der gemächliche Anstieg auf dem Gratweg hinauf Richtung Fellhorn. Der Weg ist breit und angenehm zu gehen – und dank der beiden Seilbah-

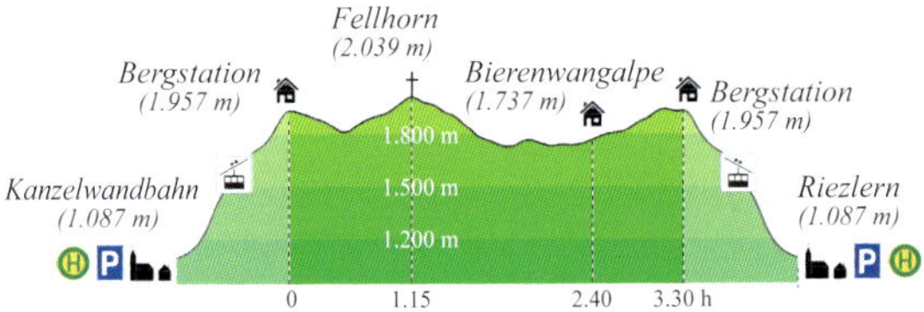

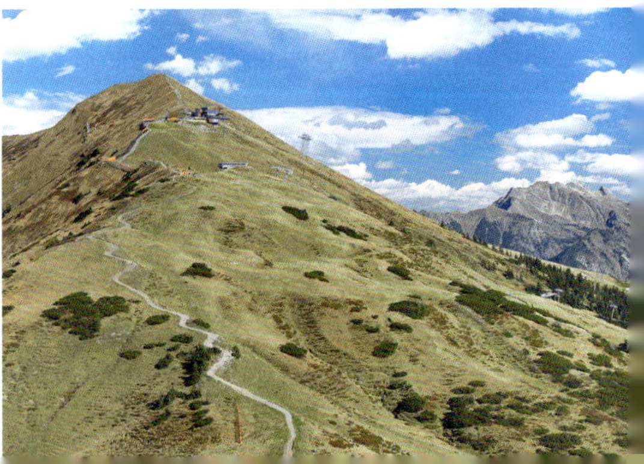

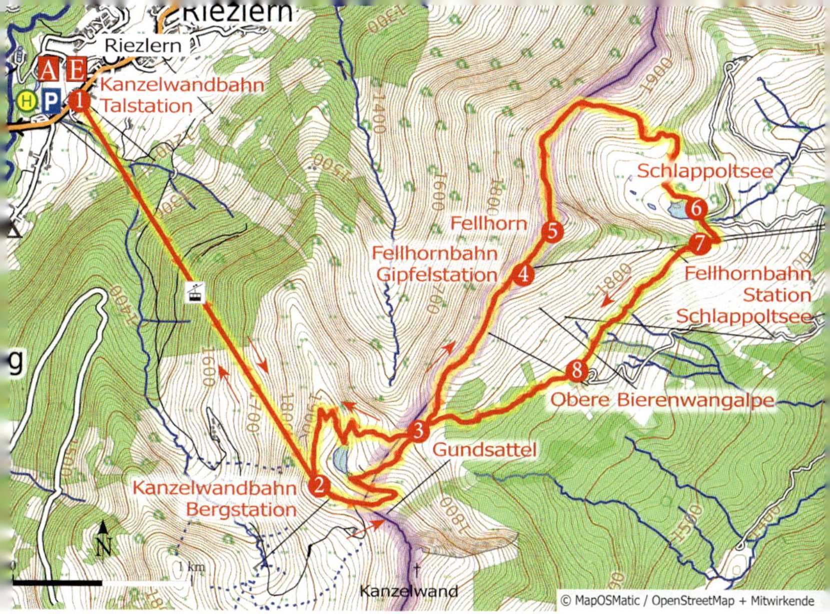

nen – auch sehr gut besucht. Bald haben wir die **Bergstation der Fellhornbahn** ④, 1975 m, erreicht und reihen uns in den Strom der Besucher ein, um die letzten, wenigen Meter hinauf zum **Fellhorn-Gipfel** ⑤, 2038 m, zu bewältigen. Das Panorama von hier oben ist atemberaubend. Auf seiner Nordseite bricht das kleine Gipfelplateau jäh in die Tiefe ab, und über einen schmalen Wiesenkamm zieht sich unser weiterer Wanderweg Richtung Söllereck. Gleich zu Beginn müssen wir eine kurze, seilgesicherte Passage bewältigen, dann wandern wir direkt oben auf dem schmalen Grat für einige Minuten nordwärts. Kurz vor einem Gegenanstieg zweigt rechts ein Pfad ab, wo wir den Kamm verlassen und über den steilen, ostseitigen Wiesenhang zum **Schlappoltsee** ⑥, 1719 m, absteigen. Die in Sichtweite gelegene Seilbahnstation mit ihren wuchtigen Betonmauern und Masten ist sicherlich keine ästhetische Bereicherung, aber der hübsche, inmitten ausgedehnter Wiesen gelegene See hat sich seinen alpinen Charme durchaus bewahren können. Ein

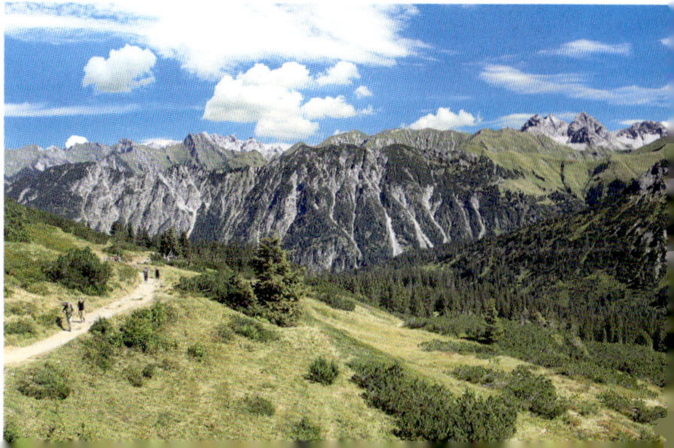

Bei der Bierenwangalpe

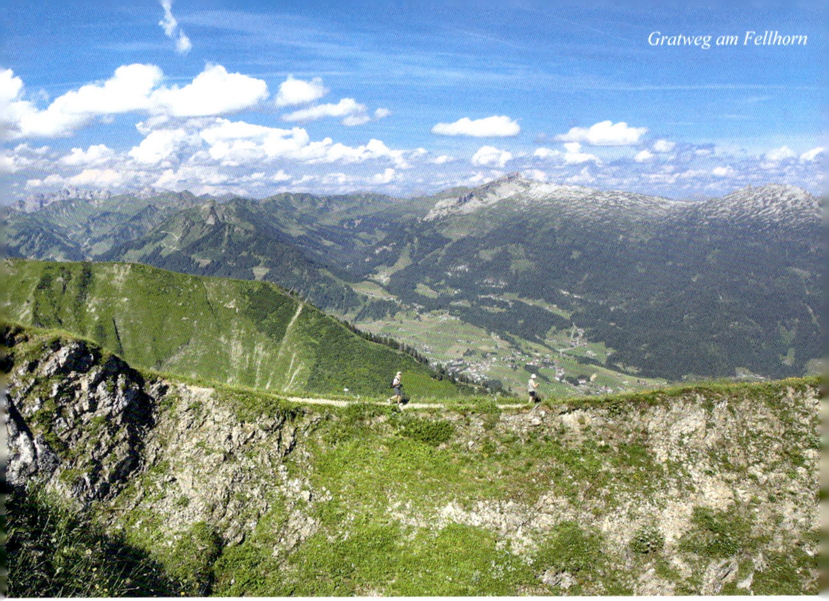

Gratweg am Fellhorn

schmaler Uferweg führt einmal um den See herum. Vom Seeufer steigen wir auf dem breiten Wirtschaftsweg (oder einem etwas steileren, über den Hang verlaufenden, schmalen Fußweg) hinauf zur **Seilbahnstation** ⑦, 1785 m, und halten uns dort südwestwärts. Wir unterqueren einen Skilift und wandern auf einem angenehm zu gehenden, breiten Weg in leichtem Auf und Ab durch alpine Matten hinüber zur schön gelegenen **Oberen Bierenwangalpe** ⑧, 1735 m. Hinter der Alphütte geht es weiter gemächlich aufwärts quer über den von Alpenrosen gesäumten Hang bis hinauf zum Kamm, den wir am Gundsattel, 1800 m, erreichen. Hier halten wir uns links und biegen knapp 100 Meter weiter wieder rechts ab in einen schmalen Weg. Wir queren einen kleinen Bach und steigen dann – vorbei an einem Beschneiungsteich – in vielen Kehren einen steilen Wiesenhang hinauf zu einem weiteren Grat. Hier wenden wir uns nach links und erreichen in wenigen Minuten die Kanzelwandbahn-Bergstation.

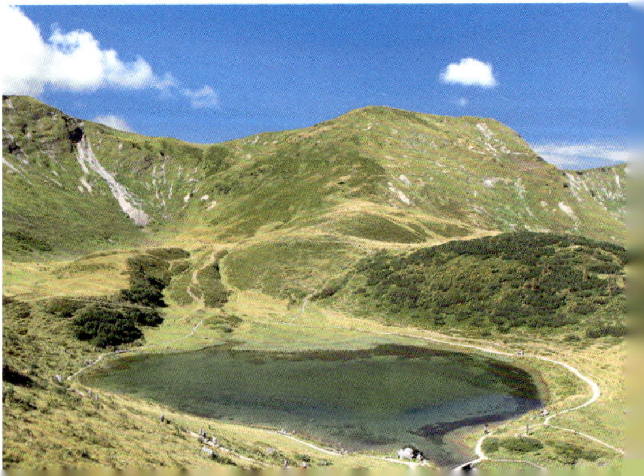

Schlappoltsee

Über den Fellhorngrat zum Söllereck 31

20 Std. | 300 / 900 | 8,4 km

Riezlern, Kanzelwandbahn, 1087 m. Ab Oberstdorf etwa 11 km ins Kleinwalsertal, Talstation und Parkplätze am südlichen Ortsende von Riezlern *(**Navi**: A-6991 Riezlern, Walserstraße 68)*; Walserbus Oberstdorf–Baad im 10- bis 20-Min.-Takt, Haltestelle »Kanzelwandbahn«.

Kanzelwandbahn: Kleinkabinenbahn, Betrieb ca. Mitte Mai–Ende Oktober, 8.30–16.45 Uhr, www.ok-bergbahnen.com, Talstation 1087 m, Berg-station 1957 m.

Endpunkt: Söllereckbahn: Betrieb Anfang Mai–Anfang November, 9–17 Uhr, www.ok-bergbahnen.com; Anschluss an Walserbus Oberstdorf–Baad.

Alpines Gelände; Gratweg zwischen Kanzelwand und Fellhorngipfel leicht und sehr gut besucht; hinter dem Fellhorn wird das Gelände ausgesetzter, Grat und Weg schmaler mit ein paar seilgesicherten Stellen. Es geht rechts und links steil bergab.

Panoramarestaurant Kanzelwand ②; Fellhorn-Gipfelrestaurant ③; Sölleralpe ⑤; Berghaus am Söller ⑥

Beliebte Gratwanderung mit großem Panorama

Einer der Wander-Klassiker der Region! Wunderschön, aber auch sehr gut besucht. Der langgestreckte Fellhorn-Kamm mit seinen steilen Wiesenflanken erhebt sich zwischen Kleinwalser- und Stillachtal und bietet in alle Richtungen ungehinderte Ausblicke. Wir wandern über den herrlichen Gratweg hinüber zum Fellhorn und weiter Richtung Söllereck und besuchen die urige Sölleralpe. Wer davon nicht ausgelastet ist, kann die Tour noch um den Höhenweg zurück nach Riezlern erweitern.

Wenn wir nach der Seilbahnauffahrt von **Riezlern** ①, 1087 m, auf dem kleinen Gipfelplateau vor der **Bergstation** ②, 1957 m, stehen, haben wir bereits einen schönen Überblick auf die erste Etappe unserer heutigen Tour: Richtung Norden zieht sich der Wiesenkamm zwischen Stillachtal und Kleinwalsertal hinüber zum Fellhorn mit der gut sichtbaren Seilbahn-Bergstation. Wir verlassen den breiten Kanzelwand-Sattel und halten uns links und wandern in weiten Kehren abwärts. Entlang des Weges verläuft ein hübsch angelegter Wasser-Erlebnispfad mit

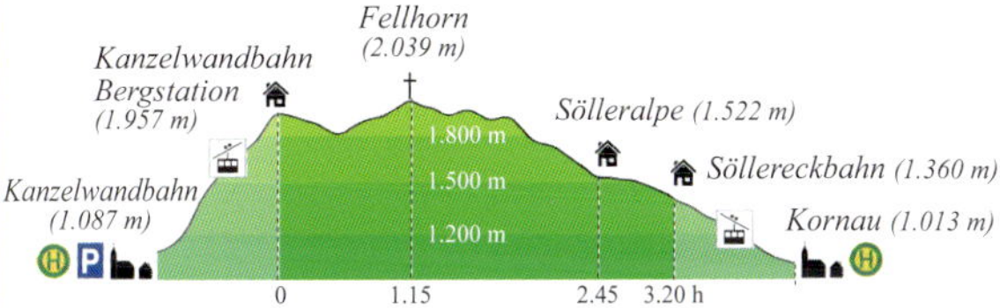

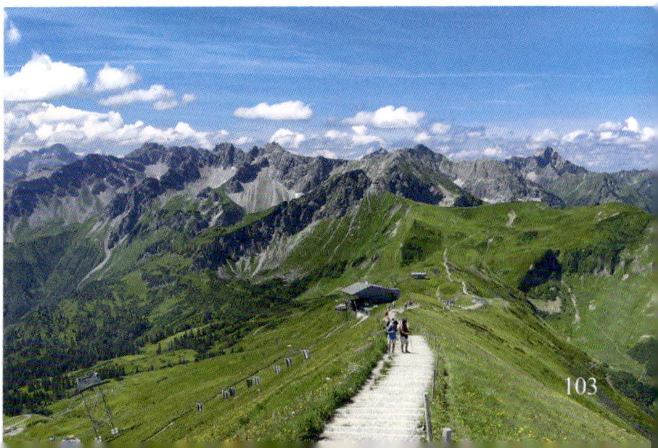

Gratweg am Fellhorn

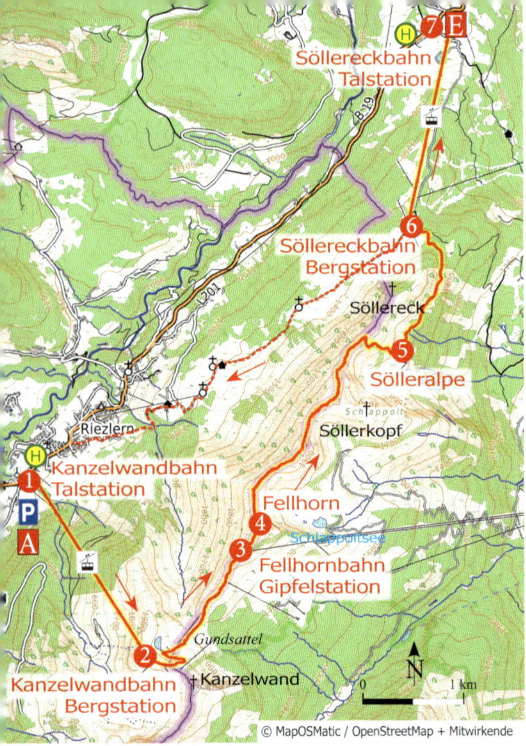

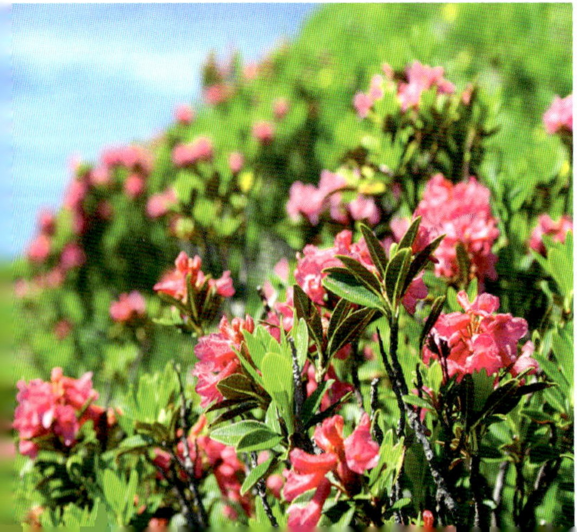

Stationen zum Spielen und Wasser-Aufstauen. Auf halbem Wege passieren wir dabei einen größeren Beschneiungs-Teich, der sich trotz seiner künstlichen Anlage recht gut ins Landschaftsbild einfügt.

Hinter dem Gundsattel (1800 m) beginnt der allmähliche Aufstieg auf dem angenehm zu begehenden, breiten Kammweg hinauf Richtung Fellhorn. Zur Linken verdeckt die Gehrenspitze noch ein wenig die Sicht ins Kleinwalsertal, aber mit jedem gewonnenen Höhenmeter wird das Panorama umfassender. Schließlich haben wir die **Fellhornbahn-Bergstation** ③, 1975 m, erreicht und steigen die letzten Meter hinauf zum Gipfel des **Fellhorns** ④, 2038 m, dem höchsten Punkt unserer Tour. Die Rundsicht ist phantastisch: im Osten das Stillachtal mit den hohen Dolomitgipfeln der Allgäuer Alpen, im Südwesten das Kleinwalsertal mit den markanten Gipfeln von Widderstein und Hohem Ifen. Und vor uns schlängelt sich der immer schmaler werdende grasbewachsene Grat nordwärts, um allmählich zum Söllereck hin an Höhe zu verlieren.

Der Weg wird nun etwas anspruchsvoller, sodass auch der Großteil der Seilbahnfahrer zurückbleibt. Gleich am Anfang erwartet uns ein kurzer, steiler Abstieg (Seil-

Alpenrosen am Fellhorn

sicherung), dann zieht sich der Weg auf dem schmalen Grat in leichtem Auf und Ab hinüber zum Schlappoltkopf (1968 m), während rechts unter uns der Schlappoltsee ins Bild rückt. Der Weg ist zwar insgesamt nicht gefährlich, aber rechts und links geht es sehr steil bergab, und da die Hänge mit langem Gras überzogen sind, sollte man – insbesondere bei Nässe oder Nebel – den schmalen Kammweg auf keinen Fall verlassen. Bald passieren wir einen Abzweig hinunter zur Schlappoltalpe sowie den Söllerkopf, der etwas abgesetzt zur Rechten liegt und wegen der extrem steilen Grasflanken nicht bestiegen werden sollte. Der folgende, etwas felsige und teils matschige Gratabschnitt ist der unangenehmste Teil der Tour, Seilsicherungen und Trittstufen erleichtern den Abstieg. Dort, wo der Weg wieder ebener wird, halten wir uns an einem Abzweig (1725 m) rechts Richtung Sölleralpe und steigen in zahllosen Serpentinen den steilen Hang hinab. Von der **Sölleralpe** ⑤, 1523 m, leitet uns ein angenehmer und weitgehend ebener Weg hinüber zur weiten Wiesenlandschaft rund um die **Söllereck-Bergstation** ⑥, 1360 m, mit zahlreichen Verpflegungsmöglichkeiten. Hinunter zur **Talstation** ⑦, 990 m, geht es dann gemütlich mit der Seilbahn.

Variante: Wer die Wanderung an der Söllereckbahn-Bergstation noch nicht beenden möchte, kann auf dem herrlichen und sehr leichten Panoramaweg zurück nach Riezlern und zur Kanzelwand-Talstation wandern *(siehe Wanderung 2; zusätzlich 1.45 Std., 40 Hm / 320 Hm).*

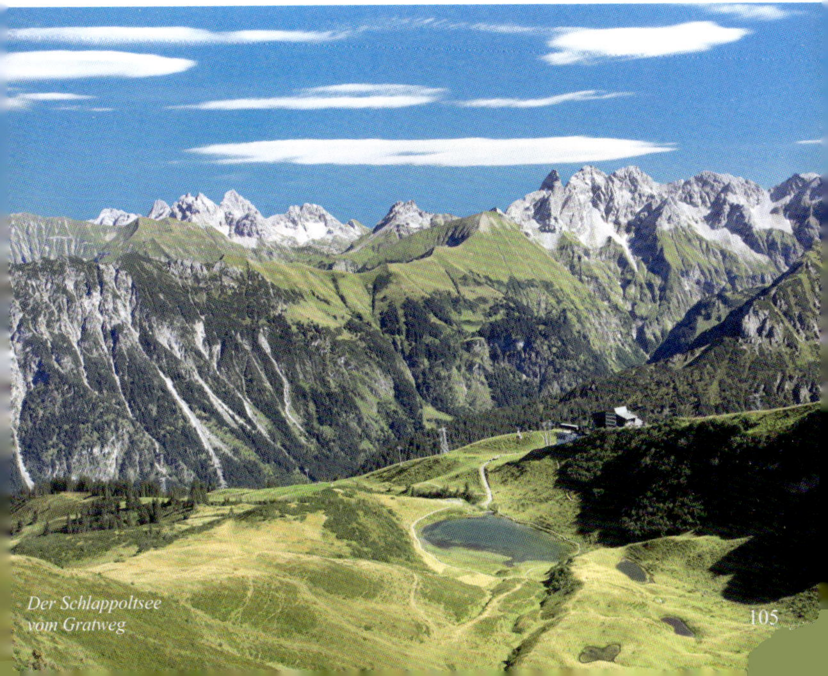

Der Schlappoltsee vom Gratweg

32 Breitach-Uferweg von Riezlern nach Baad

3.30 Std. | 225 / 75 | 8,9 km

Riezlern, 1087 m. Ab Oberstdorf etwa 11 km ins Kleinwalsertal, Parkplätze am südlichen Ortsende von Riezlern gegenüber der Kanzelwandbahn *(**Navi**: A-6991 Riezlern, Walserstraße 68)*; Walserbus Oberstdorf–Baad im 10- bis 20-Min.-Takt, Haltestelle »Kanzelwandbahn«.

Endpunkt: Baad ganz am Talende, 1224 m. Rückfahrt zum Ausgangspunkt mit Walserbus Baad–Oberstdorf im 10- bis 20-Min.-Takt.

Breite Schotterwege entlang der Breitach, teilweise Teersträßchen. Kurze, mäßig steile Streckenabschnitte zwischendurch.

keine unterwegs; Café in Baad

Variante: Diese Tour kann fast nach Belieben gekürzt werden, da unterwegs immer wieder kurze Wege zur Tal-Hauptstraße mit einer Bushaltestelle hinaufführen, von wo man zum Ausgangspunkt zurückfahren kann *(z.B. an der Leidtobelbrücke, der Höflerbrücke, der Schwandbrücke oder am Gemsteltal-Ausgang).*

Gemütliche Wanderung am rauschenden Fluss

Das Kleinwalsertal hat eine Vielzahl an schönen Touren ohne Gipfel-Erlebnis im Repertoire. Das Tal wird in seiner ganzen Länge von der glasklaren Breitach durchflossen. Während wir die unteren Abschnitte (inkl. Breitachklamm) auf den Touren 3 und 4 kennenlernen können, führt uns diese Wanderung von Riezlern bis in den Talschluss bei Baad. Es geht auf angenehmen Wegen ohne größere Steigungen fast immer am Wasser entlang, oft begleitet von freien Ausblicken auf die Bergwelt im weiten Rund.

Unsere heutige Tour beginnt in **Riezlern** ①, 1087 m, gleich gegenüber der Parkplatz-Einfahrt in Gestalt der 'Zwerwaldstraße', der wir für ca. 300 Meter folgen, bis rechts ein schmaler Kiesweg abzweigt und uns mit dem Torbogen des »«Burmi-Weges« begrüßt. Der Weg führt kurz und recht steil hinab ins tief eingeschnittene Tal der Breitach, die wir auf einer Brücke überqueren. Dahinter halten wir uns links und spazieren auf dem schönen Uferweg direkt am Wasser entlang stromaufwärts. Entlang des knapp 1,5 Kilometer langen »Burmi-Weges« können sich mitwandernde Kinder an hübsch und phantasievoll gestal-

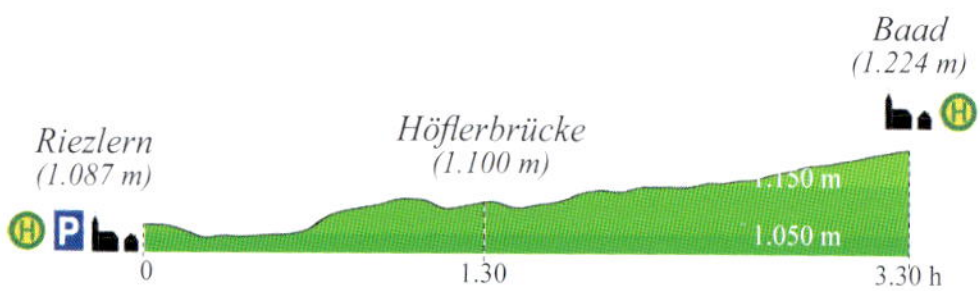

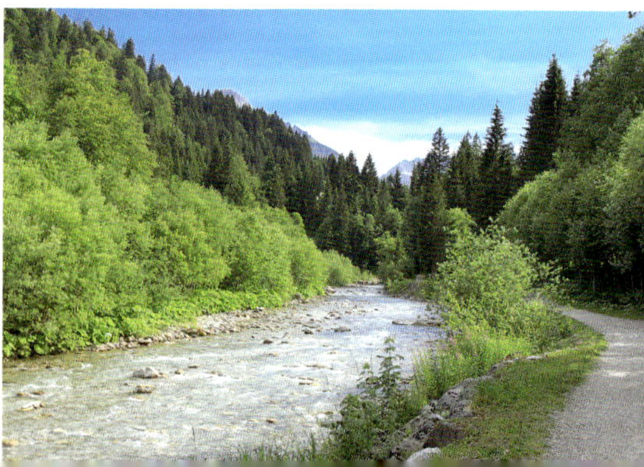

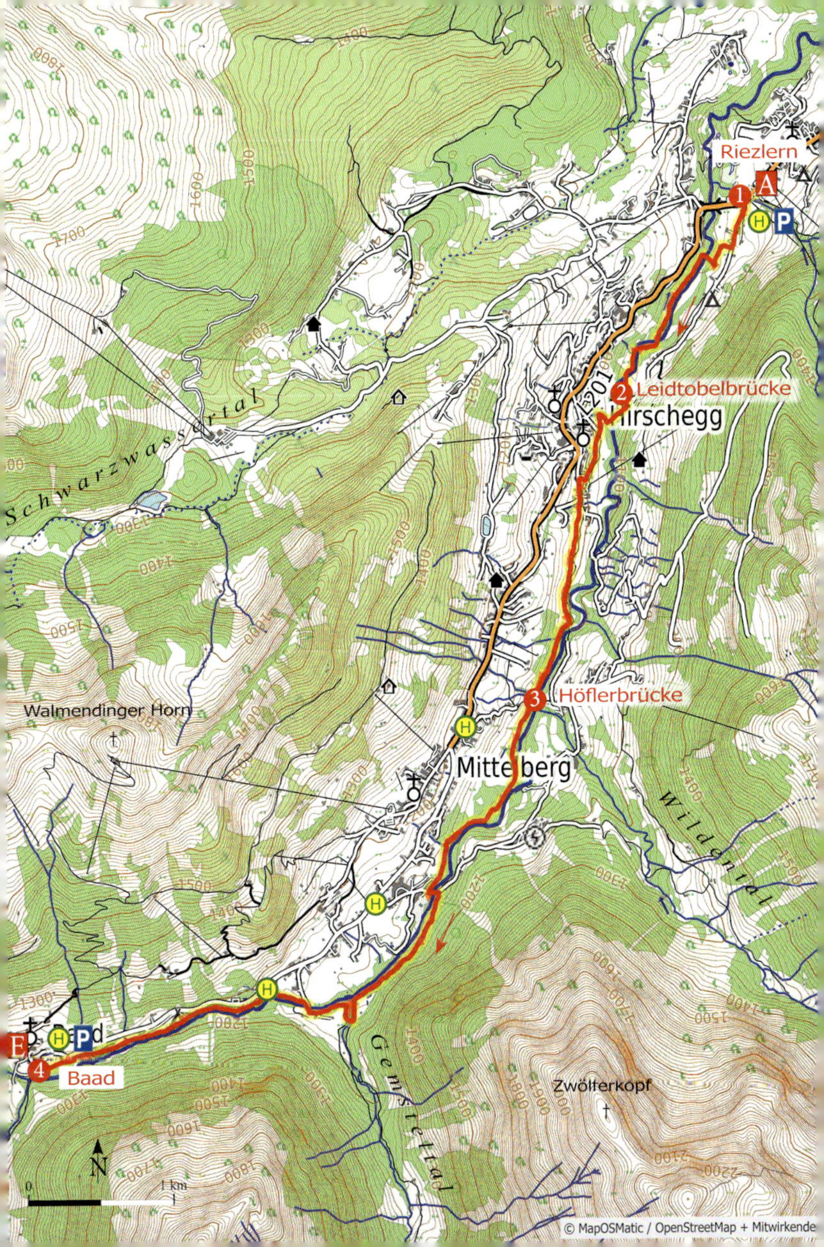

Riezlern
Leidtobelbrücke
Hirschegg
Schwarzwassertal
Walmendinger Horn
Höflerbrücke
Mittelberg
Wildental
Gemsteltal
Zwölferkopf
Baad
0
1 km
N
© MapOSMatic / OpenStreetMap + Mitwirkende

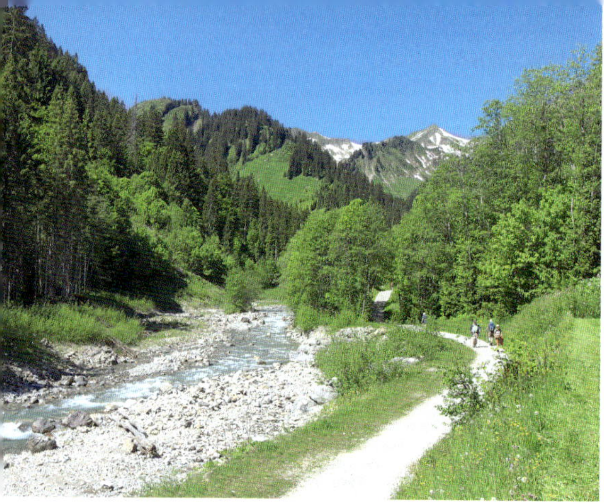

Breitach bei Baad

teten Spielplätzen austoben, während die Erwachsenen die schöne Stimmung an der klaren Breitach genießen. Im Verlauf des Weges wechseln wir noch drei Mal die Uferseite, bleiben aber immer direkt am Wasser und erreichen schließlich – kurz hinter dem Ende des Burmi-Weges – ein autofreies Teersträßchen sowie die überdachte **Leidtobel-Holzbrücke** ②, 1060 m. Auf dieser wechseln wir erneut die Flussseite, steigen dann im engen Leidtobel bergan und entfernen uns etwas von der Breitach. Am ersten Abzweig halten wir uns links und erreichen die unteren Ausläufer von Hirschegg. Für ca. einen Kilometer verläuft unser Weg nun auf schmalen, ruhigen Teersträßchen, mal zwischen Häusern hindurch, mal über offene Wiesen mit schönem Blick Richtung Elferkopf. Tief links unter uns im Tal können wir die Breitach verfolgen, der wir uns nun allmählich auch wieder nähern. Unten am Wasser bleiben wir am rechten Flussufer und wandern auf dem hübschen Weg stromaufwärts. Knapp 10 Minuten später erreichen wir die nächste überdachte Holzbrücke, die **Höflerbrücke** ③, 1100 m, bleiben aber weiterhin am rechten Ufer. Der Weg verläuft nun mal direkt am Wasser, mal etwas von diesem entfernt durch lichten Auwald und stößt nach ca. 20 Minuten auf die Schwandbrücke (Autostraße zwischen Mittelberg und Wildental), wo wir auf die linke, bewaldete Flussseite wechseln. Auf dem schönen Uferweg gelangen wir nach knapp einem Kilometer zum Gemstelbach, der – von links aus dem gleichnamigen Tal kommend – hier in die Breitach mündet und den wir – nach einem kleinen Schlenker ins Gemsteltal – queren. Zurück an der Breitach wechseln wir erneut auf die rechte Uferseite. Von hier sind es noch zwei gemütliche Kilometer am Fluss entlang bis nach Baad, begleitet von schönen Ausblicken auf die umgebenden Hänge der steilen Grasberge. Von **Baad** ④, 1224 m, bringt uns der Walserbus zurück zum Ausgangspunkt.

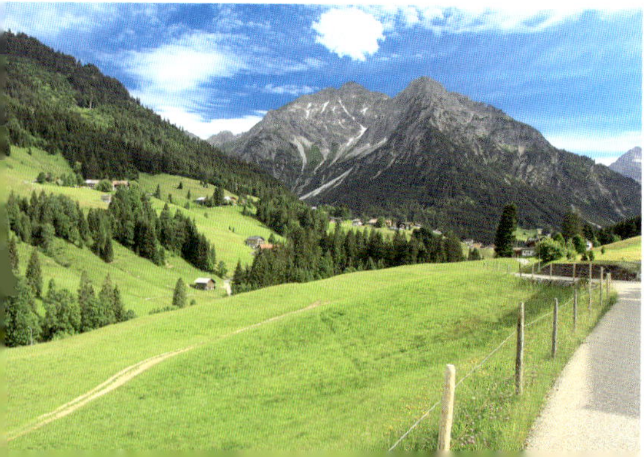

Bei Hirschegg

15 Std. | 230 Hm | 14,4 km

Oberstdorf, Parkplatz bei der Talstation der Nebelhornbahn, 827 m (***Navi****: 87561 Oberstdorf, Rossbichlstraße)*; Walserbus Baad–Oberstdorf im 10- bis 20-Min.-Takt bis Oberstdorf Bahnhof; vom Bahnhof ca. 20 Min. zu Fuß.

Breite, leichte Wege mit kaum merkbaren Anstiegen, teils Schotter, teils Teerstraße. Eher Spaziergang-Charakter.

Gaststätte Riefenkopf; Mumme Stüble; Gasthof Spielmannsau ③; Café Christlessee ④ u.a.

Info: zwischen Oberstdorf und Spielmannsau (via P Renksteg) verkehrt ca. stündlich ein Pendelbus (www.brutscher-reisen.de).

Talwanderung nach Spielmannsau

Von Oberstdorf führen zahlreiche Täler in alle Richtungen weiter in die Bergwelt hinein. Eines davon ist das Trettachtal, das direkt am Ortsrand beginnt und rund 10 Kilometer fast schnurgerade Richtung Süden verläuft: ein wunderschönes Tal, durch die Nähe Oberstdorfs sehr gut besucht, aber doch voller stiller Ecken und herrlicher Plätze. Auf dieser Wanderung genießen wir die klare Trettach, die weiten Wiesen von Dietersberg und ganz im Süden des Tales die Ebene der Spielmannsau, die spektakulär von Kratzer und Trettachspitze überragt wird. Und auf dem Rückweg kommen wir am klaren Christlessee und dem hübschen Moorteich vorbei. Eine abwechslungsreiche Tour ohne größere Herausforderungen.

Wir starten die Wanderung in Oberstdorf an der **Trettachbrücke** ①, 827 m, in der Nähe der Nebelhornbahn-Talstation, wählen die rechte Seite des Flusses und folgen dem schönen Waldweg entlang der kristallklaren Trettach. Der Fluss windet sich hier durch eine Schlucht hindurch, die sich nach etwa einem Kilometer öffnet und den Blick auf die Gipfel von Kratzer und Trettachspitze weit im Süden

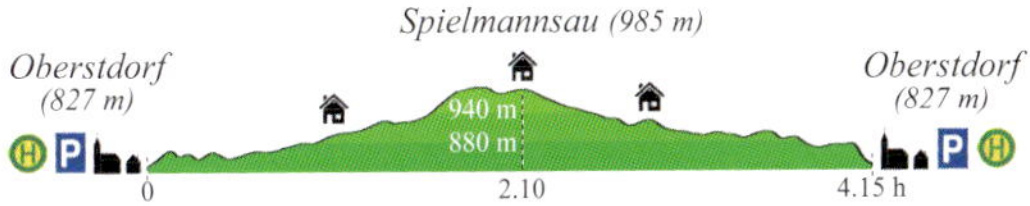

Am Moorweiher bei Oberstdorf

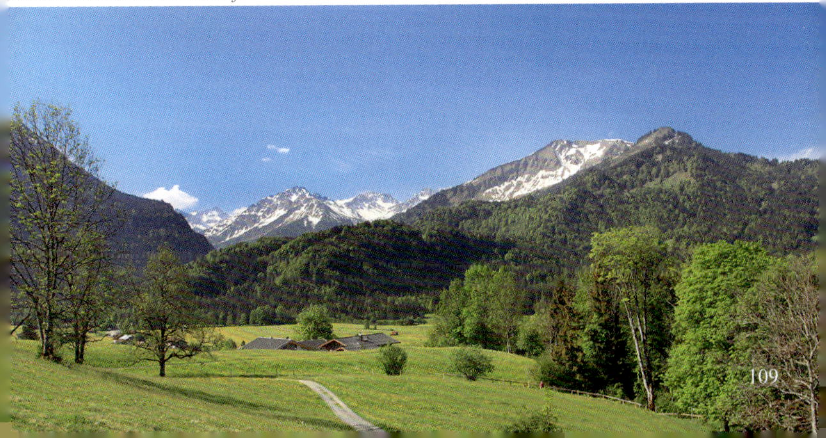

freigibt. Über eine Brücke (beim Café Jägerstand) gelangen wir auf die östliche Flussseite und folgen dem breiten Fahrweg flussaufwärts. Kurze Zeit später queren wir auf einer weiteren Brücke den von links aus dem gleichnamigen Tal herabrauschenden Oybach. Durch eine lange Platanenallee hindurch erreichen wir schließlich bei einer kleinen **Staumauer** ②, 900 m, eine Teerstraße, auf der wir taleinwärts weiterwandern. Hier öffnet sich vor uns eine wunderschöne, sonnige Tallandschaft voller schönster Postkartenmotive: Almwiesen, vereinzelte Bauernhäuser und im Talschluss die markanten Gipfel von Trettachspitze und Kratzer.
Gemütlich geht es weiter entlang der offenen Wiesen, bis wir an deren südlichem Ende einen kleinen Bach überqueren. Gleich dahinter halten wir uns schräg links, queren eine kleine Lichtung mit zwei Gehöften und steigen ganz gemächlich auf einem angenehmen Waldweg bergan. Wir passieren einen von links – von Gerstruben – kommenden Abzweig und wandern geradeaus taleinwärts, bis wir schließlich in Sichtweite der Häuser von **Spielmannsau** ③, 985 m, wieder auf die Fahrstraße stoßen. Hinter dem kleinen Weiler breitet sich unterhalb des spektakulären Talschlusses eine weite Ebene aus, auf der man noch etwa einen Kilometer auf leichten Wegen weiter ins Tal

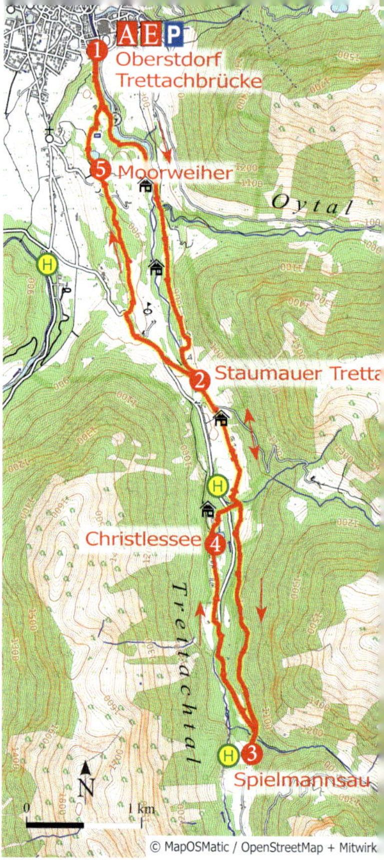

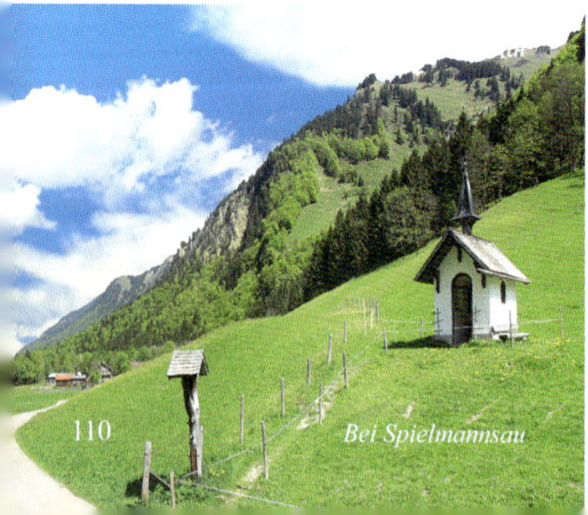

Bei Spielmannsau

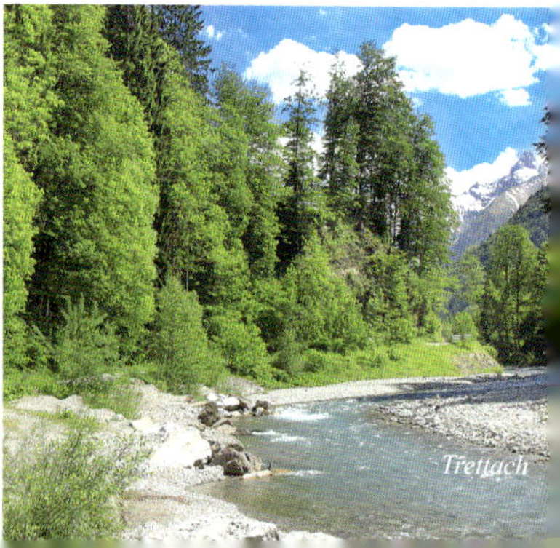

Trettach

hineinspazieren kann, beispielsweise zur Alpe Oberau. Dahinter wird es allmählich steiler und geht schließlich sehr viel anspruchsvoller hinauf in Richtung Kemptner Hütte.
Für den Rückweg folgen wir für etwa 20 Minuten der (fast autofreien) Teerstraße, biegen hinter der ersten Brücke über die Trettach links ab und wandern parallel zur Straße auf einem breiten Schotterweg zum **Christlessee** ④, 926 m, einem wunderschönen Quellteich mit unglaublich klarem Wasser und zahlreichen versunkenen Baumstämmen.
Vom See sind es nur wenige Meter bis zur Teerstraße, die wir – ebenso wie die Trettach – überqueren. Kurze Zeit später schließt sich ein erster Kreis, und wir haben die weiten Wiesen von Dietersbach mit seinen diversen Einkehrmöglichkeiten erreicht.
Am nördlichen Ende dieser Wiesen überqueren wir bei dem kleinen Stauwehr die Trettach, bleiben rund einen Kilometer auf der Teerstraße und biegen dann, kurz bevor die Straße steil abfällt, rechts ab. Anfangs an einem Golfplatz entlang, gelangen wir auf einem schönen Waldweg zum stillen **Moorweiher** ⑤, 864 m. Auf einer der vielen aussichtsreichen und sonnigen Bänke kann man den Tag noch einmal Revue passieren lassen, bevor die letzten Meter bewältigt werden müssen: hinter dem Weiher schräg rechts, vorbei am Moorbad und dann durch Wald knapp oberhalb der Trettach hinunter zu unserem Ausgangspunkt an der Trettachbrücke.

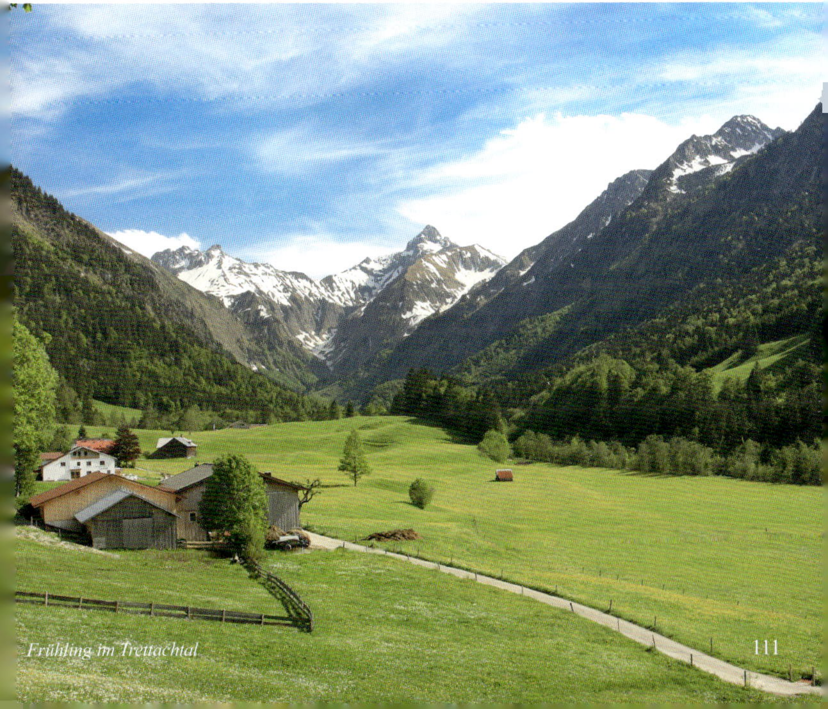

Frühling im Trettachtal

34 Ins schöne Oytal

3.15 Std. | 190 Hm | 10,3 km

Oberstdorf, Parkplatz bei der Talstation der Nebelhornbahn, 827 m *(**Navi**: 87561 Oberstdorf, Rossbichlstraße)*; Walserbus Baad–Oberstdorf im 10- bis 20-Min.-Takt bis Oberstdorf Bahnhof; vom Bahnhof ca. 20 Min. zu Fuß.

Breite Wege mit geringen Anstiegen, teils Schotter, teils Teerstraße. Oft Spaziergang-Charakter.

Café Jägerstand ②; Oytalhaus ④

Leichte Talwanderung entlang klarer Bergbäche

Das Oytal ist ein weiteres der vielen schönen Täler, die es im direkten Umfeld Oberstdorfs zu entdecken gibt. Wer über die weiten Wiesen im Süden des Ortes wandert, hat einen freien Blick auf die eindrucksvollen Gipfel von Schneck und Großem Wilden, die den Talschluss des Oytals überragen. Die hier vorgestellte leichte – allerdings auch gut besuchte – Wanderung führt uns an den Ufern der rauschenden Trettach und des unglaublich klaren Oybachs hinein in das enge Tal und zur weiten Ebene am Oytalhaus, überragt von den hohen Seewänden und den Dolomitgipfeln des Großen Wilden.

Wir starten unsere Wanderung an der **Trettachbrücke** ①, 827 m, in Sichtweite der Nebelhornbahn-Talstation, und laufen am rechten oder linken Ufer flussaufwärts. Schon bald erreichen wir unterhalb des **Cafés Jägerstand** eine weitere **Brücke** ②, 860 m. Hier öffnet sich das bisher recht enge Tal und breite, flache Kiesbänke bieten Kindern schöne Spielmöglichkeiten am Wasser.
Ein kurzes Stück bleiben wir auf der autofreien Straße, bis von links der **Oybach** zur Trettach stößt ③, 862 m. Vor der Brücke biegen wir links ab und wandern auf dem wunderschönen »Dr.-Hohenadel-Weg« am Bach mit sei-

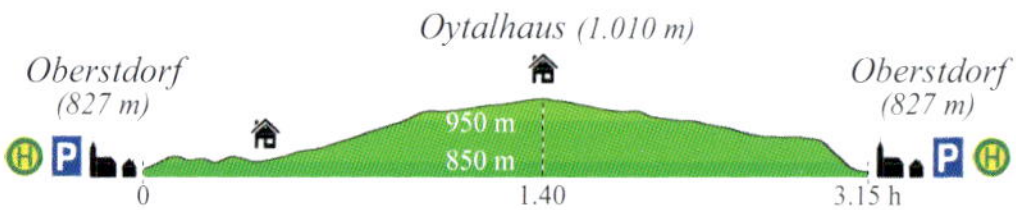

Im Oytal beim Oytalhaus

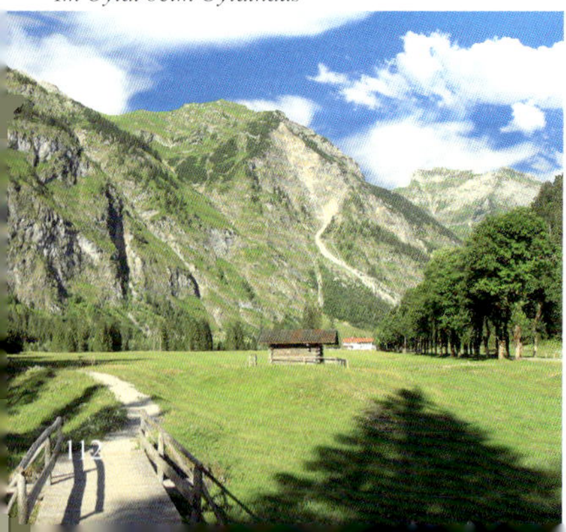

nem kristallklaren Wasser entlang. Ein hübscher Mischwald umgibt uns, rechts rauscht der Bach, meist harmlos, manchmal aber auch durch wilde Felspassagen hindurch. Bald steigt der Weg etwas an und verläuft etwas oberhalb des Baches, genauer gesagt oberhalb des Bachbetts, denn ein Blick hinunter offenbart Erstaunliches: Der bisher so munter fließende Oybach ist völlig verschwunden, das Flussbett staubtrocken! Des Rätsels Lösung: Knapp oberhalb des Oytalhauses versickert das Wasser

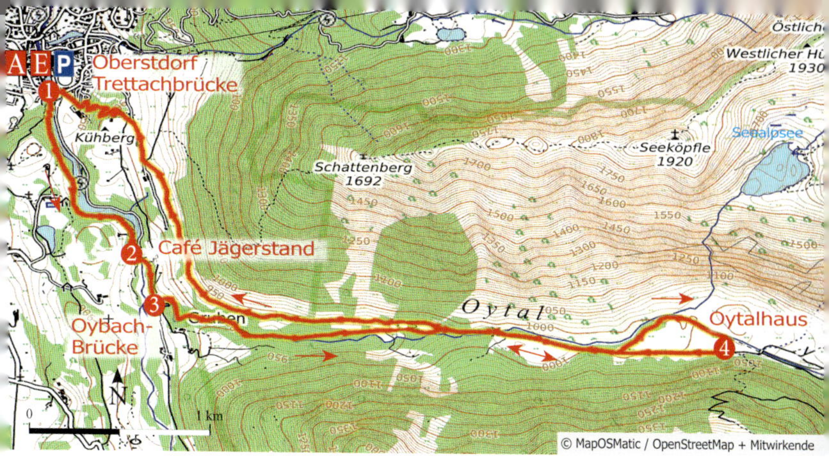

komplett im kiesigen Untergrund. Erst rund drei Kilometer talauswärts kommt sein Wasser in zahlreichen Quellen, die aufmerksame Wanderer unterwegs entdecken können, wieder zum Vorschein.

Am Ende eines kurzen, steilen Anstiegs trifft der Weg auf die (autofreie) Teerstraße, die alternativ von Oberstdorf ins Oytal führt. Das Tal öffnet sich und macht Platz für eine weite Almwiese. Es geht durch eine schöne Platanenallee, ehe sich vor uns die weiten Au-Ebenen, die dem Tal den Namen gegeben haben, ausbreiten. Anstatt auf der Straße geradeaus zu gehen, biegen wir gleich am Beginn der Ebene links in einen schmalen Kiesweg ein, der am linken Talrand parallel zum – hier trockenen Oybach – verläuft. Links recken sich die steilen Seewände in den Himmel – von ihnen stürzt manchmal nach Regentagen ein dünner, hoher Wasserfall hinab – und vor uns erhebt sich der markante Gipfel der Schneck. Rechts davon rücken allmählich die Dolomitgipfel des Großen Wilden ins Bild. Ein beeindruckendes Panorama! Am Ende der Wiese haben wir schließlich das **Oytalhaus** ④, 1010 m, erreicht.

(Wer noch etwas weiterwandern möchte: Hinter dem Oytalhaus wird das Tal wilder und der Weg etwas holpriger, aber bis zum »Prinzenkreuz«, wo die steilen Serpentinen hinauf zur Käseralpe beginnen, gibt es kaum Anstiege. Einkehr bietet die etwa zwei Kilometer entfernte Untere Gutenalpe.)

Der Rückweg vom Oytalhaus erfolgt ausschließlich auf der autofreien Teerstraße. Fast immer leicht bergab wandern wir durch die über einen Kilometer lange, schöne Platanenallee, dann durch ein Stück Wald, ehe sich das Tal öffnet und wir auf einem sonnigen Wiesenhang die letzten Meter nach Oberstdorf zurücklegen. Kurz vor dem Ort – beim Gasthof Kühberg – verlassen wir die Straße und steigen in vielen Kehren einen schmalen Waldweg hinunter zur Oybelehalle und zur Trettachbrücke.

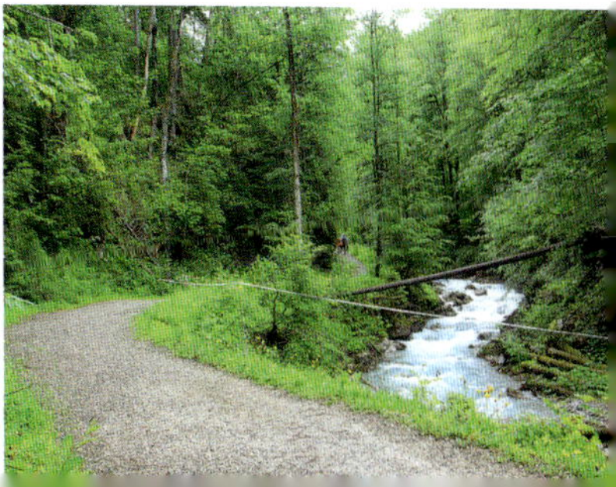

Entlang des Oybachs

35 Vom Nebelhorn zum Laufbacher Eck

4.15 Std. | 410 Hm | 10,4 km

Oberstdorf, Parkplatz bei der Talstation der Nebelhornbahn, 828 m *(Navi: 87561 Oberstdorf, Rossbichlstraße)*; Vom Bahnhof ca. 20 Min. zu Fuß durch die Fußgängerzone.

Nebelhornbahn: Kleinkabinenbahn, Betrieb ca. Mitte Mai–Anfang November, 8.30–16.30 Uhr, www.ok-bergbahnen.com, Talstation 828 m, Bergstation Höfatsblick 1932 m.

Bis zum Zeigersattel breiter Weg, danach schmaler Wanderpfad mit leichtem Auf und Ab am steilen Wiesenhang entlang – nicht schwierig, aber recht ausgesetzt, trittsicher sollte man also sein. Zum Laufbacher Eck steiler Anstieg, auf den man aber verzichten kann (150 Hm weniger).

Edmund-Probst-Haus (DAV) und Restaurant Station Höfatsblick ②

Panoramawanderung hoch über dem Oytal

Die Nebelhornbahn bringt uns bequem hinauf in alpine Höhen zu unserer heutigen Tour, einem echten Highlight der Allgäuer Alpen: Der wunderschöne Panoramaweg hinüber zum Laufbacher Eck führt mit nur geringem Auf und Ab hoch über dem Oytal entlang, vorbei an prächtigen Ausblicken auf den vielfotografierten Seealpsee, die berühmte Höfats und die Allgäuer Alpen. Der einzige anstrengende Teil der Wanderung wartet am Ende mit dem Aufstieg zum Laufbacher Eck: ein sehr lohnender Abschluss, auf den man aber bei fehlender Kondition verzichten kann.

Von **Oberstdorf** ①, 828 m, schweben wir gemütlich mit der Nebelhornbahn bis zur **Station Höfatsblick** ②, 1932 m, wo immer recht viel Trubel herrscht, sodass wir uns schnell auf den Weg machen. Auf einem breiten Fahrweg wandern wir in südlicher Richtung etwas bergab, um dann am Gegenhang zum **Zeigersattel** ③, 1910 m, hinaufzusteigen, der uns anfangs noch die freie Sicht auf die hohen Gipfel versperrt. Umso größer ist die Begeisterung, wenn wir oben auf dem Grat stehen: welch ein Panorama!

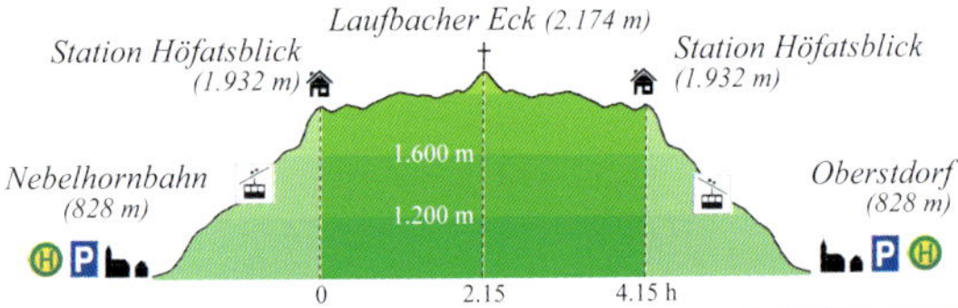

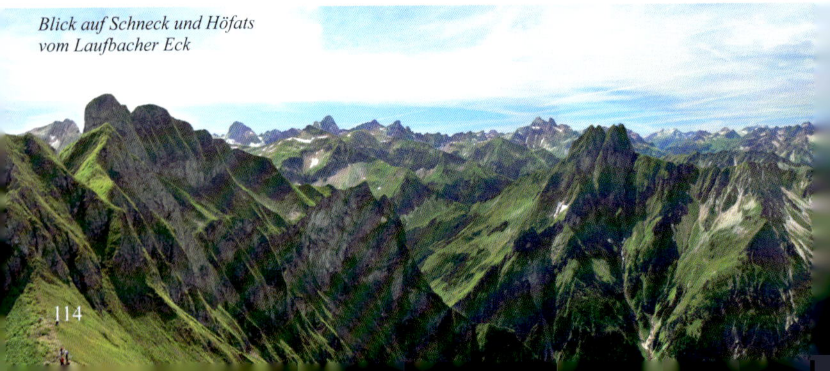

Blick auf Schneck und Höfats vom Laufbacher Eck

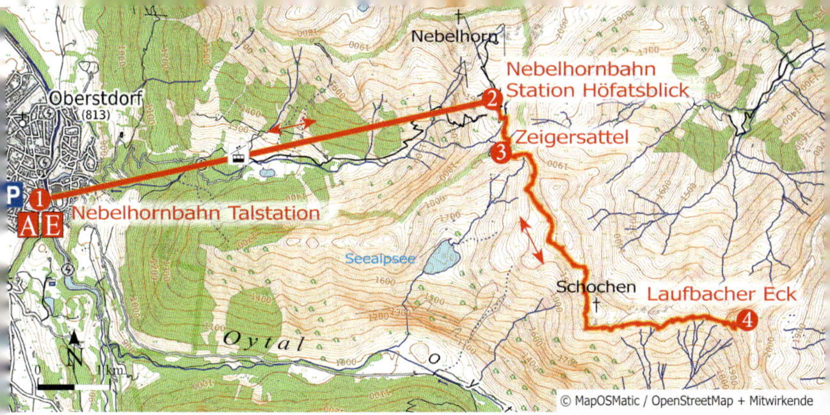

Als Blickfang der wunderschöne Seealpsee, dahinter die Allgäuer Alpen in ihrer ganzen Pracht. Die Nähe der Bergstation sorgt natürlich auch hier für viel Betrieb, aber auf den weiten Wiesenhängen findet jeder ein ruhiges Plätzchen.

Jenseits des Passes wird es merklich stiller; der Weg Richtung Laufbacher Eck zieht sich ohne größere Höhenunterschiede am linken Hang des weiten Talkessels entlang. Steile Grashänge prägen das Gelände, der Weg ist oft schmal, aber ungefährlich, sofern man nicht allzu verträumt die Landschaft bewundert. Hinter dem spitzen Grasgipfel des Schochen biegt der Hang scharf nach links ab, und ab jetzt verläuft der Weg – immer grob entlang der 2000-Meter-Höhenlinie – als wunderschöner Höhenweg hoch über dem Oytal. Die Aussicht ist spektakulär: der Talschluss mit Schneck und Großem Wilden vor uns, auf der gegenüberliegenden Talseite die markante Höfats.

Eine kurze, seilgesicherte, aber nicht wirklich schwierige Passage ist zu überwinden, dann steuern wir langsam auf das Laufbacher Eck zu. Der einzige nennenswerte Anstieg dieser Tour führt uns am Ende im weiten Zickzack rund 150 Höhenmeter hinauf zu einer Passhöhe knapp unterhalb des **Laufbacher Ecks** ④, 2178 m, die den Übergang zum Bärgündeletal bildet. Genau gegenüber thront die eindrucksvolle Pyramide des Hochvogels. Zurück nach Oberstdorf geht es auf demselben Weg.

Da man bei dieser Tour hin und zurück auf demselben Weg geht, kann man die Wanderung je nach Lust und Kondition (oder falls Kinder dabei sind) beliebig verkürzen. Selbst eine einstündige Wanderung auf diesem Panoramaweg ist bereits ein Erlebnis.

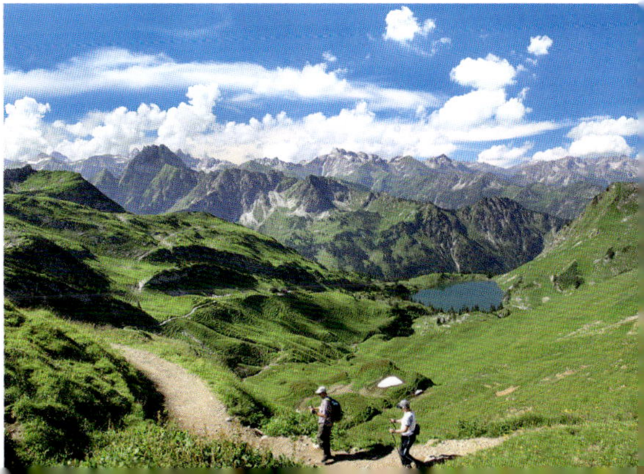

Der Seealpsee am Zeigersattel

5 Hütten-Etappen rund ums Kleinwalsertal

Inmitten der kleinwalsertaler Bergwelt warten vier hochalpin gelegene Berghütten auf Tageswanderer und Übernachtungsgäste. Eine große Runde über alle Hütten dauert vier bis fünf Tage und lässt auf einigen Etappen unterwegs noch viel Zeit für den einen oder anderen Gipfel. Und wer eine kürzere Tour mit nur einer Hüttenübernachtung plant, kann sich dank der zahlreichen Zu- und Abstiegsmöglichkeiten aus den Tourenbeschreibungen in diesem Buch eine schöne Wanderung zusammenstellen.

Hütteninfos / Reservierung:

Schwarzwasserhütte: 2-er Zimmer und Matratzenlager (85 Plätze), bewirtschaftet ca. Anfang Juni–Anfang Oktober. Infos/Reservierung über www.alpenverein-schwaben.de

Widdersteinhütte: Matratzenlager (26 Plätze), bewirtschaftet ca. Anfang Juni-Anfang/Mitte Oktober. Infos/Reservierung über www.widderstein-huette.at

Mindelheimer Hütte: Matratzenlager (120 Plätze), bewirtschaftet ca. Anfang Juni-Anfang Oktober. Infos/Reservierung über www.mindelheimer-huette.de

Fiderepasshütte: Matratzenlager (110 Plätze), bewirtschaftet ca. Anfang Juni–Anfang/Mitte Oktober. Infos auf www.fiderepasshuette.de und www.alpenverein.de

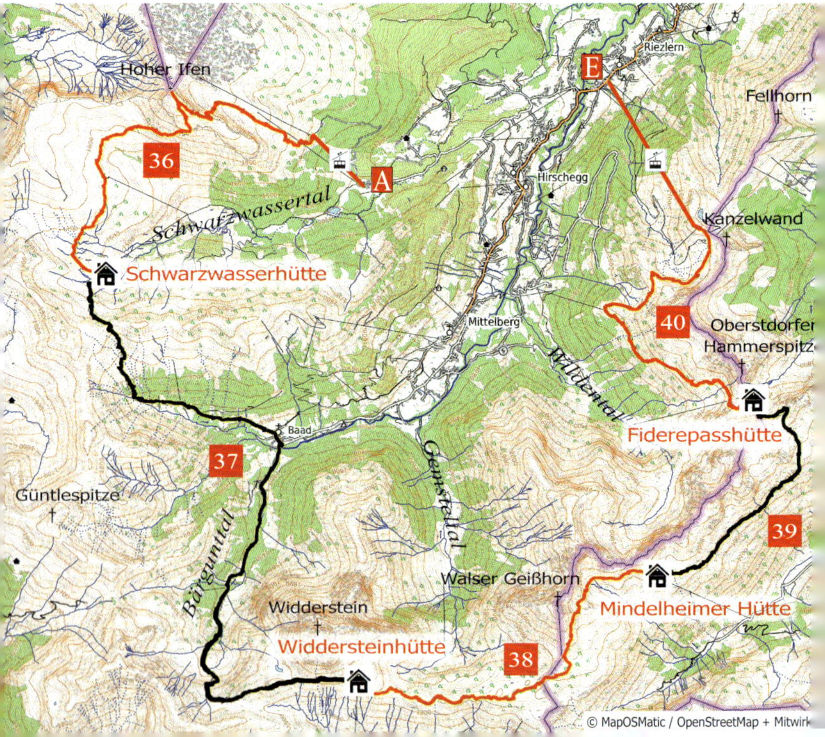

Über den Hohen Ifen zur Schwarzwasserhütte 36

30 Std. | 650 / 600 | 8,1 km

Ifenbahn, 1279 m. Ab Oberstdorf etwa 12 km ins Kleinwalsertal, hinter Riezlern rechts und weitere 4 km bis zur Ifenbahn *(**Navi**: A-6992 Hirschegg, Auenalpe 4);* Walserbus Oberstdorf–Baad im 10- bis 20-Min.-Takt bis Haltestelle »Riezlern Breitachbrücke«, dort umsteigen Richtung Ifen (ca. halbstündlich).

Ifenbahn: Betrieb ca. Mitte Juni–Ende Oktober, 8.15–16.30 Uhr, www.ok-bergbahnen.com, Talstation 1279 m, Bergstation 1582 m.

Endpunkt: Schwarzwasserhütte, 1620 m.

Steile Wege hinauf zum Hohen Ifen, in der Ifenmulde grober Kalkschutt. Beim südseitigen Abstieg vom Plateau kurze, knifflige Passage. Im Schwarzwassertal einfache Wanderwege.

Ifenhütte ②; Ifersguntalpe ④

Traumtour hinüber ins Schwarzwassertal

Diese aussichtsreiche Etappe beginnt mit der Ifen-Seilbahnfahrt hinauf zur Auenhütte, führt hinauf auf das wunderschöne Gipfelplateau des Hohen Ifen, um schließlich durch das obere Schwarzwassertal hinüber zur gleichnamigen Hütte hinüberzuleiten.

Detaillierte Wegbeschreibung: siehe Tour 7

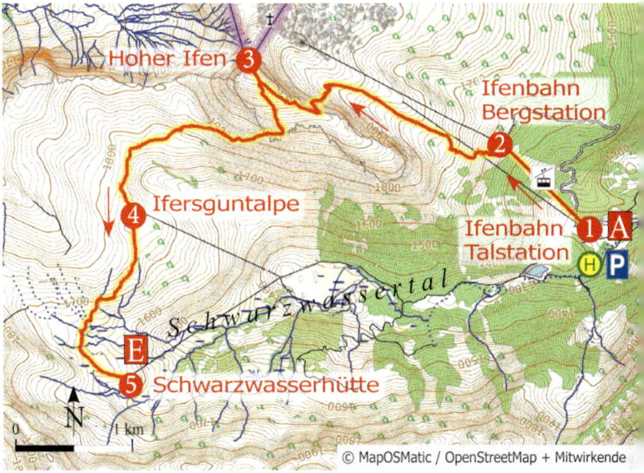

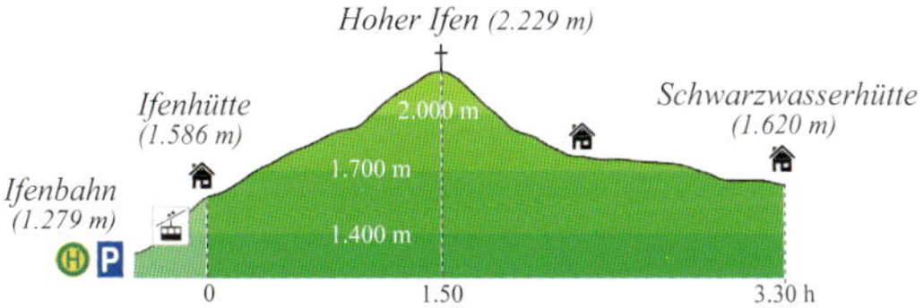

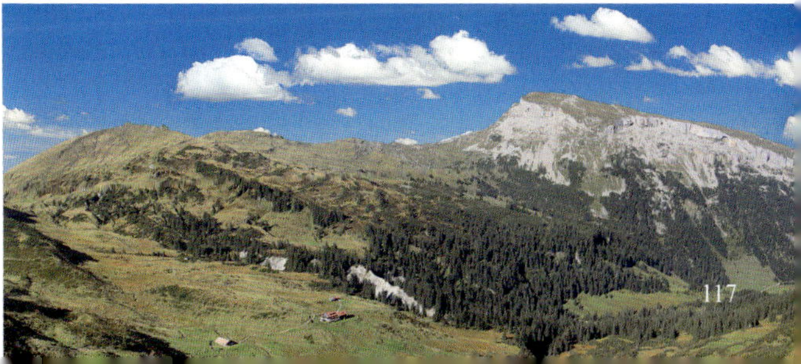

Schwarzwassertal mit Hütte und Hohen Ifen

37 Schwarzwasserhütte zur Widdersteinhütte

5.20 Std. | 1050 / 660 | 12,7 km

Startpunkt: Schwarzwasserhütte, 1620 m.

Endpunkt: Widdersteinhütte, 2009 m.

Alpine Wege, in den Tälern breite Schotterwege; einige recht steile An-/Abstiege sind dabei.

Café in Baad ③

Gipfel unterwegs:
Grünhorn ab Ochsenhofer Scharte, 2039 m
(plus 200 Hm↑↓, ca. 1 Std. h+z)

Über Baad und das Bärgunttal zum Widderstein

Von der Schwarzwasserhütte geht es über die Ochsenhofer Scharte ins hintere Kleinwalsertal und über das Turabachtal hinab nach Baad. Von dort führt der Weg durch das Bärgunttal hinauf zum Hochalppass und auf die Südabdachung des Widderstein-Massivs mit der beschaulichen Widdersteinhütte, herrlich gelegen oberhalb der weiten Hochebene des Hochtannbergpasses.

Von der **Schwarzwasserhütte** ①, 1620 m, halten wir uns südwärts und steuern einen Sattel zwischen Grünhorn und Ochsenhofer Köpfen an. Anfangs über offene Wiesen, dann durch Latschen erreichen wir die **Ochsenhofer Scharte** ②, 1851 m, und haben einen ersten Blick auf den Widderstein, der auf der gegenüberliegenden Seite die Szenerie beherrscht. (Wer trotz der langen Tour noch Lust auf einen zusätzlichen Aussichtsgipfel hat: Von der Scharte kann man rechts über einen Wiesengrat zum Grünhorn hinaufsteigen; plus ca. 1 Std. insgesamt). Ansonsten steigen wir von der Scharte über steile Wiesen zur nahen Starzelalpe ab und weiter – nun durch Wald – hinab ins

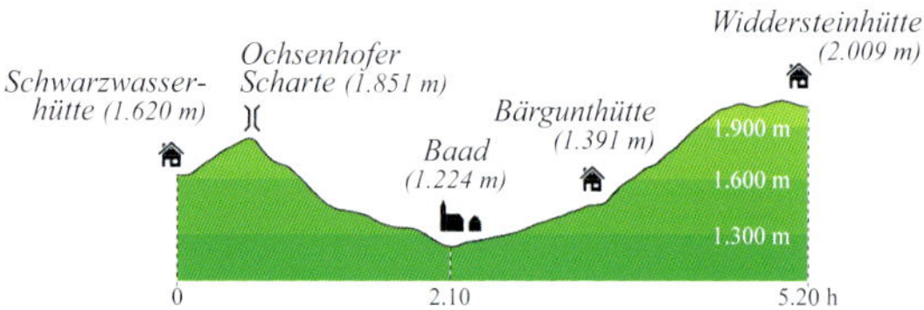

S. 119: Biberkopf, Widdersteinhütte und Hochtannbergpass

Das hintere Kleinwalsertal mit dem Widderstein; im Tal Baad

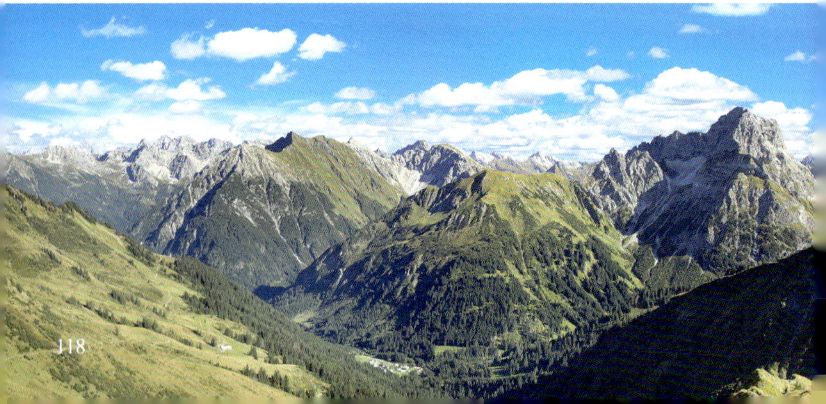

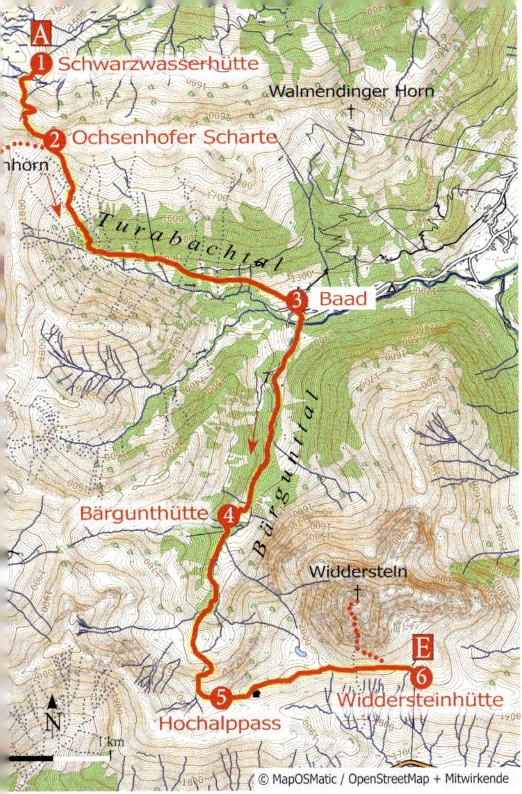

Turabachtal. Im Talboden angekommen, geht der Wanderweg in einen Fahrweg über, der uns – vorbei an der Inneren Turaalpe – nach **Baad** ③, 1224 m, bringt. Von dort wandern wir im – direkt am Dorf beginnenden – Bärgunttal am gleichnamigen Bach taleinwärts bis zur **Bärgunthütte** ④, 1391 m. Kurz hinter der Hütte wird der Weg schmaler und steiler und zieht sich – anfangs durch Wald, dann über Wiesen – hinauf zur offenen Hochfläche des **Hochalppasses** ⑤, 1938 m. Dann öffnet sich auch der Blick über die weite Landschaft des Hochtannbergpasses. Mit diesem großartigen Panorama vor uns geht es gemütlich hinüber zur **Widdersteinhütte** ⑥, 2009 m, die aussichtsreich – und überragt vom mächtigen Widderstein – auf einer Wiesenschulter thront.

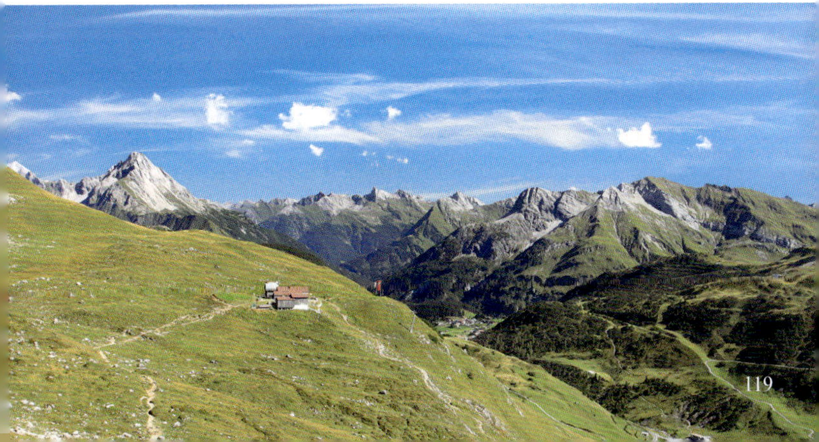

38 Widdersteinhütte zur Mindelheimer Hütte

2.30 Std. | 300 Hm | 6,5 km

Startpunkt: Widdersteinhütte, 2009 m.

Endpunkt: Mindelheimer Hütte, 2013 m.

Hochalpines Gelände. Schmale, oft etwas steinige, holprige Pfade, die sich mit einigem Auf und Ab durch die karge, teils felsige Landschaft winden.

keine unterwegs

Gipfel unterwegs:
1) Widderstein, 2533 m *(plus 520 Hm↑↓, ca. 2 Std. h+z)*

2) Walser Geißhorn, 2366 m *(plus 240 Hm↑↓, ca. 50 min. h+z)*

Abstiegsvariante: via Gemstelpass und Gemsteltal nach Baad/Mittelberg *(Beschreibung s. Tour 22)*

Panoramaweg hoch über dem Hochtannbergpass

Auf dieser Etappe erwartet uns ein großartiger Höhenweg in über 2000 Meter Höhe. Der Weg schlängelt sich durch die bucklige Koblat-Hochebene, begleitet von weiten Ausblicken über den Hochtannbergpass. Es geht über den Wildenkopfsattel hinüber ins obere Rappenalptal und durch die wilden Schuttkare unterhalb von Walser Geißhorn und Liechelkopf. Etappenziel ist die herrlich gelegene Mindelheimer Hütte.

Angesichts der recht kurzen Etappe mag vor der eigentlichen Tour noch ein Aufstieg zum Widderstein locken *(plus 520 Hm↑↓, ca. 2 Std.; für eine genaue Beschreibung s. Tour 20)*.

Wir starten von der **Widdersteinhütte** ①, 2009 m, Richtung Mindelheimer Hütte und folgen dem Wanderweg, der sich über die offenen Wiesen – begleitet von schönen Ausblicken über den Hochtannbergpass rechts unter uns – hinüber zum nahen **Gemstelpass** ②, 1972 m, zieht (*Abstiegsmöglichkeit über das Gemsteltal ins Kleinwalsertal, s. Tour 22*). Der weitere Weg schlängelt sich als schmaler, oft et-

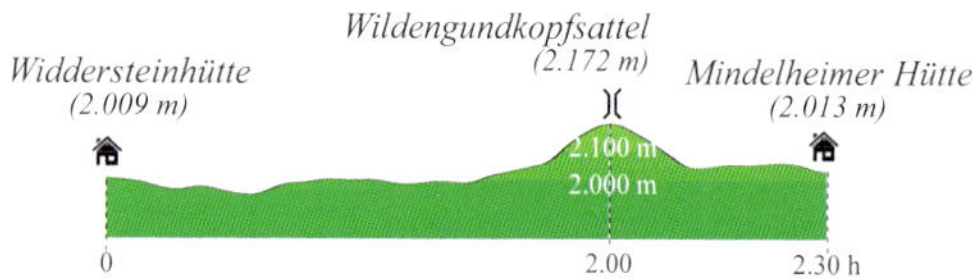

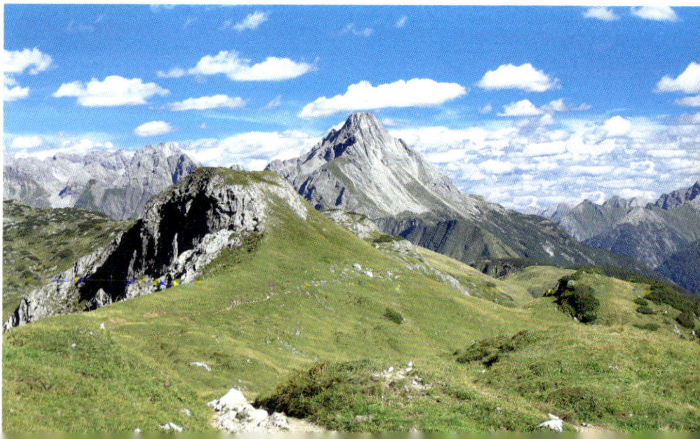

Koblat-Hochebene; Biberkopf

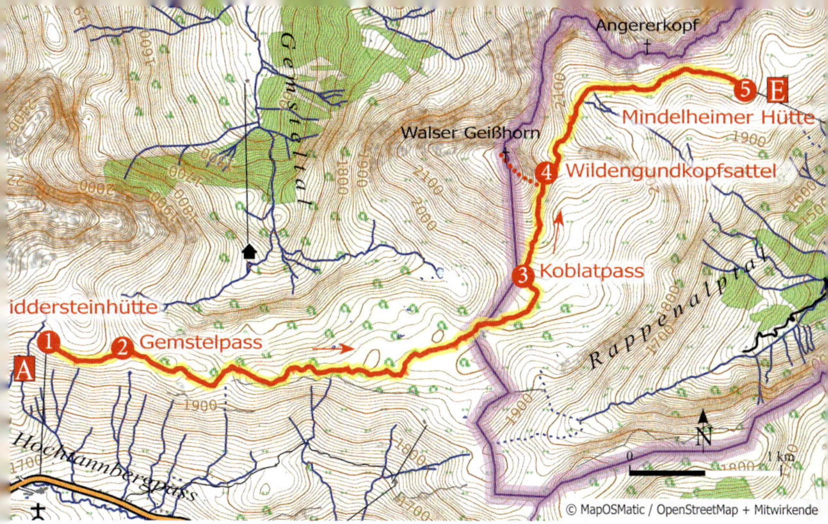

was holpriger Pfad mit leichtem Auf und Ab durch die bucklige Karst-Hochebene des Koblats, biegt dann allmählich nordwärts und passiert den **Koblatpass** ③, 2040 m, eine Passhöhe zwischen Gemsteltal (links) und Rappenalptal (rechts). Wir halten uns geradeaus und steigen weiter recht steil über die Wiesenhänge an bis zu einer Weggabelung (2130 m). Hier besteht die Möglichkeit, zum Gipfel des Walser Geißhorns hinaufzusteigen *(steile Serpentinen, aber unschwierig; plus 240 Hm↑↓, ca. 50 min.)*. Von der Weggabelung geht es schließlich noch etwas weiter geradeaus aufwärts bis zu einer kleinen Scharte, dem **Wildengundkopfsattel** ④, 2172 m. Dahinter erwartet uns ein kurzer Abstieg durch etwas schrofiges Gelände, ehe wir in einem weiten Bogen mit allmählichem Höhenverlust ein weites Kar unterhalb der hoch aufragenden Felswände des Angerer- und Liechelkopfes durchwandern. Rechts in der Ferne kommt allmählich unser Ziel in Sicht, und kurz darauf haben wir die **Mindelheimer Hütte** ⑤, 2013 m, erreicht, eine gemütliche Hütte mit schöner Sonnenterrasse und großartigem Panorama mit dem formschönen Gipfel des Biberkopfes genau gegenüber.

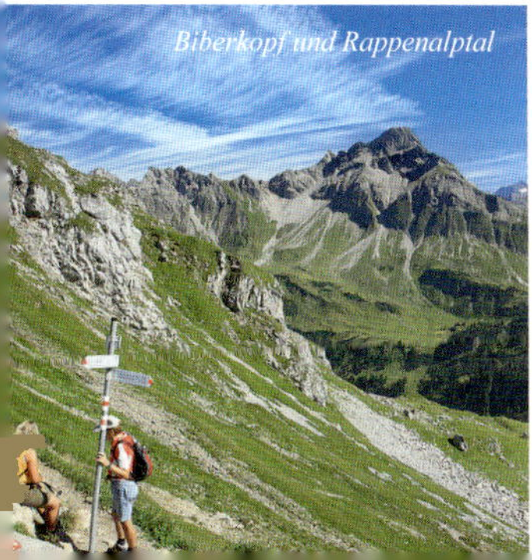
Biberkopf und Rappenalptal

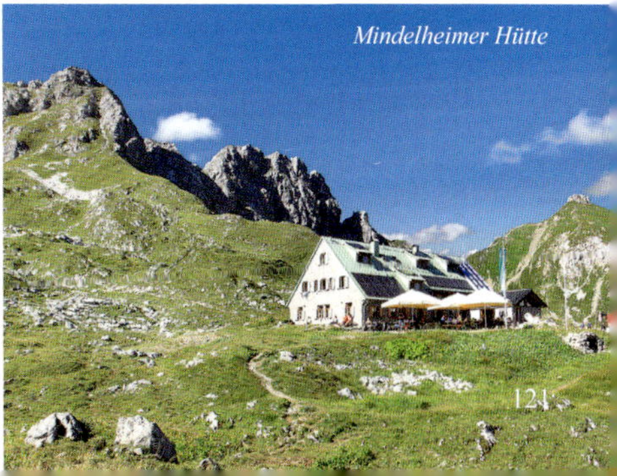
Mindelheimer Hütte

39 Mindelheimer Hütte zur Fiderepasshütte

2.15 Std. | 380 / 330 | 4,7 km

Startpunkt: Mindelheimer Hütte, 2013 m.

Endpunkt: Fiderepasshütte, 2059 m.

Hochalpines Gelände, ordentliche Wege. An der Fiderepassscharte steile An-/Abstiege, teils im groben Kalkschutt.

keine unterwegs

Abstiegsvariante: Über Kemptner Scharte via Wildental nach Mittelberg *(Beschreibung s. Tour 21)*

Auf dem Krumbacher Höhenweg

Die Etappe hinüber zur Fiderepasshütte beginnt mit dem Krumbacher Höhenweg, der als großartiger Panoramaweg durch die obere Etage des Rappenalptales führt. Nach Überschreitung der Fiderescharte steigen wir inmitten gewaltiger Felswände hinab zur sanften Wiesenschulter des Fiderepasses mit der gleichnamigen Hütte.

Wer mag, kann vor der heutigen Tour kurz zur nahen Kemptner Scharte hinaufsteigen, die nördlich oberhalb der Hütte einen Übergang ins Wildental bietet. Zudem ist sie Ausgangspunkt für die Begehung des Mindelheimer Klettersteigs, der sich von dort über die Schafalpenköpfe hinüber Richtung Fiderescharte zieht, die wir auf etwas leichterem Weg erreichen werden.

Ausgehend von der **Mindelheimer Hütte** ①, 2013 m, wandern wir auf dem Krumbacher Höhenweg nordostwärts, verlieren dabei etwas an Höhe und genießen das prächtige Panorama des Allgäuer Hauptkamms auf der gegenüberliegenden Seite des Rappenalptales. Unterwegs passieren wir die Obere Angerhütte und später die

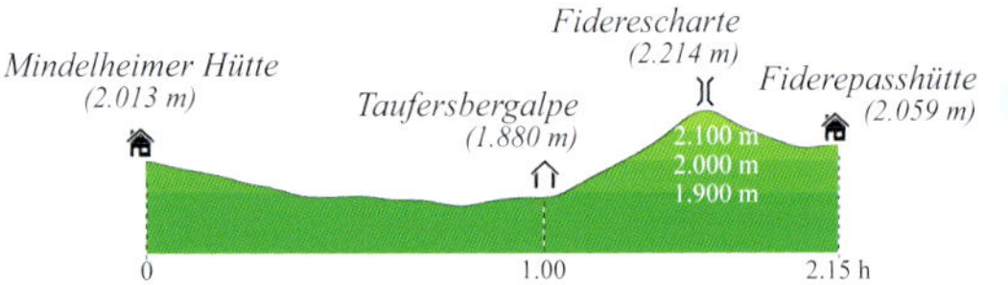

Mindelheimer Hütte mit Biberkopf

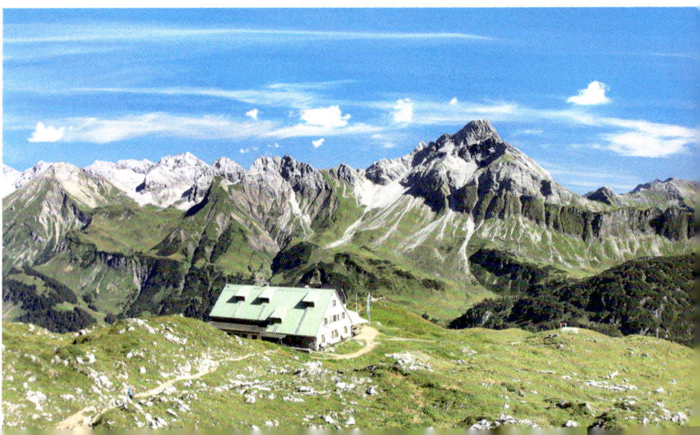

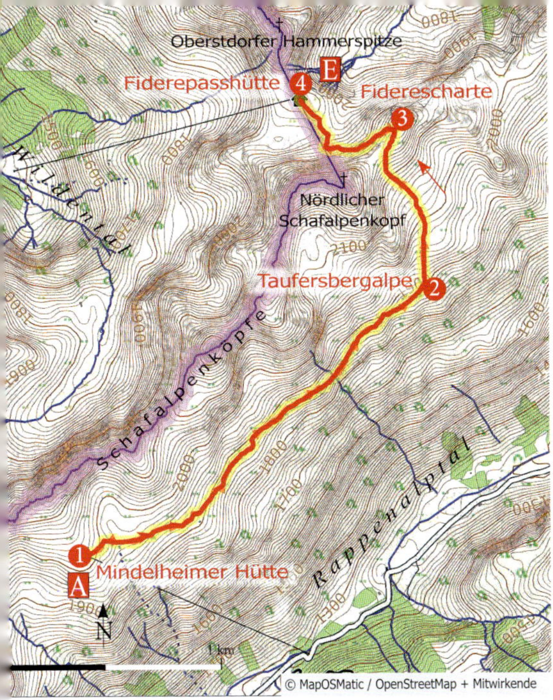

Taufersbergalpe ②, 1880 m, wo uns ein längerer Anstieg erwartet. Der Pfad zieht sich den zunehmend gerölligen Hang hinauf und steigt dann zum Ende hin steil zur **Fiderescharte** ③, 2014 m, an. Oben öffnen sich schöne Ausblicke, sowohl zurück über das Rappenalptal, als auch auf die unter uns liegende Passhöhe mit der Hütte und der Oberstdorfer Hammerspitze. Der Abstieg auf der Nordwestseite erfolgt durch oft groben Schotter inmitten einer gewaltigen Felslandschaft, bis wir schließlich den ausgedehnten Wiesensattel des Fiderepasses erreichen sowie die **Fiderepasshütte** ④, 2059 m.

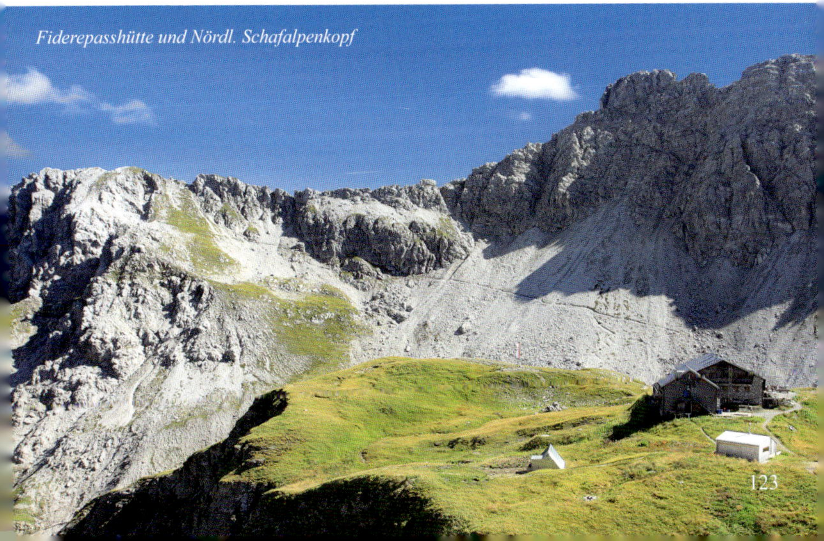

Fiderepasshütte und Nördl. Schafalpenkopf

40 Fiderepasshütte zur Kanzelwandbahn

2.45 Std. | 330 / 440 | 6,4 km

Startpunkt: Fiderepasshütte, 2059 m.

Endpunkt: Kanzelwandbahn-Bergstation, 1957 m.

Kanzelwandbahn: Kleinkabinenbahn, Betrieb ca. Mitte Mai–Ende Oktober, 8.30–16.45 Uhr, www.ok-bergbahnen.com, Bergstation 1957 m, Talstation 1087 m (Riezlern; Walserbus Linie 1 Baad-Oberstdorf und Linie 5 zur Ifenbahn).

Alpines Gelände, ordentliche Wege; einige steilere Passagen mit Geröll auf den Wegen.

Innere Kuhgehrenalpe ③; Adlerhorst ⑤

Variante unterwegs: Ab der Wannealpe hinauf zur Walser Hammerspitze (2170 m) und von dort wieder hinab zum Kuhgehrensattel (1862 m). Jeweils über steile Wiesenhänge hoch bzw. runter, anstrengend, aber unschwierig. Von dort wie beschrieben zur Bergstation *(plus 140 Hm, minus 1 km, deshalb zeitlich kaum länger)*.

Abstiegsvariante: Zu Fuß ab Innere Kuhgehrenalpe hinab ins Wildental und nach Mittelberg.

Panoramawege über dem Wildental

Die letzte Etappe ab der **Fiderepasshütte** ① besteht aus dem schönen Höhenweg hoch über dem Wildental via **Wannealpe** ② zur **Inneren Kuhgehrenalpe** ③. Von dort wieder hinauf zum **Kuhgehrensattel** ④ sowie weiter zur **Kanzelwand-Bergstation** ⑤ mit anschließender Seilbahnfahrt nach **Riezlern** ⑥ *(detallierte Wegbeschreibung s. Tour 29)*.

Neben diesem Weg bieten sich noch weitere Varianten an.

a) Diese Alternativ-Strecke führt von der Wannealpe hinauf auf die aussichtsreiche Walser Hammerspitze und von dort hinab zum Kuhgehrensattel sowie zur Bergstation (*ebenfalls 2.45 Std., 470 Hm↑ 580 Hm↓).* Der Aufstieg zum Gipfel von der Wannealpe erfolgt über den steilen südseitigen Wiesenhang, hinab zum Kuhgehrensattel geht es in Serpentinen über einen steilen Wiesenhang auf der Westseite.

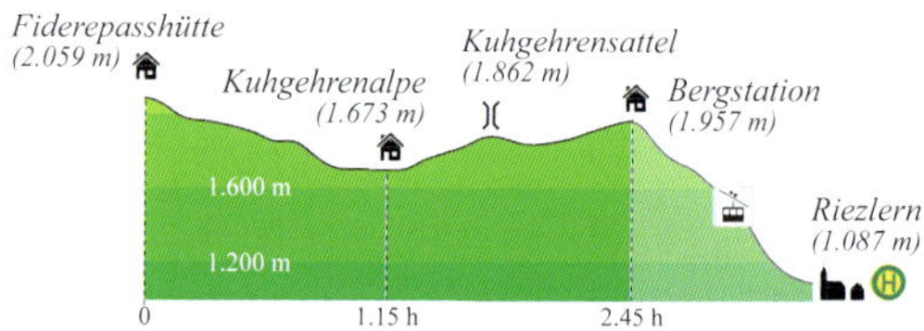

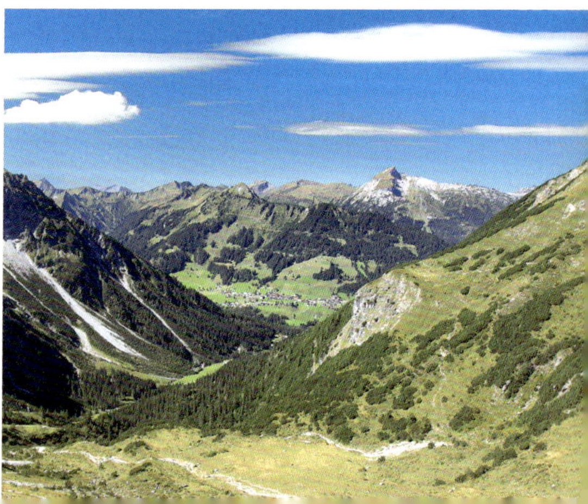

Beim Abstieg vom Fiderepass

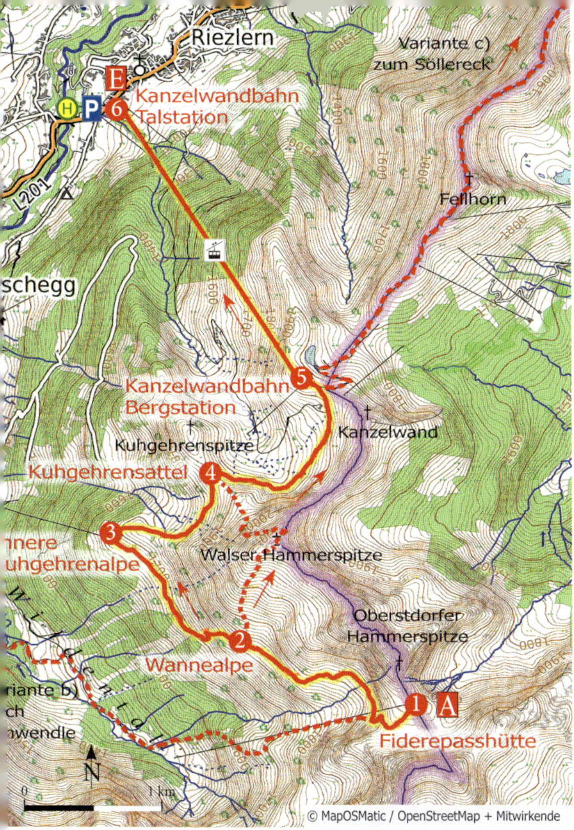

b) Ohne Seilbahnbenutzung bietet sich der Abstieg vom Fiderepass über das Wildental an. Der Weg führt in unzähligen Serpentinen die Westflanke der Passhöhe hinab und erreicht bei der Fluchtalpe den flachen Talboden. Von dort führt ein breiter Fahrweg talauswärts an der Wiesalpe vorbei nach Schwendle mit Bushaltestelle *(2.15 Std., 900 Hm↓)*.

c) Wer die Tour noch ausdehnen möchte: Tour 1 bzw. a) bis zur Kanzelwand-Bergstation und weiter auf dem Gratweg übers Fellhorn zur Söllereckbahn *(plus 3.20 Std., 300 Hm↑/900 Hm↓; Wegbeschreibung s. Tour 31)*.

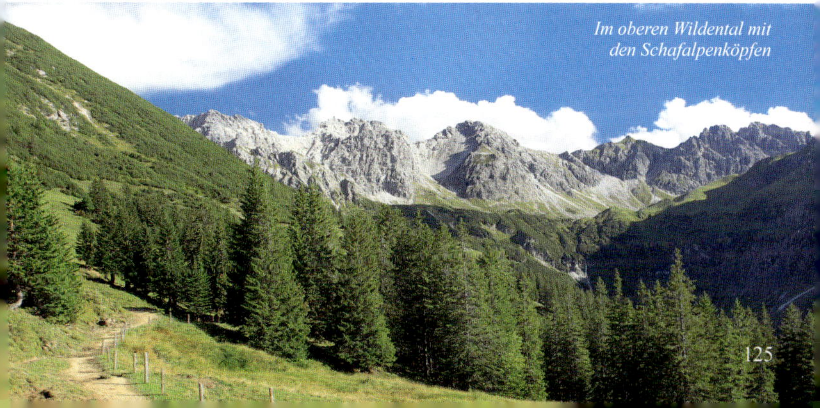

Im oberen Wildental mit den Schafalpenköpfen

REGISTER

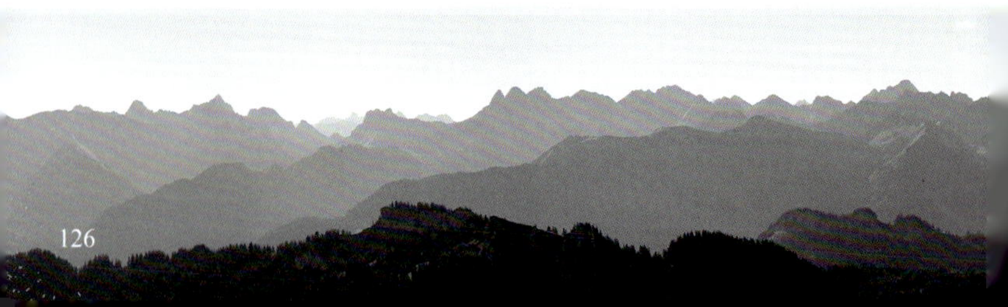

Wanderführer über die Region:

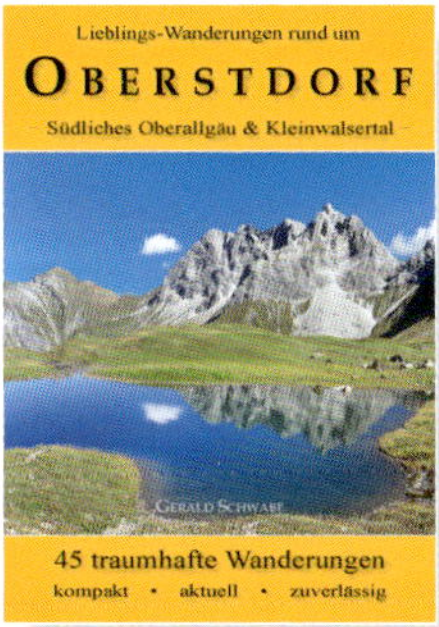

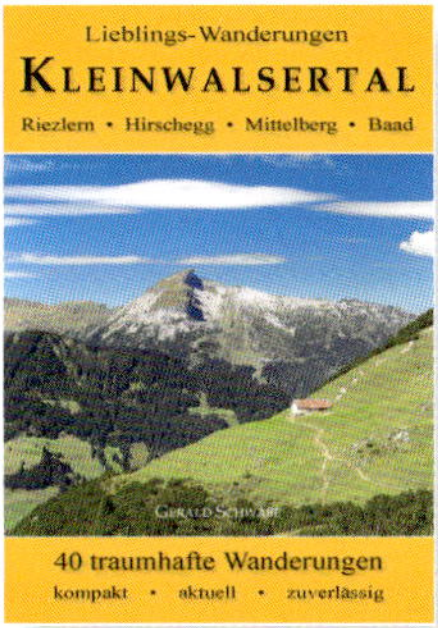

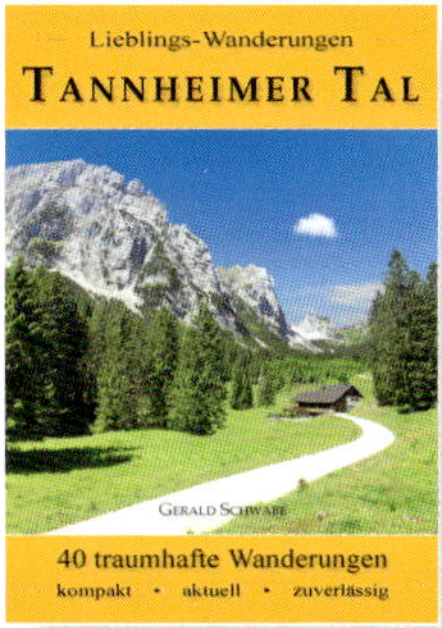

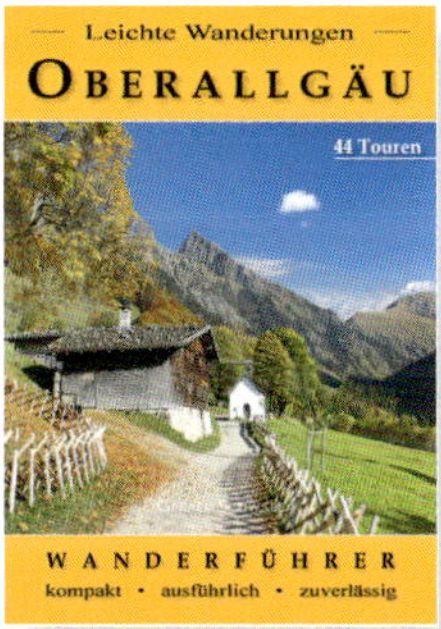

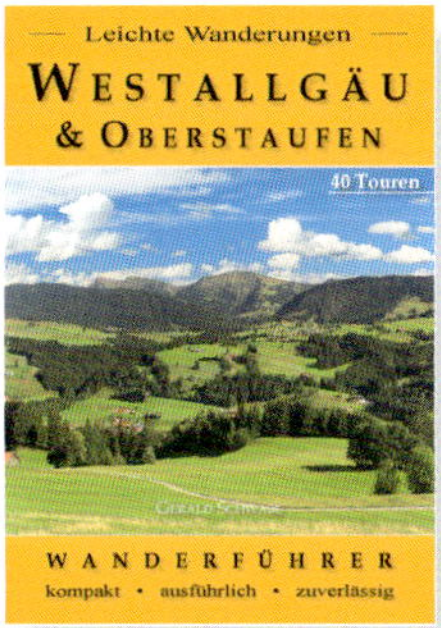

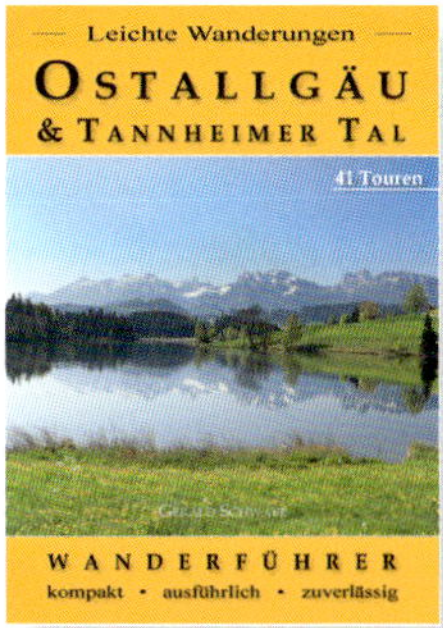

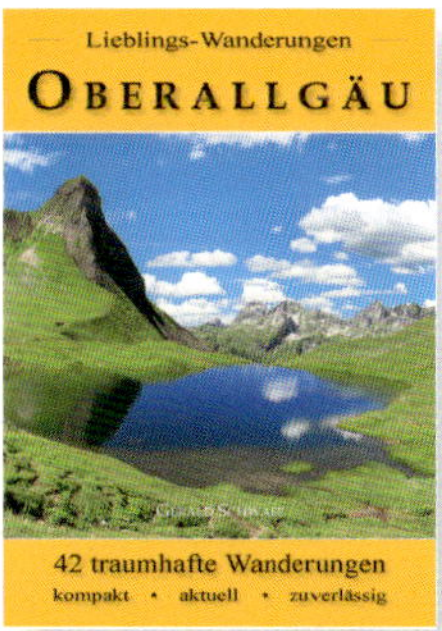

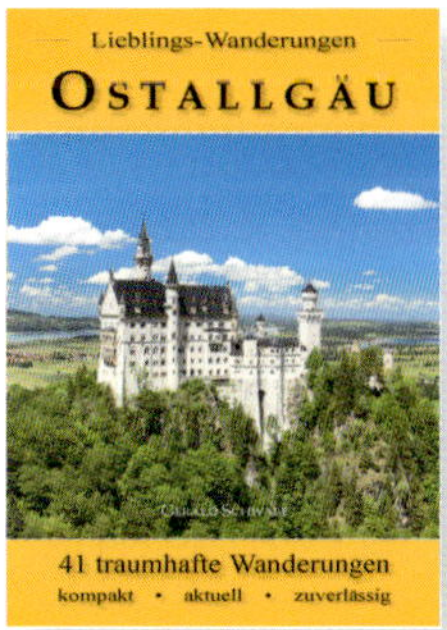

IMPRESSUM

Fotograf und Autor:

Gerald Schwabe lebt seit der Jahrtausendwende im Allgäu und hat seine Passionen Fotografieren und Bergwandern zum Beruf gemacht. Über 40 Wanderführer und Bildbände über die Region sind seitdem entstanden und zeugen von seiner Begeisterung für die Berge und das Allgäu. Seine bekannten Panorama-Aufnahmen sind über *www.allgaeu-panoramen.de* als großformatige Leinwandbilder erhältlich.

Umschlagvorderseite: Wannealpe im oberen Wildental, im Hintergrund der Hohe Ifen
Umschlagrückseite: Das Kleinwalsertal mit dem Widderstein

Bildnachweis: Alle 130 Aufnahmen stammen vom Autor
Gestaltung, Layout, Satz und Grafik: Gerald Schwabe
Kartographie: 40 Wanderkärtchen und 2 Übersichtskarten:
© OpenStreetMap – Contributors (www.openstreetmap.org),
erstellt mit MapOSMatic (https://print.get-map.org)
Druck: AZ Druck und Datentechnik GmbH, Kempten

3., aktualisierte Auflage 2025

ALPENVERLAG SCHWABE
Rubihornweg 24, DE-87509 Immenstadt
www.alpenverlag-schwabe.de
E-Mail: geraldschwabe@gmx.de

ISBN 978-3-949988-12-7

Wenn Sie Kritik, Lob oder Anmerkungen zu diesem Wanderführer haben, freue ich mich über Ihre Nachricht:
Leserzuschriften bitte per E-Mail an: geraldschwabe@gmx.de